NEEDHAM   BUDDELSCHIFFE

JACK NEEDHAM

BUDDEL-SCHIFFE

MINIATUREN IN DER FLASCHE

DELIUS KLASING VERLAG

Titel der englischen Originalausgabe:
„Modelling Ships in Bottles"
© Jack Needham 1984

Umschlagfoto vorn: „Die Vorstandssitzung"
und die CUTTY SARK
Umschlagfoto hinten: HERZOGIN CECILIE

Deutsche Übersetzung: Ursula Stumpff

ISBN 3-7688-0637-5

Die Rechte für die deutsche Ausgabe liegen beim
Verlag Delius, Klasing & Co, Bielefeld
Druck: Kunst- und Werbedruck, Bad Oeynhausen
Printed in Germany 1989

Inhalt

Vorwort 6

Einführung 7

„Buddelogie" 9

1   Bevor man anfängt 13

2   Nützliche Tips 19

3   Ein einfaches Modell für den Anfänger . 37

4   Zwei Schoner 44

5   Die WATERWICH 50

6   Klipper 55

7   Segelschiffe nach der Klipper-Ära 72

8   Mehrmastige Schoner in Amerika 82

9   Schiffe in großen Flaschen 86

10 Andere Modelleinbauten 90

11 Puzzlemodelle 100

12 Die ersten Personenmodelle in Flaschen . 109

13 „Der alte Laternenputzer" 120

14 „Neptun und die Seejungfrau" 126

15 „Selbstporträt" − eine unübliche Miniatur 133

16 „Die beiden Dominospieler" 137

17 „Die Vorstandssitzung" − ein Modell für
    Fortgeschrittene 142

Glossar 153

Vorwort

Im Jahre 1972 erschien die erste Auflage dieses Buches. Seitdem haben sicherlich viele der Leser damit begonnen, Schiffsmodelle für den Einbau in Flaschen herzustellen, und jetzt bestimmt Lust, schwierigere oder ausgefallenere Ideen zu verwirklichen. Aus diesem Grunde ist ein Teil dieser erweiterten zweiten Auflage für jene gedacht, die schon Erfahrung im Bau von Buddelschiffen und dabei bemerkt haben, daß man alles mögliche in Flaschen hineinpraktizieren kann, ganz gleich, wie unmöglich es auch anfangs erscheinen mochte: Autos, Flugzeuge, Lokomotiven, Windmühlen usw. können genausogut in Flaschen eingepaßt werden wie hölzerne Puzzles, Leitern und Stühle; die Möglichkeiten sind praktisch unbegrenzt. Man hat nur immer zu bedenken, daß jeder dieser Gegenstände in Einzelteilen hergestellt werden muß, die kleiner als die Öffnung der Flasche sind und die dann innerhalb der Flasche zusammengesetzt werden.

Alle Teile für Menschenfiguren beispielsweise müssen so genau wie möglich gefertigt werden und sollten im Zweifelsfalle lieber etwas zu klein sein, um für Farb- und Lackschichten genug Spielraum zu lassen. Manch einer möchte sicher am liebsten nur Klebstoff verwenden; viel besser aber sind Holzdübel geeignet, denn nur damit können die einzelnen Teile exakt und dauerhaft in ihrer endgültigen Position befestigt werden. Anders als bei Schiffsmodellen kann man bei diesen Werkstücken keine Führungsfäden verwenden, die gewissermaßen als „Fernsteuerung" dienen; vielmehr werden die Teile Stück für Stück in die Flasche bugsiert und einzeln, Schritt für Schritt, aneinandergefügt. Dadurch dauert der Bau dieser Werkstücke etwas länger, denn wegen der verschiedenen Befestigungsarbeiten kann man nur in Etappen vorgehen, zumal wegen der Trocknungszeiten zwischen den einzelnen Arbeitsgängen.

Viele Gründe sprechen dafür, ein Schaustück in eine Flasche zu betten; obendrein erzeugt der Anblick dieser relativ sperrigen Gebilde in solchen enghalsigen Gefäßen doch ein unwillkürliches Erstaunen. Es sieht einfach „unmöglich" aus und wird spontan Interesse erwecken und Gesprächsstoff liefern. Auch sind die Modelle völlig staubgesichert und feuchtigkeitsunempfindlich.

Glasschaukästen dagegen sähen in den meisten Wohnungen leicht etwas deplaziert aus, es sei denn, sie wären wirklich perfekt gebaut. Zudem nehmen sie schon allein durch ihr Gewicht besonders leicht Schaden. An dieser Stelle allerdings möchte ich gleich erwähnen, daß alle Modelle in Flaschen − Schiffe ebenso wie andere Stücke − niemals an einem übermäßig warmen Platz stehen dürfen, wie z. B. auf einem Kaminsims. Jedoch auch nicht auf einer Fensterbank: Die Flasche wirkt wie ein Brennglas, häßliche Verfärbungen und Ausbleichung wären die unvermeidliche Folge. Behutsam behandelt aber, sind diese Werkstücke unvergänglich. Obwohl Schiffe und andere Modelle oft so zerbrechlich erscheinen, halten sie doch bei angemessener Behandlung allen Beanspruchungen stand.

Jack Needham

Einführung

Vor einiger Zeit erschien in einer bekannten Zeitung ein kurzer Beitrag mit dem Titel: „Langsam versenken . . . die Kunst, ein Schiff in Flaschen zu füllen." Der Schreiber dieses Artikels schilderte, wie eine Werbefirma in London einen SOS-Ruf aussandte. Sie suchten jemanden, den sie filmen konnten, während er ein Schiff in eine Flasche hineinpraktizierte. Anscheinend fanden sie aber auch nach Erscheinen dieses Berichtes niemanden. Ein oder zwei Läden führten fertige Modelle aus Skandinavien, und jemand anderes wußte von zwei kleinen Firmen im Westen Englands, die Miniaturen für den Weihnachtsmarkt fabrizierten, zum Preis von umgerechnet ca. 1,50 DM pro Stück.

Ein Korrespondent, der von dem betreffenden Reporter interviewt wurde, sagte wörtlich: „Man macht erst mal alles zusammenklappbar" (ich hoffe, er meinte nicht auch den Rumpf). „Dann zieht man die Masten hoch und versucht, sämtliche Fäden unsichtbar zu machen." Ich nehme an, er meinte damit nur die überzähligen Führungsfäden und nicht das Rigg selbst, denn das ist, gelinde gesagt, notwendig. Dann fuhr er fort: „Die komplizierteren Modelle sind in Wirklichkeit fast alle durch Mogeln entstanden. In den alten Buddelschiffstagen haben sie nämlich erst den Boden rausgeschnitten und anschließend von einem Glasbläser wieder einsetzen lassen."

Ich mit meiner fünfzigjährigen praktischen Erfahrung im Bau von Buddelschiffen kann dazu nur sagen: So etwas Lächerliches habe ich noch nie gehört! Ich habe Zwei-, Drei-, Vier-, Fünf-, Sechs- und Siebenmaster in Flaschen gebracht, und es gibt keinen einzigen Grund, auf solche oder ähnliche Methoden zurückzugreifen. Angesichts eines Glasschmelzpunktes von ungefähr 696 °C kann sich der Leser ausmalen, was mit dem hölzernen Modell geschähe, mit dem Papier und den Garnen. Natürlich trifft man, wie bei allen komplizierten Dingen, auch hier wieder auf einen „Klugschnacker", jemanden, der nie selbst einen Versuch gemacht hat, etwas so Schwieriges zu vollbringen, wie ein Schiff in eine Flasche zu praktizieren. Aber er kann es jedem erklären, wie „sie" es machen. Die beliebteste Erklärung wird normalerweise von verblüfften Erwachsenen auf bohrende Kinderfragen hin abgegeben: „Sie (wieder diese geheimnisvolle ‚sie') ziehen einfach an einem Band." Kein Gedanke an die Stunden und Stunden, die man damit verbringt, einen maßstabgerechten Rumpf zu schnitzen, den man glättet, anmalt und lackiert. Welch eine Tüftelei, bis die Masten klappbar sind, das Rigg vollständig, alle Spieren und Segel beweglich, ganz zu schweigen von Deckshäusern, Luken, Gangspills, Beibooten und − ein Meisterstück auf jedem Segelschiff − einer Ruderanlage! Und fast niemandem fällt es ein, sich die gewissenhaften Recherchen auszumalen, die wichtigste Vorbedingung eines sorgfältigen Modellbaues. Andere Leute behaupten: „Sie (!) zerbrechen den Boden der Flasche und kleben ihn dann wieder zusammen."

Das einzige „Band", das ich überhaupt je benutze, ist ein Bändsel, um den Flaschenkopf abschließend mit einem Türkenbund zu schmücken. Und was das Zerbrechen von Flaschenböden betrifft: Das könnte blutig ausgehen, bedeutet vielleicht eine gefährliche Schnittwunde an der Hand. Natürlich hat fast jeder schon einmal diese grauenhaften Plastikimitationen gesehen – sie stammen alle anscheinend aus Hongkong – oder auch eine von den konkav geformten dreieckigen Plastikflaschen, die deutlich sichtbar aus zwei Hälften bestehen, und innen klebt ein Plastikschiff, Marke Bausatz, das Ganze gekrönt von einer Leselampe! Ein solcher Anblick läßt jeden echten Seemann erschauern.

Ich habe in Museen und angesehenen Antiquitätenläden viele alte, von Seeleuten hergestellte Buddelschiffe gesehen, von denen ich mit voller Überzeugung sagen kann: Alle waren absolut echt. Einige waren wirklich bemerkenswert; sie hätten auch den eingehendsten Untersuchungen standgehalten. Man kann diese alten Fahrensmänner nicht genug bewundern, die unter den damaligen Bedingungen diese Stücke so liebevoll erstellten. Allerdings würde auch keine intelligente Person die Preise zahlen, die heutzutage für diese alten Meisterwerke verlangt werden, oder gar auf Fälschungen hereinfallen. Überhaupt, warum sollte man Fälschungen herstellen, wenn dieses Buch das Know-how vermittelt. Es gibt immer einen Weg, knifflige Dinge zu konstruieren, wie wir z. B. an den elfenbeinernen Schachfiguren sehen können, die innen hohl sind und eine vollständig runde, kleine Kugel enthalten, alles aus einem Werkstück hergestellt! Für Buddelschiffe braucht man ein Quentchen Geduld, das passende Werkzeug und die Fähigkeit, Rückschläge zu ertragen, während man möglichst lernt, die Technik zu meistern. Dafür erhält man auch zur Belohnung am Ende ein kleines Meisterwerk und hat obendrein seine Freizeit sinnvoll verbracht. Man muß sich nur immer wieder sagen, daß etwas Gutes niemals in Eile zustande gebracht werden kann. Ich habe Buddelschiffbau stets für ein faszinierendes Hobby gehalten, und noch heute bringt es mir bei jedem Schiff, das ich fertigstelle, genausoviel Spaß wie früher, als ich mich noch recht ungelenk damit abmühte. Ich hoffe, Sie werden dabei die gleiche innere Zufriedenheit finden.

„Buddelogie"

Soweit ich weiß, gibt es in keiner Sprache ein Wort für die Kunst, ein Schiff oder andere Gegenstände in Flaschen hineinzubringen. Also habe ich mir erlaubt, ein Wort zusammenzubrauen, das sich fast von selbst für diesen faszinierenden Zeitvertreib anbietet. Wörtlich genommen, ist dieses Wort zwar keine ganz exakte Beschreibung dieses fesselnden Hobbys, aber es ist kurz und sagt recht viel aus. Überall, wo ich meine Werkstücke zeige, auf Ausstellungen oder Kunstgewerbemessen, erregen sie Aufsehen; und auf jeden, der die Frage stellt, wie wohl die Schiffe in die Flaschen kommen, kommt ein anderer, der sich überlegt, wann und wo man so etwas zum erstenmal gemacht hat. Keiner kann diese Frage genau beantworten, aber es ist unwahrscheinlich, daß ein Seemann es schon vor der Ära der Klipper versucht hat, denn die Rumpfformen damals waren kaum dazu geeignet, in Flaschen eingeführt zu werden. Auf jeden Fall wird irgendein Matrose, vielleicht ein etwas intelligenterer, eines Tages die Idee gehabt haben, solche Modelle in Flaschen einzubauen, und zwar, als sich, so ungefähr um das Jahr 1850 herum, die ranken und niedrigen Klipperrümpfe immer mehr durchsetzten, wie sie zuerst in Amerika gebaut wurden und wenige Jahre später auch in England. (Schiffsmodelle baute man schon seit Tausenden von Jahren. Man hat einige in Tutenchamuns Grab und in anderen ägyptischen Königsgräbern gefunden.) Eine Flasche bot sich als der ideale, fertige Behälter an, um das Modell zu schützen, das ja so zerbrechlich war mit seinen Masten, Rahen und der Takelage. Es gab sicherlich kaum Mangel an Leergut im Vorschiffslogis.
Die Chance, etwas daran zu verdienen, trug sehr wahrscheinlich maßgeblich dazu bei, sich mit diesem Hobby zu befassen, denn damals waren die Seeleute völlig unterbezahlt. Manch ein Stück, das in dem schlecht beleuchteten, rollenden, stampfenden und übervölkerten Vorschiff dieser Segler entstand, war zweifellos dazu bestimmt, später zu einem Bruchteil seines wahren Wertes in einer Hafenkneipe verkauft zu werden. Ein paar Modelle fanden aber auch ihren Weg auf den Kaminsims des Fahrensmannes.
Manche dieser Stücke waren bemerkenswert, vor allem, wenn man bedenkt, welch unvollkommenes Material und Werkzeug diesen Modellbauern zur Verfügung stand. Andere Stücke wieder waren recht unbeholfen und falsch proportioniert, denn viele Seeleute hatten ja nie die Möglichkeit, das Schiff, auf dem sie dienten, von Land aus und unter Segeln zu sehen. So gingen zahlreiche geschätzte Werte in die Konstruktion ein. Manch ein Matrose hatte wohl völlig übertriebene Vorstellungen von der Höhe der Masten, in denen er arbeitete, Segel anschlug oder barg. So ist es verständlich, daß einige dieser frühen Modelle manches zu wünschen übrigließen.

Eine Auswahl der vom Autor gefertigten Miniaturen — zum Gößenvergleich in der Bildmitte eine 1-Penny-Münze. Die rechteckige Flasche links enthält einen Zweimastschoner, zwei Hütten, eine Windmühle, eine Pier, einen Strand und einen Leuchtturm.

Trotzdem waren sie bewundernswert, wenn man bedenkt, unter welch schwierigen Bedingungen sie gebaut wurden.

Im Gegensatz zum Buddelschiffbau ist die Kunst, andere Gegenstände in Flaschen zu konstruieren, ungleich älter. Ich besitze die Fotografie eines solchen Stückes. Es stellt eine Kreuzigung dar; die Arme des Kreuzes berühren die Flaschenwände, zwei Engel schweben an Drähten. Mitten durch den Korken geht ein kräftiger gebogener Nagel, der sich der Biegung der Flaschenschulter anschmiegt. Das zeugt von großer Meisterschaft. Die Form der Flasche und kleine Fehler im Glas lassen vermuten, daß das Stück schon vor etwa 200 Jahren entstand. Eine andere Variation dieses Modells, in Frankreich und Spanien anscheinend recht verbreitet, enthält bis zu zehn hölzerne Kreuze, alle an demselben Holzstab. An den Kreuzarmen hängen Spulen mit verschiedenfarbigen Seidenfäden, die miteinander verknüpft sind und so ein geometrisches Muster bilden. Die Vorstellung, so etwas herzustellen, macht selbst mich ganz verwirrt, obwohl ich wirklich Erfahrung auf diesem Gebiet habe.

Dies könnten die Vorläufer unserer Buddelschiffe gewesen sein, wiewohl auch vorstellbar ist, daß Buddelschiffe unabhängig davon erfunden wurden. Die Ursprünge liegen jedoch völlig im dunkeln.

10

Viele nicht so alte Modelle gehören weniger in die Kategorie der mehr darstellenden Werke als vielmehr zu den „Puzzles", die oft in Gefängnissen zum Zeitvertreib gebaut wurden. Andere moderne Stücke haben amüsante Themen. Ein italienischer Brieffreund von mir hat eine ganz raffinierte Flasche gemacht: Sie zeigt einen altmodischen Fotografen, mit schwarzem Überwurf und Plattenkamera, der gerade eine ganze Familie in perfekter Positur ablichtet – die Familienmitglieder gucken entsprechend gequält. Ein anderes seiner Werke stellt ein zweistöckiges Haus dar: Oben liegt ein kleines Kind im Bett – selbst die Hausschuhe unter dem Bett sind nicht vergessen –, während unten die Eltern auf vierbeinigen Hockern an einem Tisch mit einer Baumwolltischdecke sitzen und essen. Der Tisch ist mit Eßgeschirr, einer Weinflasche und Gläsern, Tellern, Brot und Salami gedeckt. An der Decke hängt ein Lampenschirm samt elektrischer Glühbirne. Der phantasiereiche Erbauer hat auch Flugzeuge, Eisenbahnen und Raddampfer in Flaschen eingebaut, sein größtes Schiffsmodell in eine 55-Liter-Flasche!

Was Schiffe mit Küsten oder Häfen im Hintergrund betrifft, so gibt es unzählige Möglichkeiten. Ihr Ehrgeiz sollte es sein, möglichst originelle Ideen zu verwirklichen. Ich lasse mich oft von Zeichnungen inspirieren und füge Ergänzungen hinzu, wie sie mir gerade in den Sinn kommen. Zwei Stücke aus Japan fand ich besonders raffiniert: Eins einer römischen Rudergaleere mit Bänken, die sich im Rhythmus zu einer Bootsmannspfeife bewegten; ein anderes zeigte ein Schiff, das mit Hilfe langsam

Der Autor mit seinem ungewöhnlichen Modell eines Seglers, der ein Buddelschiffsmodell erstellt – in einer Buddel.

rotierender Magneten in der „See" stampfte und rollte. Ein anderes dieser „Juwelen" war ein Viermaster in einer Chiantiflasche mit 70 cm langem Hals.

Mit kleinen Übungsstücken beginnend, kann der Bastler dann zu komplizierteren Modellen übergehen, von Schwierigkeitsgrad zu Schwierigkeitsgrad, dem Wachstum seiner Fähigkeiten und seiner Begeisterung entsprechend. Mit der Zeit werden seine Freunde über seine Kunstfertigkeit staunen, und jedes Stück wird zu einer neuen Herausforderung. Falls Sie jemals in London sind, müssen Sie unbedingt die CUTTY SARK im Trockendock in Greenwich besichtigen. Im Jahre 1869 erbaut, im Jahr der Eröffnung des Suezkanals, ist sie dank der „CUTTY SARK Society" der einzig vollständig erhaltene Teeklipper der Welt, ganz und gar restauriert und für künftige Zeiten erhalten. Ein einziger Besuch wird den angehenden Modellbauer mehr lehren als ein Halbdutzend Bücher über dieses Thema; außerdem sind dort noch einige wunderhübsche Modelle ausgestellt sowie Risse und illustrierte Handbücher.

Das Science-Museum in South Kensington enthält ebenfalls eine bemerkenswerte Modellsammlung. Solche Ausstellungsstücke geben dem künftigen Modellschiffbauer gute Anregungen. Man hat die Wahl, denn die meisten der Tee- oder Wollfrachter ergeben reizvolle Modelle, ebenso wie die drei-, vier- und fünfmastigen Barken, die in der Salpeterfahrt eingesetzt waren.

1

Bevor man anfängt

Natürlich ist bei allen Modellbau-Hobbys die Versuchung groß, sofort zu beginnen. Dieser Drang sollte unterstützt werden, da Enthusiasmus durch nichts zu ersetzen ist. Dennoch, wie viele hoffnungsvolle Anfänger sind schon nach kürzester Zeit für ihr jeweiliges Hobby verloren, nur weil sie so überstürzt an die Ausführung ihres Plans gingen, ohne sich entsprechend auszurüsten, was Werkzeug und Materialien betrifft, und ohne eine klare Vorstellung von den Erfordernissen sowie von den eigenen praktischen Fähigkeiten und Möglichkeiten für dieses Hobby zu haben.

Hoffentlich kann der Leser der Verlockung, anzufangen, wenigstens so lange widerstehen, bis er dieses Buch durchgelesen hat. Dennoch ist es natürlich *die* Sache, wirklich den Anfang zu machen. Deswegen gebe ich in Kapitel 3 schon alle praktischen Hinweise für den Bau eines sehr einfachen, aber gefälligen Modells. Ich kann dem Anfänger nur dringend empfehlen, dieses als erstes zu bauen, bevor er zu ehrgeizigeren Projekten übergeht. Der Bau von Buddelschiffen ist in erster Linie ein Hobby, das handwerkliches Geschick erfordert. Man geht vom Rohmaterial aus und beginnt nicht bequem mit einem Bausatz wie z. B. bei einem Flugzeugmodell.

Vor allem benötigt man Werkzeug, Materialien und ein paar praktische Geräte. Darauf werde ich als erstes eingehen. Anschließend werde ich Tips und Hinweise in bezug auf die Recherchen zu diesem Thema geben, was Bücher, Zeichnungen, Risse, Daten und andere Unterlagen betrifft, die man benötigt, bevor man sich daranmacht, ein richtiges Modell zu bauen.

Werkzeug- und Materialienliste

Für einen erfolgreichen Buddelschiffbau braucht man die folgenden Geräte und Materialien:

- Einen Juwelier- oder Uhrmacherbohrer bzw. ein Bohrfutter für feinste Spiralbohrer sowie einige feine Spiralbohrer von 0,4 bis 0,6 mm Durchmesser.
- Eine sehr schlanke Pinzette von ca. 15 cm Länge.
- Eine lange, sehr schlanke Schere; Haarschneidescheren sind ideal.
- Eine kleine Rolle Blumendraht oder ähnlich weichen Draht für die Klappscharniere an den Masten.
- Etwa sechs der allerfeinsten Aquarellpinsel.
- Verschiedene kleine Dosen Enamel-Lack: weiß, braun, grün, rot und farblos, wie man sie in Läden für Bastlerbedarf erhält. Es gibt spezielle Lacke für Modellschiffe, einschließlich der Farbe „Naturholz".

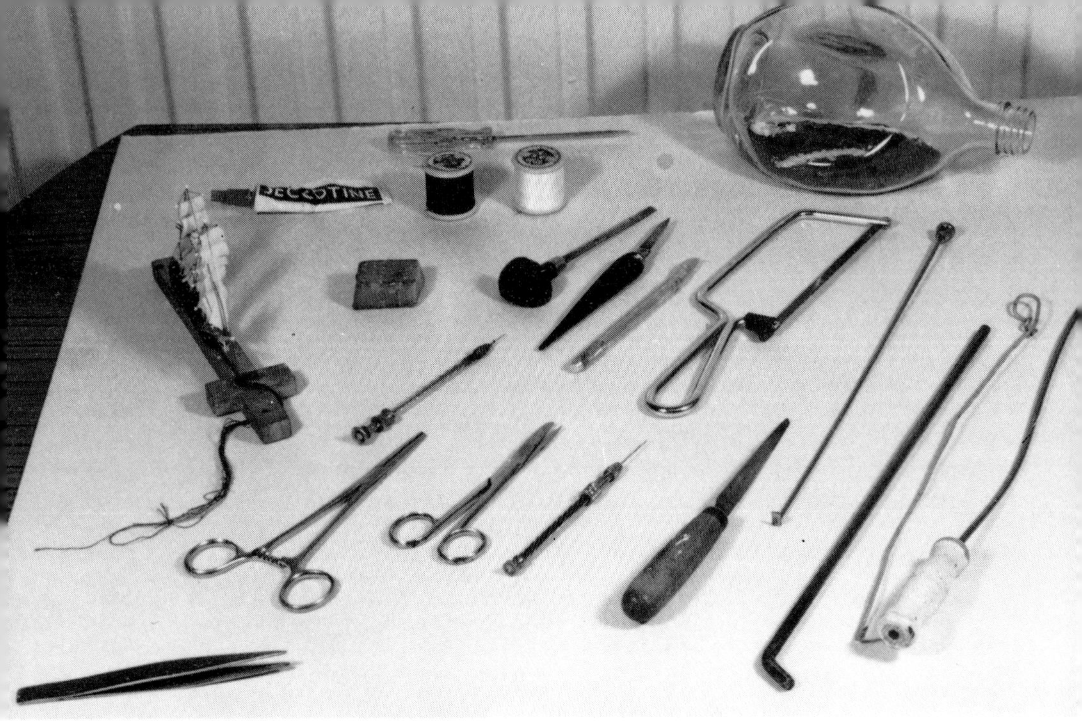

Eine Auswahl der auf jeden Fall benötigten Werkzeuge und Geräte für den Bau von Buddelschiffen.

Ideal ist ein kleiner, klappbarer Werkzeugkasten aus Kunststoff, wie man ihn in fast jedem Kaufhaus erwerben kann.

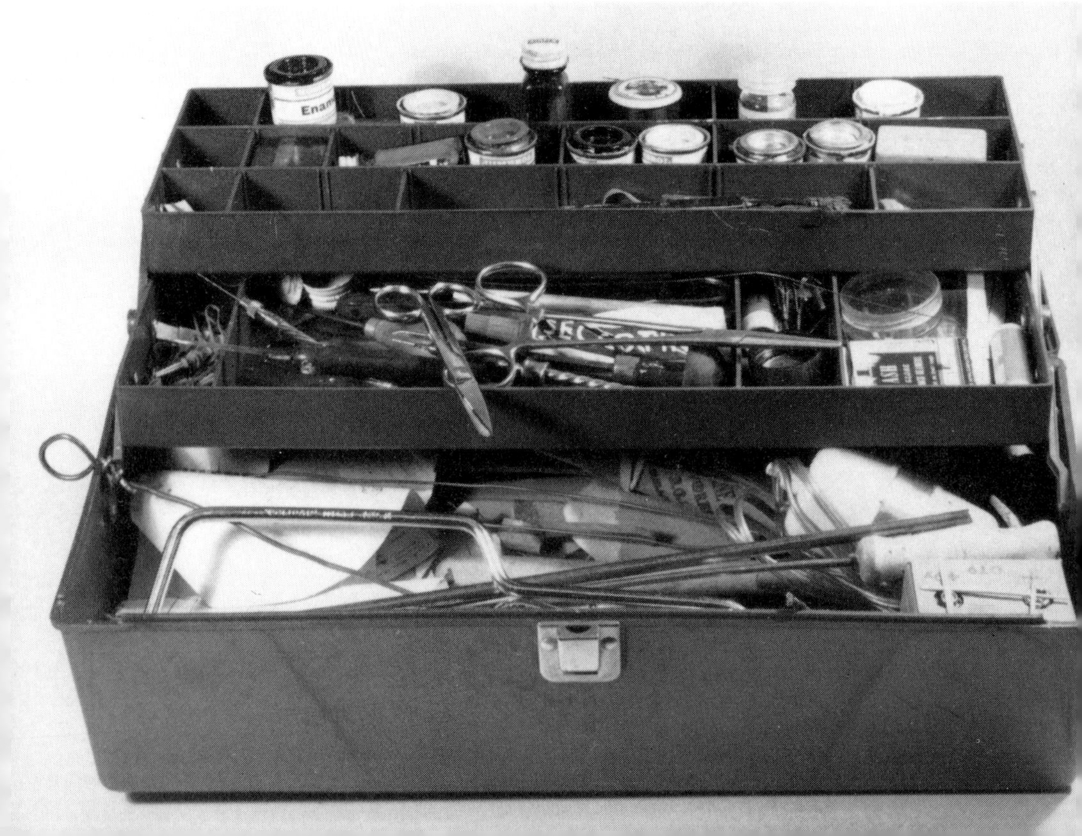

- Drei lange Drähte, am besten Fahrradspeichen.
- Ein kräftiges Stück Eisendraht von knapp 5 mm Dicke, am Ende gebogen, um die „See" in die Flasche zu bringen und das Modell in ihr festzupressen, während man die Masten aufrichtet.
- Eine Packung feinster Stecknadeln.
- Schwarzes, weißes, braunes und beiges Nähgarn.
- Eine Tube Klebstoff, vorzugsweise auf Latexbasis. „Langsame" Klebstoffe sind vorzuziehen, da sie einem Zeit lassen, etwas ganz genau zu fixieren.
- Ein Stück Bienenwachs, um das Nähgarn geschmeidiger zu machen (zu erhalten beim Schiffsausrüster).
- Ein scharfes, skalpellartiges Schnitzmesser.
- Einen kleinen Stechbeitel für Holzschnitzereien, ungefähr 5 oder 6 mm breit.
- Verschiedene Bögen Schleifpapier bis hinunter zum feinsten.
- Eine kleine Stahlbügelsäge mit den passenden Sägeblättern oder eine Laubsäge.
- Blaue und weiße Knetmasse, wie man sie in Spielzeugläden erhält.
- Eine schlanke, spitze Draht- oder Kombizange, die gleichzeitig schneidet.
- Einen kleinen Schraubstock, den man an einen Tisch schrauben kann.
- Einige Buchenholzdübel von 1,6 mm Durchmesser bzw. Schaschlik- oder Cocktailstäbchen für Masten und Bugspriet.
- Eine Packung chinesischer Zahnstocher, ideal für Rahen und Gaffeln.
- Je eine feine Feile, halbrund und flach.
- Eine Flasche Verdünner, um die Pinsel zu reinigen.

Diese Liste sieht recht aufwendig aus, aber die meisten dieser Werkzeuge halten ein Leben lang. Und wenn man es genau überlegt, sind die Kosten, selbst wenn alles neu gekauft werden muß, weit geringer als die für jedes andere schöpferisches Hobby. Eine Dose oder eine kleine Holzkiste ergibt einen praktischen Behälter für all diese Geräte; besser noch nimmt man zwei, einen extra für Farben, Verdünner und Pinsel.

Hilfsgeräte

Zusätzlich kann man sich noch ein paar nützliche Geräte selbst anfertigen:

Riggmesser Ein Stückchen Rasierklinge, das man in das gespaltene Ende eines Holzdübels von ca. 15 cm Länge klebt, um die überstehenden Klüverstagen unter dem Bugspriet abzuschneiden. Besser noch, man lötet das Klingenstück in eine Rille, die man oben in ein Stück 3 mm dicken Drahtes gesägt hat. Das hat den Vorteil, daß das Riggmesser sich leicht biegen läßt, um auch an schwer zugänglichen Stellen zu schneiden (Abb. 1 auf Seite 16).

Scharnierpinsel Ein Malpinsel mit Scharnier, um die Flaschen von innen anzumalen. Man schneidet einen normalen Aquarellpinsel etwa 25 mm unter der Manschette durch und plattet das Stück ab, wie in Abb. 2 dargestellt. In den Stiel schneidet man einen entsprechenden Schlitz. Man durchbohrt das Ganze und verbindet es mit einem Stift. Nun bohrt man zwei Löcher in den Kopfteil des Pinsels und eins durch das Stielende, zieht einen Faden hindurch und knotet ihn zu einer Schlaufe, wie abgebildet. So erhält man einen Pinsel, den man in jeden Winkel der Flasche bringen kann, um sie anzumalen.

Wellenformer Ein kleiner Mokka- oder Senflöffel wird an einem 4,5 mm dicken Dübel von ca. 25 cm Länge befestigt. Dieses Gerät ist unbezahlbar, wenn es darum geht, Wellen zu formen oder den weißen Gischt des Kielwassers zu glätten (Abb. 3).

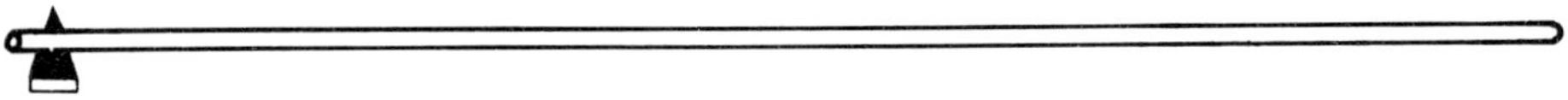

1 *Ein Rasierklingenstückchen, an einen Dübel geklebt, ergibt ein praktisches Riggmesser.*

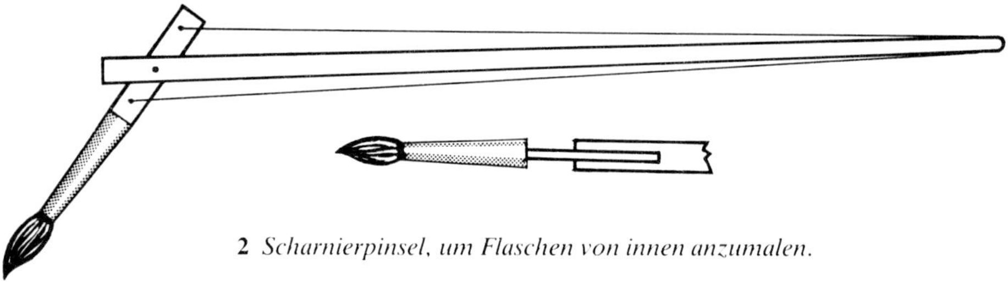

2 *Scharnierpinsel, um Flaschen von innen anzumalen.*

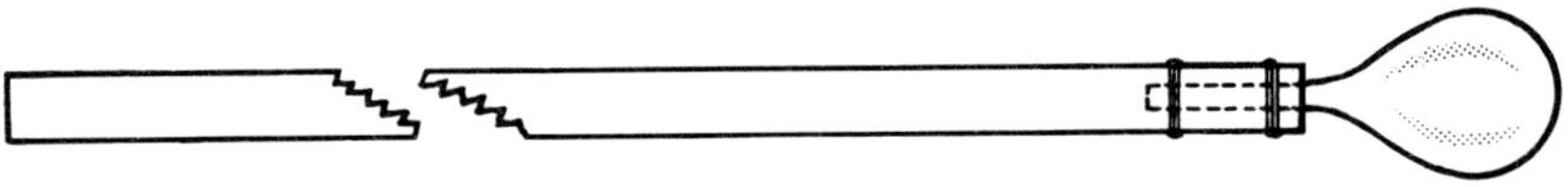

3 *Kleiner Löffel, an einem Dübel befestigt, als Wellenformer.*

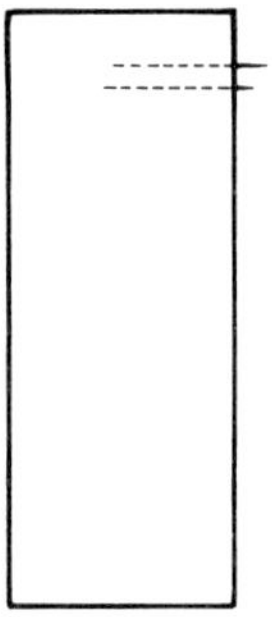

4 *Ein einfaches Hilfsgerät, um feine Rillen in den Rumpf zu ritzen.*

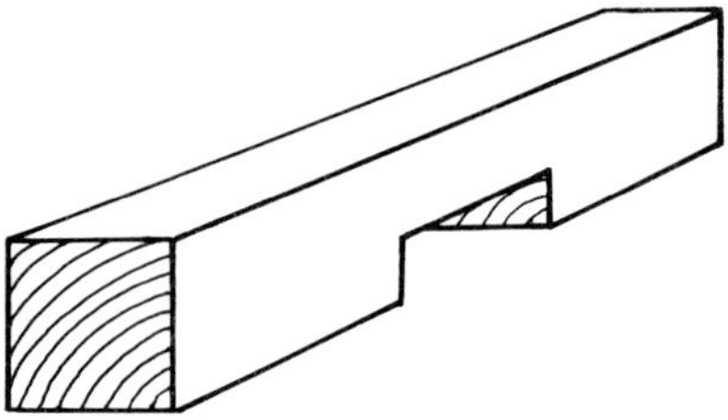

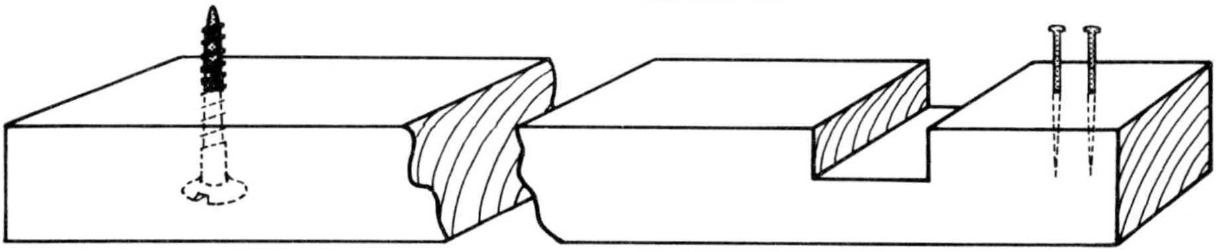

5 *Die Riggerbank, eines der wichtigsten Ausrüstungsteile.*

B   C   A

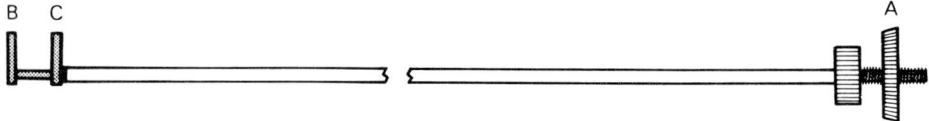

6 *Ein äußerst praktisches Gerät: Ein Metallstab mit Gewinde an einem Ende verläuft durch ein Messingrohr. Dreht man A, nähern sich die Messingbacken B und C und ergreifen kleine Bauteile wie z. B. Deckshäuser oder Luken, die beim Zurückschrauben innerhalb der Flasche dann an Ort und Stelle abgesetzt werden können.*

Wasserpaßmarkierer   Um eine feine Rille für Wasserpaß und Scheuerleiste machen zu können, fertigt man ein nützliches kleines Gerät an, indem man zwei kräftige Nadeln etwa 1,6 mm voneinander entfernt in einen kleinen Holzklotz treibt (Abb. 4). Die obere Nadel sollte etwa 3 mm herausragen, die untere ca. 0,8 mm. Die obere ritzt dann die Linien ein, während man den Holzklotz am Schiff entlangführt. Diese feine Nut kann man dann fließender gestalten, indem man ihr mit einem gut angespitzten 6H-Bleistift folgt. Für den Wasserpaß ist die Bleistiftmethode am besten: Man schraubt das Modell auf die Riggerbank (siehe unten) und kerbt, etwa 1,6 mm vom Boden des Modells aus gemessen, mit dem gut befestigten Bleistift die Linie ein. Es ist unbedingt notwendig, den Bleistift rund um das Modell zu führen, um den Wasserpaß an Bug und Heck deutlich zu markieren.

Riggerbank   Die ist ganz einfach aus ca. 13 mm dickem Holz herzustellen (Abb. 5). Das Längsstück ist ungefähr 20 cm lang und das Querstück etwa 5 cm. Beide Stücke werden ganz simpel miteinander verbunden. Es werden zwei Nägel hineingeschlagen, die eine Nagelbank bilden, an der die verschiedenen Teile der Takelage belegt bzw. durchgeholt werden können, während man an den Rahen, Brassen und Segeln arbeitet, denn das stehende Gut muß unterdessen unbedingt straffgehalten werden. Eventuell spannt man sogar ein Gummiband um das Gut oberhalb der Nagelbank. So werden Kinken und Törns vermieden, die später sonst ein zu lockeres Rigg bewirken könnten.

Greifzange   Ein begeisterter Hobbykollege hat mir dieses praktische Gerät geschenkt, welches man leicht und preiswert selbst bauen oder machen lassen kann (Abb. 6). Es hat sich als äußerst sinnvoll erwiesen, um winzige Gegenstände festzuhalten, in die Flasche einzuführen und sie dort abzusetzen.

Arbeitsplatte   Ich beschließe diesen Abschnitt damit, das Selbstverständlichste zu erwähnen: Man braucht eine gute Arbeitsfläche! Ein altes Zeichenbrett, wenn's geht, mit Resopal oder ähnlichem beschichtet, wäre ideal; ein Teil sollte unbeschichtet sein, um Nadeln usw. hineinstecken zu können. Man könnte aber auch ein altes Tablett nehmen. Vielleicht haben Sie sowieso schon einen passenden Arbeitstisch, nur: Wer auf den Küchentisch oder ähnliches beschränkt ist, braucht unbedingt irgendeine Arbeitsplatte zum Schneiden und Feilen.

Recherchen

Recherchen sind beim Schiffsmodellbau besonders wichtig. Die erste Informationsquelle ist natürlich die einschlägige Literatur. Über die meisten der berühmten Schiffe gibt es mehrere Bücher verschiedener Autoren. Viele Kapitäne haben im Ruhestand äußerst umfassende Bücher über die Segelschiffe geschrieben, auf denen sie am liebsten fuhren, ausführliche Bücher mit Rissen, Decksplänen usw. Eine gute Quelle sind auch Seefahrtsmuseen; mit etwas Glück findet man vielleicht sogar das Werftmodell des Schiffes, das man gerade bauen will.

Museumskuratoren sind fast immer zu jeglicher Auskunft bereit, manchmal haben sie sogar Risse und Illustrationen eines Modells zum Verkauf. Greenwich, die Heimat der Cutty Sark, ist bekannt für sein berühmtes historisches Seefahrtsmuseum. Aber auch Amsterdam und Hamburg besitzen ganz hervorragende Museen.

Gute Segelrisse und Decksplüne sind außerordentlich wichtig für einen akkuraten Modellbau und in bezug auf die Extrakosten in jedem Fall ihr Geld wert. Es ist verhältnismäßig einfach, die Pläne maßstabgerecht zu verkleinern und eventuell das Rigg etwas zu verändern, um es dem jeweiligen Vorhaben anzupassen. Um Zeichnungen und Details über weniger bekannte Schiffe zu bekommen, sind Erkundigungen in Museen auf jeden Fall erforderlich. Wenn Zeit oder Entfernung jedoch ein Handicap ist − möglicherweise lebt man weitab vom Meer und den Häfen, oder die Arbeit läßt keine Zeit für Museumsbesuche −, dann ist es die bequemste Lösung, zumindest bei den ersten Versuchen, berühmte Schiffe zu modellieren, wie z. B. CUTTY SARK, VICTORY oder THERMOPYLAE. Die sind in vielen Büchern ausführlich dargestellt.

Man sollte auch eine Art Skizzen- und Werkbuch führen, um Zeitungsausschnitte hineinzukleben, Illustriertenartikel oder ähnliches interessantes Material. Notizen in bezug auf das Rigg, die Farben und andere wichtige Details gehören ebenso in das Arbeitsbuch wie Fotos. Es ist aber wichtig, sich vorher zu informieren, da Fotografieren in einigen Museen verboten ist.

Zum Schluß mache ich noch auf eine ganz wichtige Informationsquelle aufmerksam: die Fachzeitschriften. In England sind es mindestens drei: „Model Boats", „Ships Monthly" und „Sea Breezes".

2

Nützliche Tips

. . . für den Bau von Buddelschiffen

Ich bin der Überzeugung, daß etwas, was wert ist, getan zu werden, es verdient, auch gut getan zu werden. Dem Neuling, der ein authentisches Modell herstellen möchte, empfehle ich, sich einen Satz Pläne für „sein" Schiff zu kaufen, und zwar bei Mssrs Bassett-Lowke Ltd, 18–25 Kingswell Street, Northampton (England). Diese Firma vertreibt die Pläne aller Schiffe, die Harold A. Underhill AMIES, die anerkannte Autorität auf diesem Gebiet, zusammengetragen hat. Wenn möglich, sollte man das Buch „Sailing Ship Rigs and Rigging" erwerben, eine exzellente Veröffentlichung, komplett mit genauen Darstellungen und Berichten über viele Schiffe. Die Underhill-Pläne, auch die in dem Buch, lassen sich ganz leicht maßstabgerecht verkleinern. Wer sich an diese Pläne hält, hat die Gewißheit, daß keiner ihm einen Fehler bezüglich der Proportionen oder des Riggs nachweisen kann. Eine andere Bezugsadresse für Pläne, nämlich die von David McGregor, ist Neptune Models Ltd, Langton Priory, Portsmouth Road, Guilford, Surrey, G U 2 5 EH (England).

Man darf nun aber nicht den Fehler machen, zu viele Einzelheiten an dem kleinen Modell unterzubringen, denn ein so winziges Deck wie das eines Buddelschiffes sieht ganz schnell unordentlich und vollgestopft aus. Ein Foto in der ungefähren Größe des Modells gibt einen guten Anhalt: Alles, was man darauf nicht erkennt, wird weggelassen. Aber man hat natürlich auch etwas künstlerische Freiheit. Masten und Rahen beispielsweise müssen wegen der Bohrungen überproportioniert sein. Und genauso muß die Takelage vereinfacht werden, damit das Ganze nicht topplastig aussieht.

Meiner Ansicht nach ist das Finish mit das Wichtigste bei Modellen dieser Art. Ich habe manches Mal 12 bis 15 dünne Lackschichten aufgetragen und sie einzeln mit nassem oder trockenem Schleifpapier behandelt, wie ein Autolackierer. Diese Extraarbeit zahlt sich aus und ergibt ein makelloses, glasartiges Finish, wodurch das Schiffchen gleich viel wertvoller aussieht. Durch eine dünne Schicht farblosen Lacks läßt sich der Glanz noch betonen. Auch dem Deck kann man einen solchen farblosen Anstrich geben. Es sieht dann „naß" aus, als sei gerade eben eine See darübergefegt, wie es ja häufig genug passierte. Man muß aber bedenken, daß jede Lackschicht etwas aufträgt, so daß der Rumpf von vornherein kleiner geplant werden muß, um ohne Kratzer durch den Flaschenhals zu gelangen.

Für einen wirklich gelungenen Rumpf lohnt sich die Mühe, mit dem Wasserpaßmarkierer (Abb. 4 auf Seite 16) etwa 1,6 mm unterhalb der Scheuerleiste und parallel zu ihr eine winzige Nut zu ritzen, ebenso wie an dem Wasserpaß, ca. 1,6 mm vom Boden des Modells aus gemessen. Dann nimmt man zwei weiße Fäden in etwa 2,5facher

Länge des Rumpfes, bestreicht sie mit Klebstoff und drückt sie mit der runden Seite eines Bleistiftes in die Nut. Das geschieht genauso an dem Wasserpaß. Die Enden müssen überhängen, um vor dem allerletzten Anstrich vorsichtig wieder entfernt werden zu können. Die Fäden gelten nämlich nur als „Vorzeichnung" für die Lackarbeiten und werden erst entfernt, nachdem oberhalb der Scheuerleiste die schwarze Markierung und unterhalb des Wasserpasses das rostrote „Antifouling" gemalt sind.

Welche Farbe man dann dem Rumpf an sich gibt, ist Geschmacksache: Viele Klipper waren braun, andere dunkelgrün, manche dunkelrot und einige mittelgrau mit einem feinen Hauch von Rosa. Nun, nach der letzten Lackschicht also, werden die Fäden durch neue ersetzt, festgeklebt und sorgfältig abgeschnitten, so daß man nicht sieht, wo sie zusammentreffen, am besten am Heck. Dann kommt der allerletzte Anstrich und darauf eine Woche Pause, damit alles gut durchtrocknet. Um häßliche Fingerabdrücke zu vermeiden, hält man das Modell zwischen Zeigefinger und Daumen am Deck und am Boden.

Masten macht man am besten aus 1,6-mm-Buchenholzdübeln oder Cocktailstäbchen (siehe Kapitel 3) aus feinporigem Holz, glattgeschmirgelt und am Ende leicht zugespitzt. Masten sehen viel besser aus, wenn sie aus zwei oder drei Stücken bestehen, abhängig vom jeweiligen Modell (Abb. 15 auf Seite 59). Auf Rahseglern war das ohnehin so üblich, abgesehen von ein paar moderneren Ausnahmen, bei denen Untermasten und Stengen aus *einem* „Rohr" bestanden, das allerdings aus Stahlplatten gebildet worden war. Auf jeden Fall sollte man für einen Klipper Untermast, Marsstenge und Bramstenge vorsehen, wie geschildert. Das ist nicht nur technisch einwandfreier; solche Masten sind auch stabiler, da dort ja die Bohrungen für Wanten und Pardunen sind.

Beim Schnitzen des Rumpfes muß man darauf achten, daß er höchstens die Hälfte des Flaschenhalsdurchmessers einnimmt. Hierbei dürfen wir allerdings unsere künstlerische Freiheit etwas spielen lassen, indem wir den Rumpf z. B. etwas stärker runden als das Original, so daß er sich fast dem Flaschenhals anschmiegt. Der Bug darf fast dreiviertel des Halsdurchmessers ausfüllen, denn da ist der Hauptteil des Schiffes ja schon in der Flasche, samt Takelage, Rahen und Segeln. Es verbleiben nur noch Steven, Klüverbaum, Stampfstock und die Führungsfäden, mit denen das stehende und laufende Gut reguliert wird, während wir die Masten aufrichten, die Rahen in Position bringen und das Besansegel ausrichten.

. . . für den Bau anderer Modelle in Flaschen

Hierbei ist es das Wichtigste, *alles* schon vorher fertig zu haben, bevor man auch nur das kleinste bißchen in die Flasche steckt. Alles muß laufend auf seine Größe hin kontrolliert werden, für alle Dübel bzw. Zapfen müssen Bohrungen an den entsprechenden Gegenstücken sein, und man muß sich um Geduld bemühen, darf nicht zuviel auf einmal erledigen, denn der Klebstoff braucht *jedesmal* großzügige Trocknungszeiten, bevor man das nächste Stück einfügt. In späteren Kapiteln wird erklärt, wie man auch recht große Stücke in die Flasche bringt, manches von mehrfacher Flaschenhalsdicke. Man muß nur planvoll und erfindungsreich vorgehen. Räder z. B. können den doppelten Flaschenhalsdurchmesser haben: Man halbiert das Rad und klebt ein „Scharnier" aus Klebestreifen an die uns abgewandte Seite. Das Rad wird gefaltet, in die Flasche eingeführt, an der Flaschenwand aufgerichtet, zusammengeklebt und so lange an den Flaschenboden gepreßt, bis der Klebstoff erhärtet ist. Es empfiehlt sich, langsam trocknenden Klebstoff (z. B. auf Latexbasis) zu verwenden, denn nur so hat der Bastler Zeit, die Teile genau an die richtige Stelle zu setzen. Schnell trocknender Klebstoff ist tabu für diese Kunst, ganz gleich, wie gut er sich für anderes eignet. Man sollte auch immer ein paar kräftige Drähte mit „Watteköpfen" zur Hand haben, um Klebstoffspuren von der Flasche zu entfernen, bevor sie trocknen. Das passiert selbst dem erfahrensten Modellbauer. Manchmal hat man auch Farbspuren am Flaschenhals; je schneller sie abgewischt werden, um so besser. Farbe entfernt man, indem man den Wattebausch in Verdünner oder Terpentin taucht.

Es ist durchaus verständlich, daß man sofort mit seinem Modell beginnen will, aber gerade der Anfänger kann sich viel Kopfzerbrechen und Reinfälle ersparen, wenn er sich ein bißchen geduldet und vorher die Anleitungen genau durchgeht. Es stimmt, daß man am besten beim Üben lernt und daß Übung der beste Lehrmeister ist. Doch wieviel Frustrationen kann man vermeiden, wenn man sich vor Beginn der Arbeit kundig macht.

Sobald das erste Modell gelungen ist, will man ein etwas komplizierteres bauen. Da lohnt es sich, in Möbelkatalogen und Illustrierten zu stöbern, denn das ist in diesem Falle nicht nur phantasieanregend, sondern man findet oft auch Miniaturwandbilder, Tapetenmuster usw., die man seinem Modell „einverleiben" kann, damit es echter aussieht. Spiegel können aus Metallfolie hergestellt werden; defekte Damenarm-banduhren, je kleiner, desto besser, werden zu „richtigen" Uhren. Ein Feuer kann aus goldener und roter Metallfolie bestehen, mit winzigen Kohlekrümeln darin. Der Kopf eines alten Kugelschreibers, abgeschnitten und zurechtgefeilt, wird in einen Kelch oder eine Vase verwandelt, während eine leere Kulimine, ausgewaschen und von innen angemalt, eine Leuchtstoffröhre darstellt. Tisch- und Stuhlbeine kann man mit Hilfe von Bohrmaschine und Sandpapier aus Cocktailstäbchen drechseln. Fenster täuscht man durch Rahmen vor, die man aus dünner Pappe ausschneidet; und wer gut Miniaturen malen kann, malt noch eine „Aussicht" hinein − es sieht viel realistischer aus. Kleine Vorhänge entstehen aus zarten Stoffresten. Wer winzige Tierchen schnitzen kann, fügt Hund und Katze hinzu. In Geschäften, die Modell-eisenbahnen führen, erhält man ganz kleine Glühbirnen . . . Allerdings − die Faust-regel heißt, nicht zu viele Einzelheiten in die Flasche bringen, das würde nur vom Thema ablenken.

. . . die Flasche selbst

Jetzt wird der Leser endlich mit seinem Modell beginnen wollen, und da ist der erste Schritt die Wahl der für das Vorhaben geeigneten Flasche. Wo kann man leichter eine Flasche finden als in einer Spirituosenhandlung? Oder, noch besser, man nimmt dies als einen guten Vorwand, dem Stammlokal einen Besuch abzustatten. Auf jeden Fall haben Hotels und Restaurants viel Leergut im Keller oder in einem Abstellraum; und man ist dort nur zu froh, es loszuwerden, da es sich ja meistens nur um Einweg-flaschen handelt. Ob man eine farblose oder eine grünliche Flasche wählt, eine rosé-farbene oder eine braune, ob sie aus Spanien, Frankreich oder Deutschland kommt, das ist ganz und gar eine Frage des persönlichen Geschmacks. Trotzdem muß man einiges beachten: Flaschen mit erhabenen Zeichen oder Buchstaben im Glas eignen sich ebensowenig wie solche mit scharfen Kanten oder hervortretenden Nähten, denn das kann die Wirkung des Modells in der Flasche stören oder verzerren.

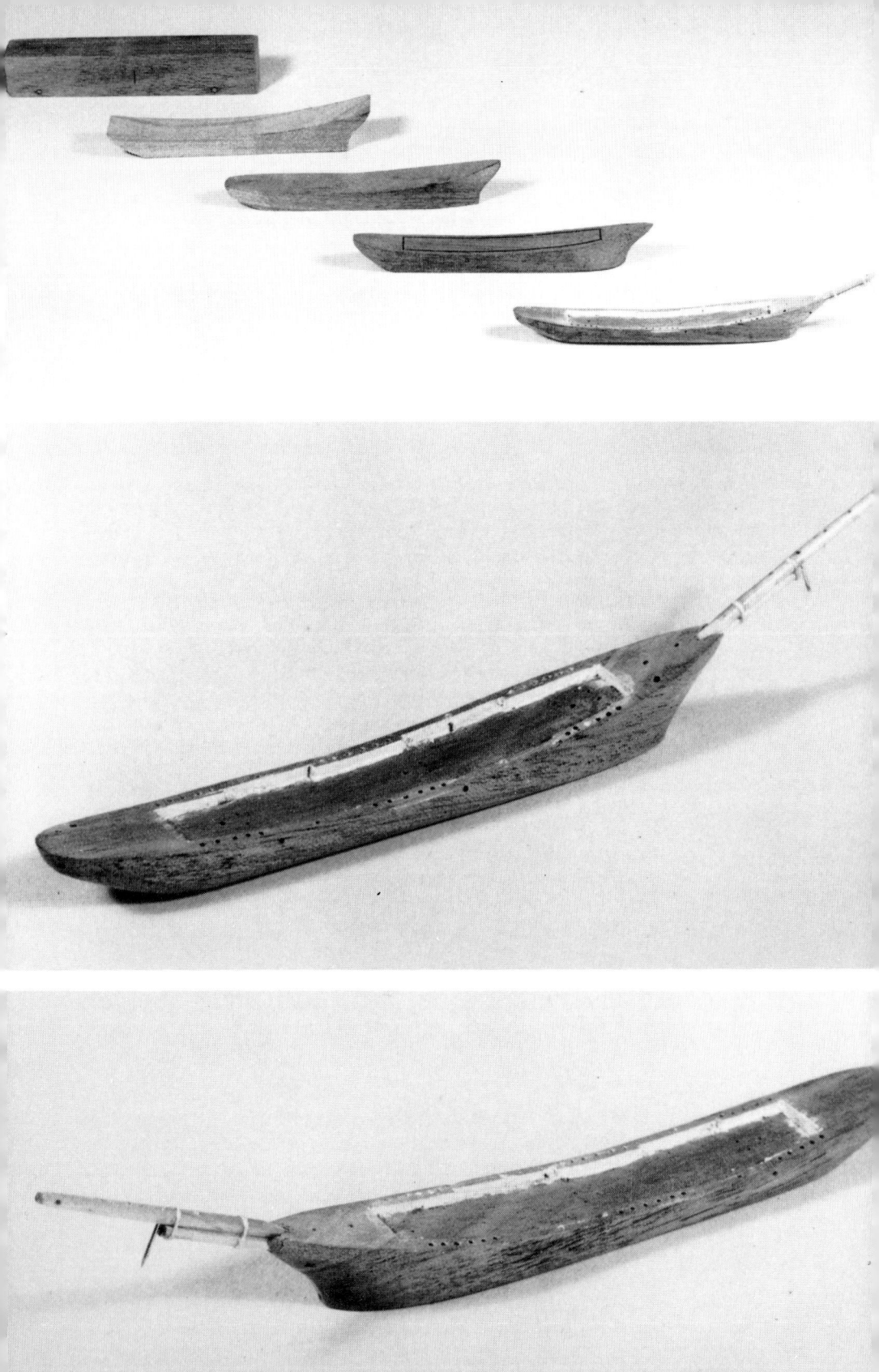

Selbst die besten Flaschen haben manchmal kleine Fehler, doch mit kritischem Blick findet man schon die für den jeweiligen Zweck passende. Wenn man sich z. B. für die aufrecht stehende Figur des Fischers mit dem Modellschiff in der Hand auf Seite 115 entscheidet, kann man eine auffällige Naht ganz einfach unter einer Schicht zartblauer oder weißer Farbe verstecken. Damit schlägt man gleich zwei Fliegen mit einer Klappe: Man hat den Defekt verdeckt und gleichzeitig die Wirkung des Modells erhöht.

Eine runde Rum- oder Whiskyflasche oder eine eckige Whiskyflasche ist ideal, letztere besonders für Modelle mit einer Landschaft oder einem Hafen im Hintergrund. Übrigens müssen bei langen Flaschen die Führungsfäden entsprechend länger sein als z. B. bei einer konkaven dreieckigen Flasche. Diese Flaschen sind attraktiver und leichter zu „bedienen" als die langen viereckigen Flaschen, da die dreieckige Form mit ihren konkaven Wänden für einen besseren Stand des Modells sorgt. Der Nachteil ist, daß gerade diese „Dellen" wegen des Lichtbrechungseffekts den Anblick des Werkstückes verzerren können.

Im allgemeinen gilt, daß es um so schwieriger ist, eine Flasche auszustatten, je länger sie ist: Denn jede Bewegung am Hals der Flasche mit der Zange oder dem Hilfsdraht wird zum anderen Ende der Flasche hin vergrößert. Deshalb ist eine sichere Hand gerade bei diesen langen Flaschen von Vorteil. Man kann auch Chiantiflaschen mit rundem Boden nehmen; die größeren, die mehr als einen halben Liter fassen, kommen sehr gut auf einem langen Schaustand zur Wirkung: Die Flasche liegt mit ihrem bauchigsten Teil auf dem hinteren Ende des Standes, während vorn der Hals aufliegt.

7 *Meßschablone aus gefalteter Pappe, die mit einem Gummiband an einem Draht befestigt ist, um Klarheit über die Innenhöhe in langen Flaschen zu gewinnen.*

Um sich über die Innenhöhe der liegenden Flasche Klarheit zu verschaffen, mißt man die äußere Höhe der Flasche bzw. den Durchmesser und schneidet eine Postkarte passend zurecht, nur um 6,5 mm schmaler. Man faltet die Karte einmal längs und einmal quer, wie auf Abb. 7 gezeigt, macht in die Mitte ein kleines Loch und befestigt die Karte an einem 3 mm dünnen Draht, ca. 6 mm vom Ende entfernt. Man sichert das Ganze mit einem Gummiband und führt es in die Flasche ein, wobei die beiden Spitzen auf uns zeigen. Innerhalb der Flasche wird sich die Karte auffalten. Wenn nicht, zieht man die Schablone wieder heraus und schneidet sie so lange kleiner, bis es klappt. Vorsorglich sollte man die Flasche aber auf *ganzer* Länge testen, da die Glasdicke manchmal variiert.

Für die „See" und die Führungsfäden benötigt man etwa 13 mm zusätzliche Höhe

Lesen Sie bitte weiter auf Seite 36.

Links oben *Stadien der Schnitzarbeit: vom Holzblock bis zum Rumpf.*

Links Mitte und unten *Zwei Ansichten des Rumpfes: fertiggeschnitzt und mit Bohrungen versehen, das Schanzkleid innen weiß gemalt, vor dem Glattschleifen des Decks. Jetzt kann es gestrichen und lackiert werden.*

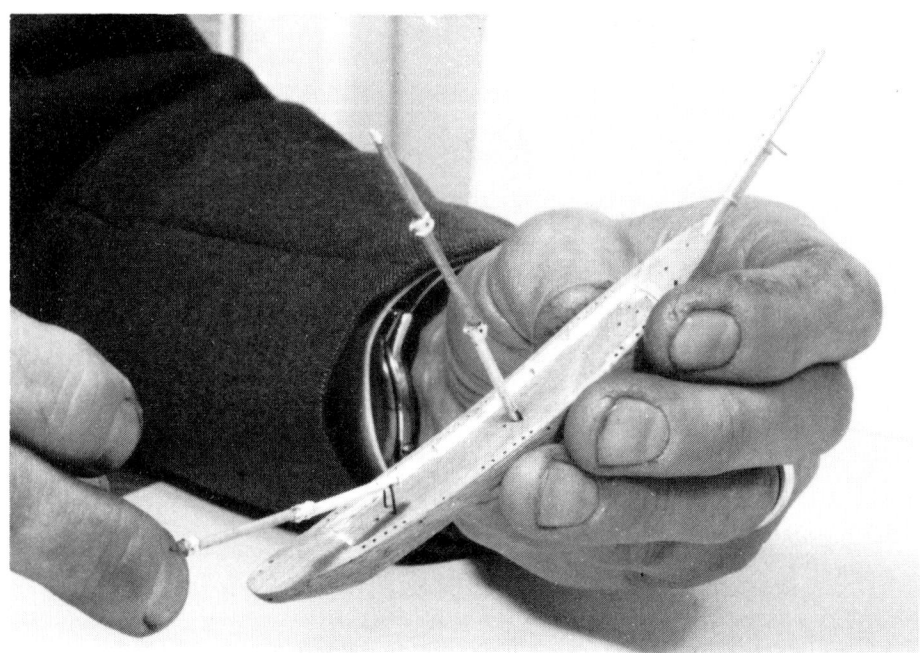

Einsetzen des Besanmastes. Der Großmast steht schon, das Mastscharnier ist deutlich zu erkennen.

Einscheren der Wanten. Der Fockmast wird im richtigen Winkel gehalten, während die Wanten und Pardunen „durchgefädelt" werden.

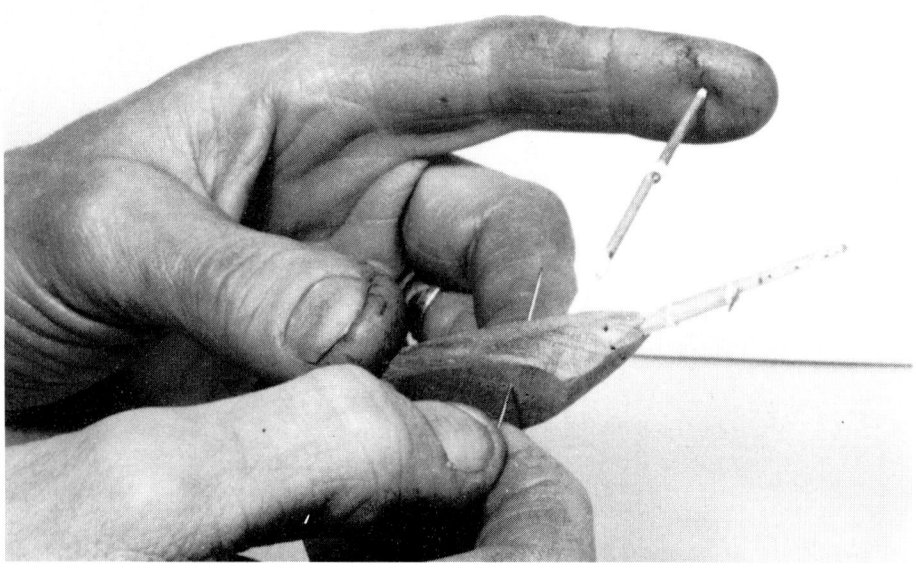

24

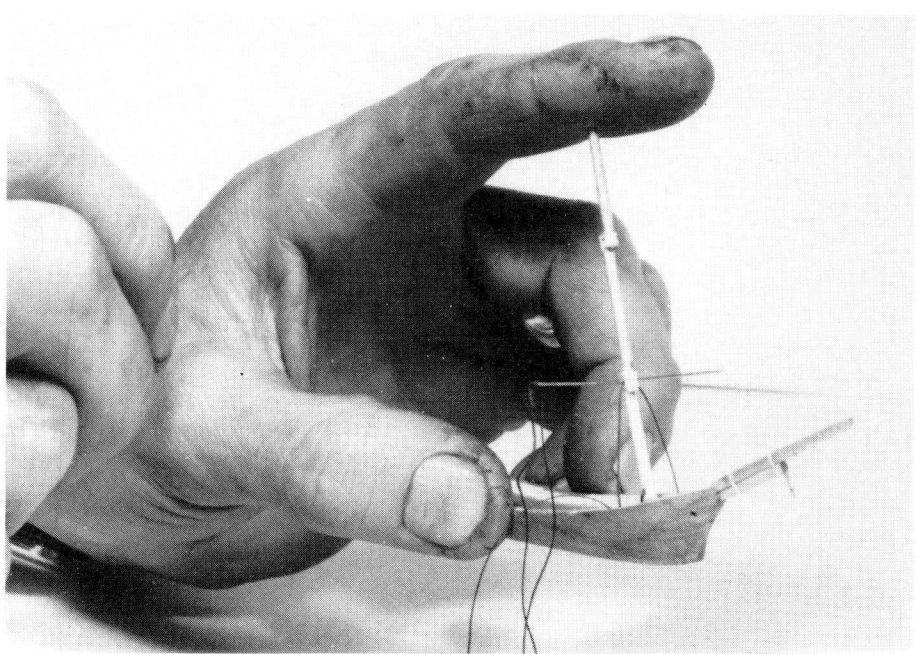

Die ersten Wanten sind durchgeschoren, während die nächsten durch die Verdoppelungen des Fockmastes hindurchgeführt werden.

Die Vorroyalpardune wird durch die Bohrung im Masttopp gefädelt.

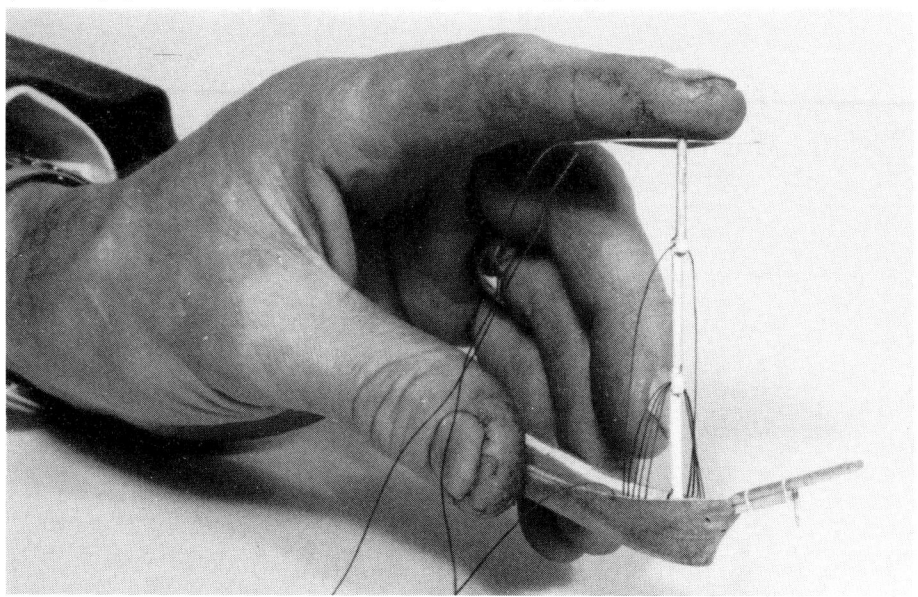

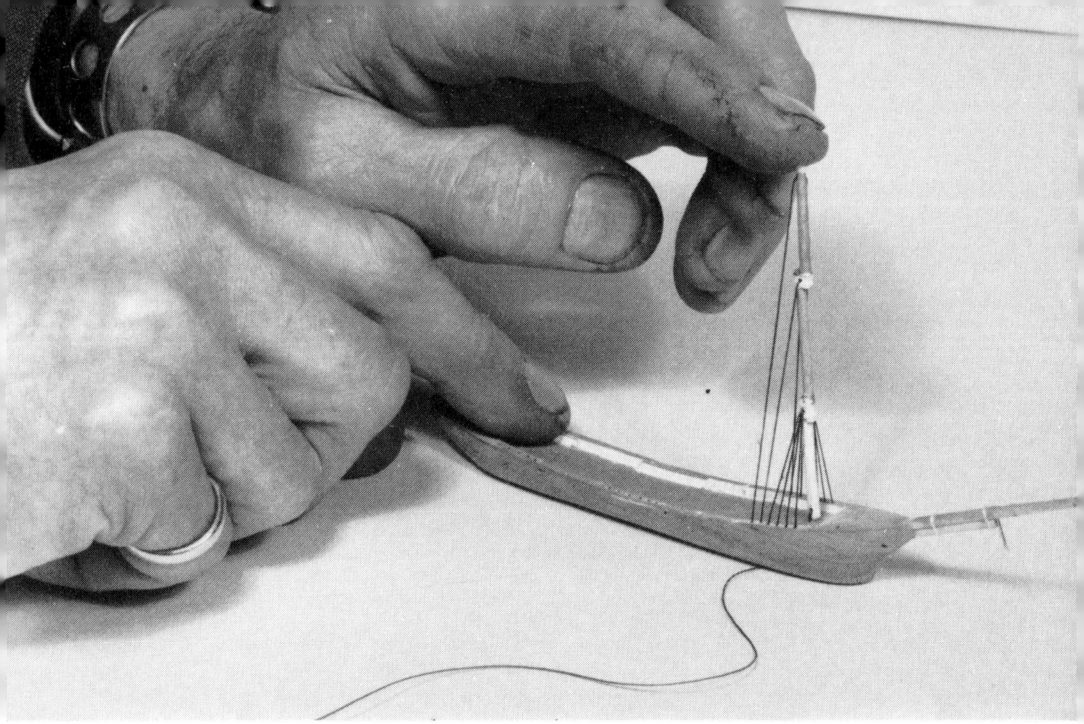

Oben *Wanten und Pardunen am Fockmast sind eingeschoren, der Mast ist im korrekten Winkel getrimmt.*

Unten *Endgültige Befestigung von Wanten und Pardunen unterhalb des Rumpfes. Jegliche Lose, die sich eventuell beim Aufriggen ergibt, sollte durchgeholt, verknotet und verklebt werden.*

Rechts oben *Wie der Fockmast in seinem Scharnier umklappt.*

Rechts unten *Der Fockmast wird vom Vorroyalstag oder Außenklüverstag aufrecht gehalten, während die Fockrah mit ihrem Webeleinstek bereitliegt, um mit einem Kreuzknoten am Fockmast befestigt zu werden.*

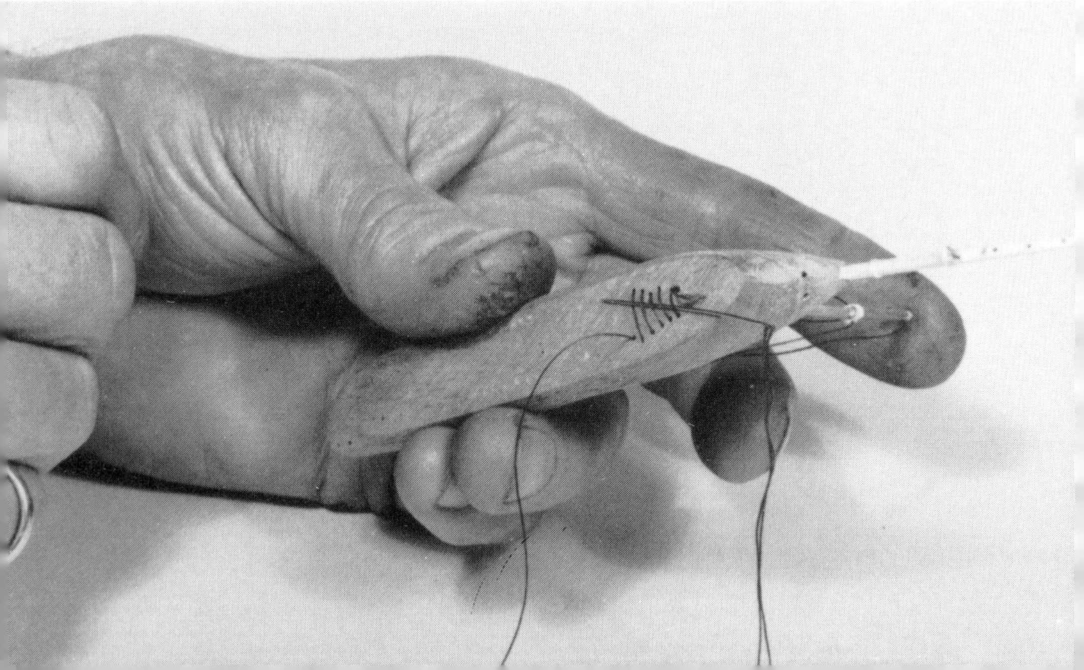

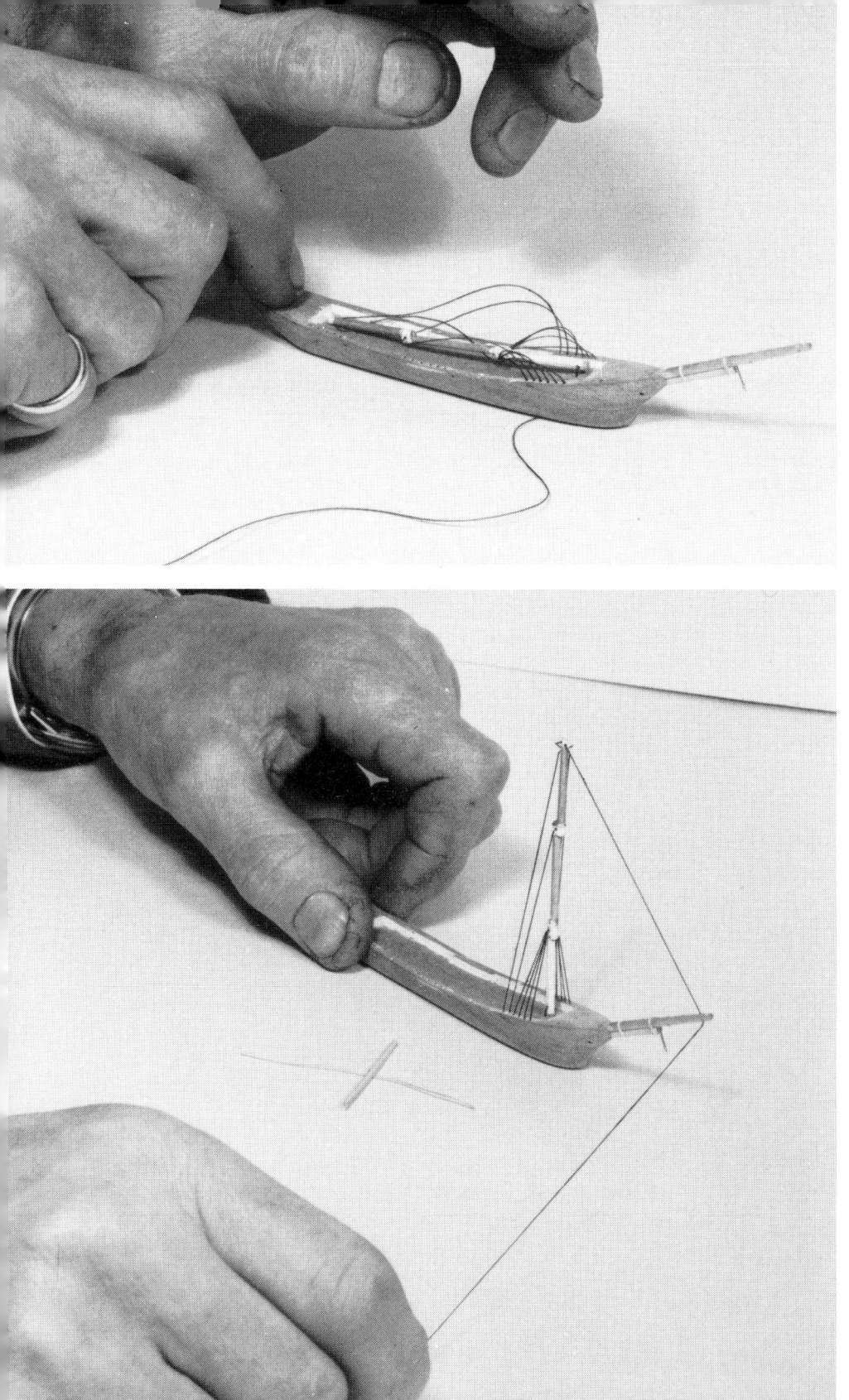

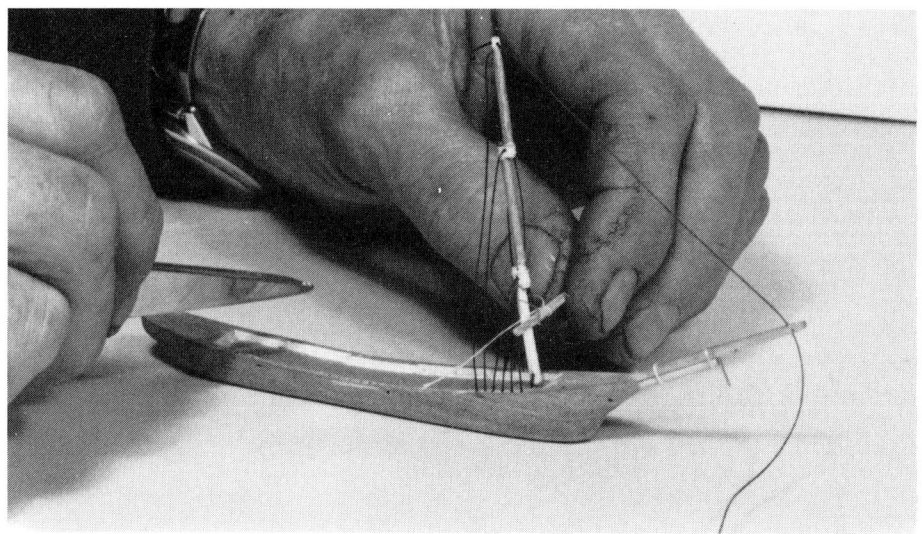

Oben *Die Rah wird am Fockmast angebracht. Wenn der Untermast weiß ist, nimmt man weißes Garn; für die Stengen nimmt man beiges Garn, dem sandfarbenen Anstrich entsprechend, den man den Stengen meistens gab.*

Unten und rechts oben *Zwei Ansichten eines vollständig geriggten Modells; Rahsegel, Stagsegel und Vorsegel werden noch hinzugefügt, das Besansegel ist angebracht.*

Rechts unten *Dasselbe Klippermodell. Sämtliche Führungsfäden sind deutlich zu sehen.*

28

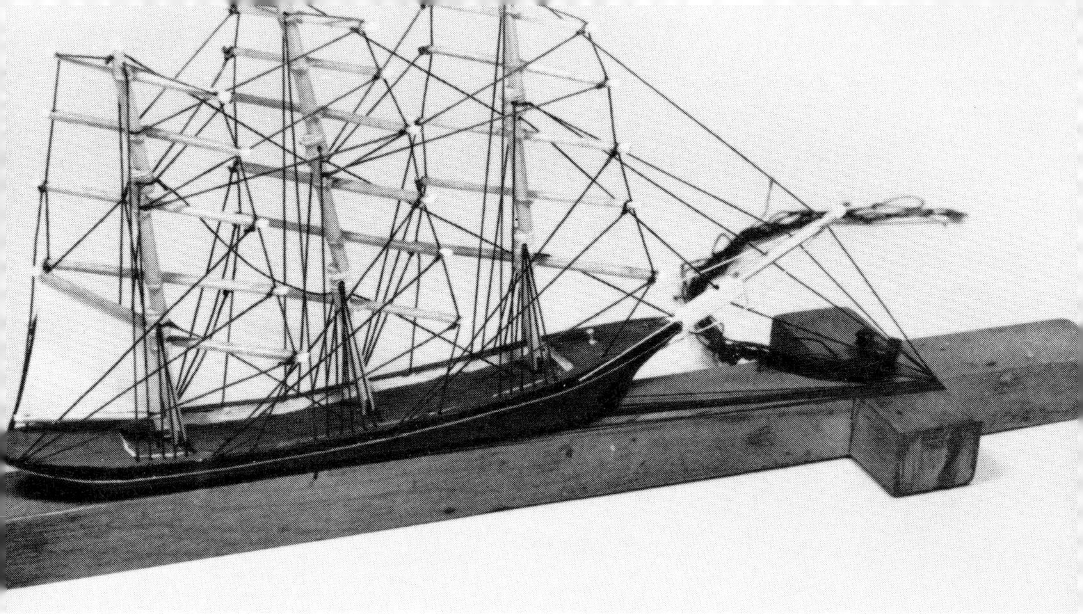

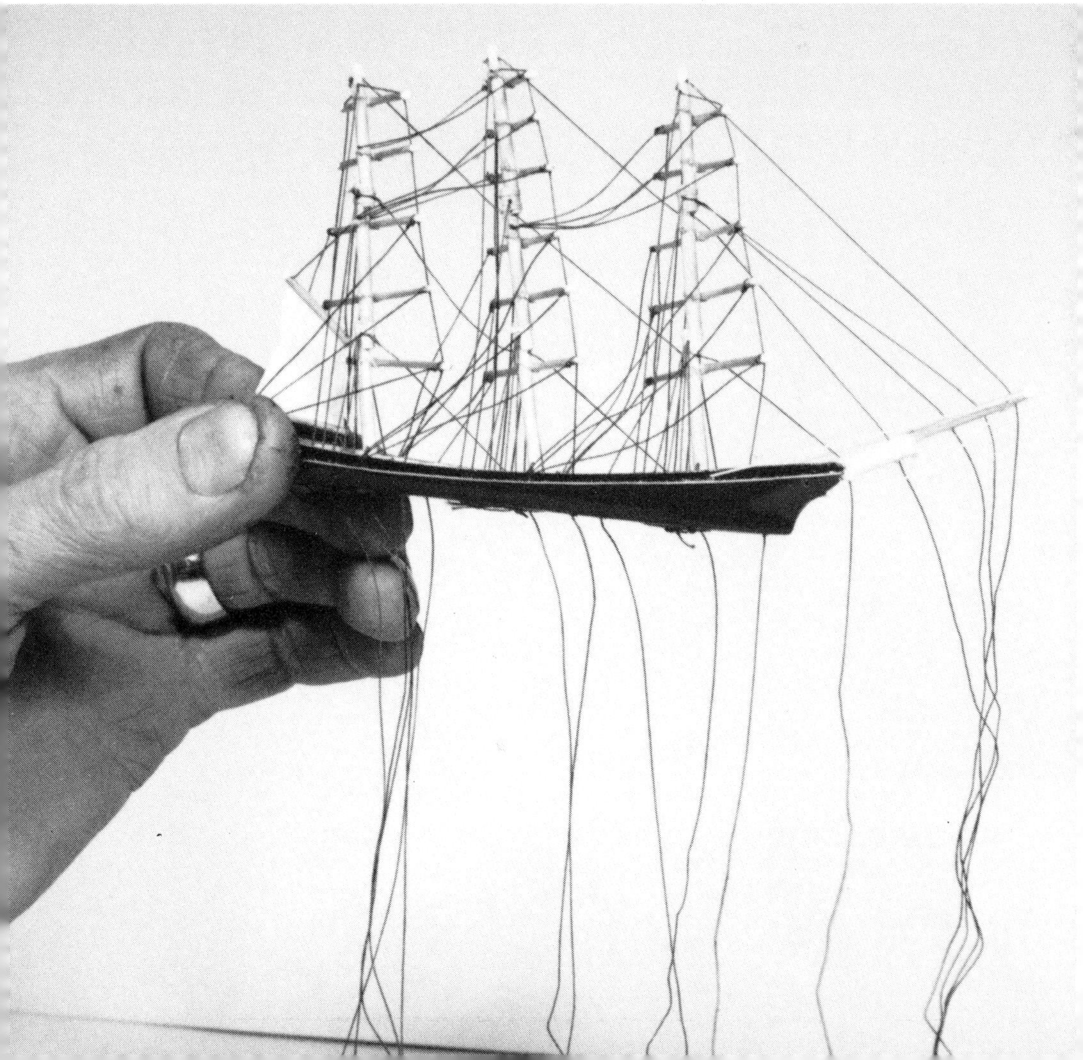

Diese Seite und rechts oben *Noch drei Ansichten des Klippermodells. Es wird gezeigt, wie die Masten und Rahen geklappt werden, bevor das Modell in die Flasche eingeführt wird. Die Segel sind noch nicht angebracht, um den Vorgang deutlicher demonstrieren zu können.*

Rechts unten *Eine Viermastbark auf der Riggerbank.*

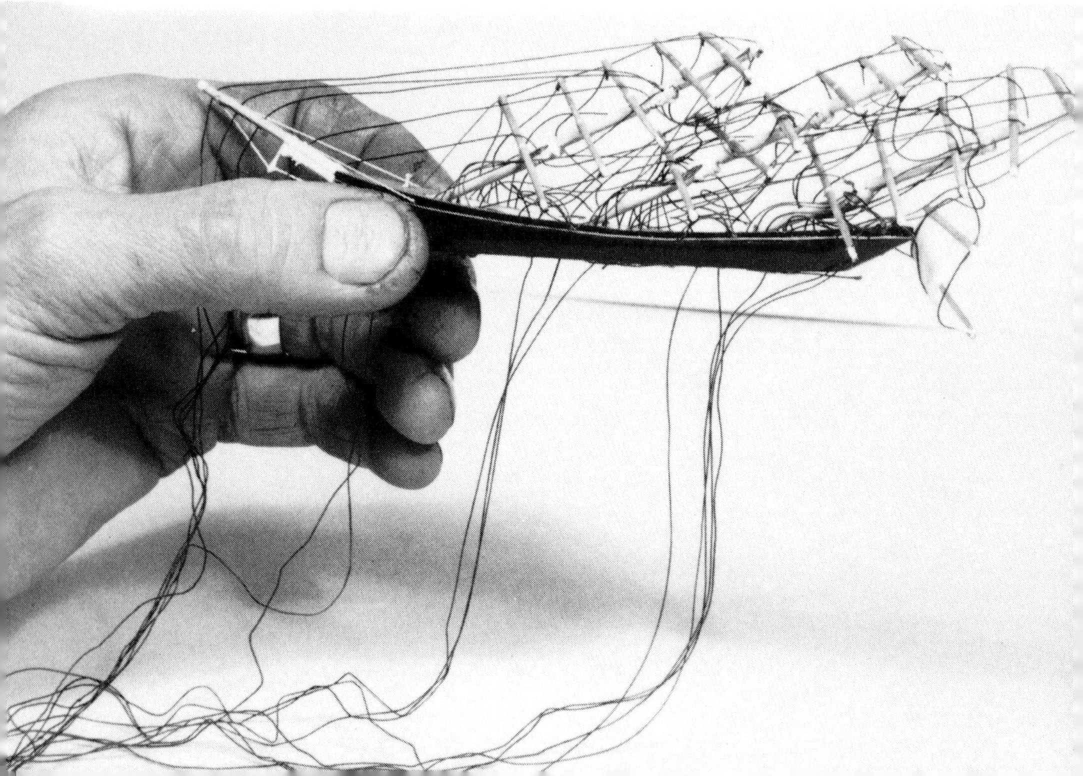

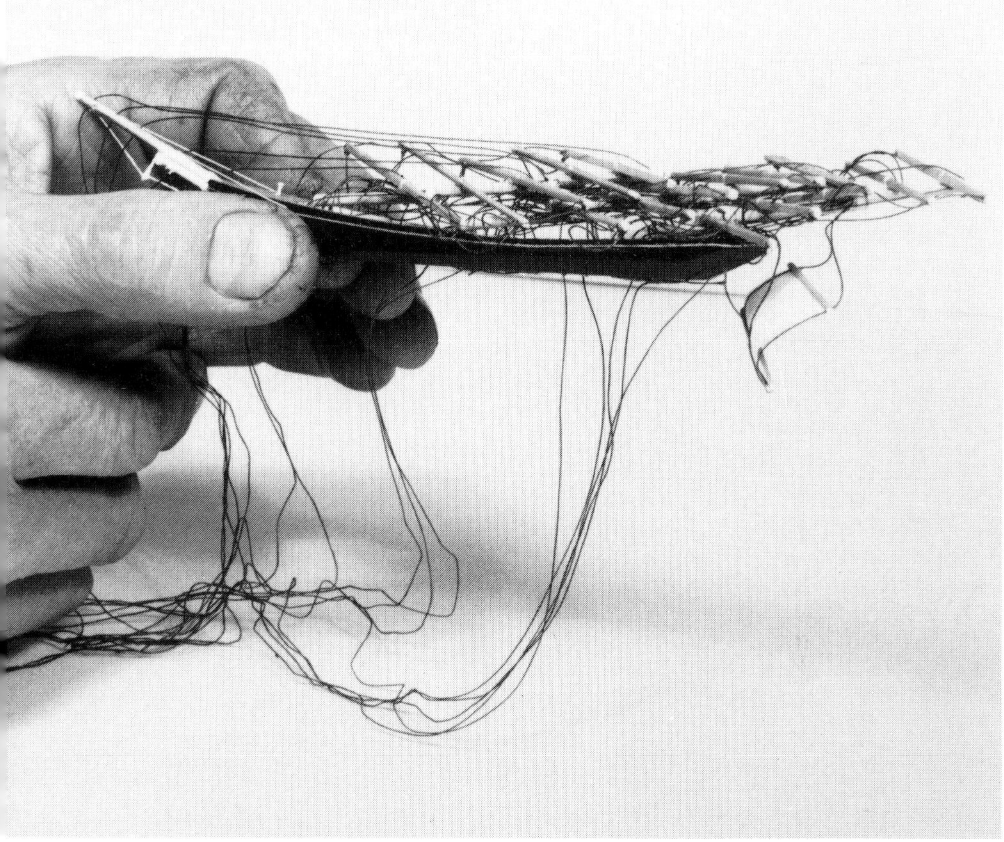

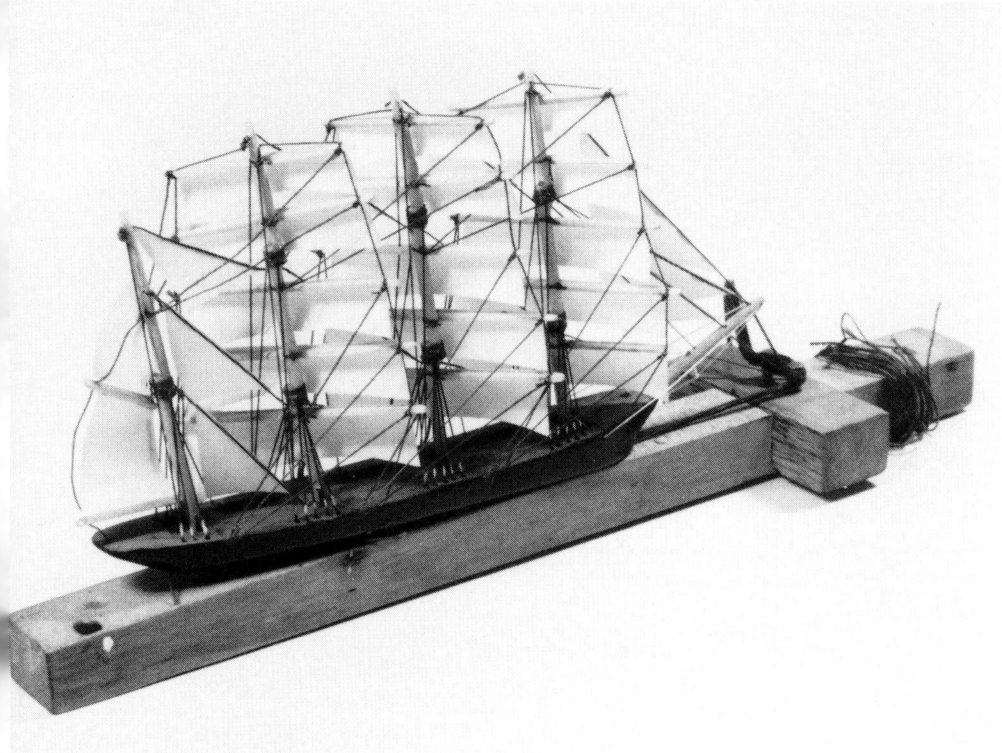

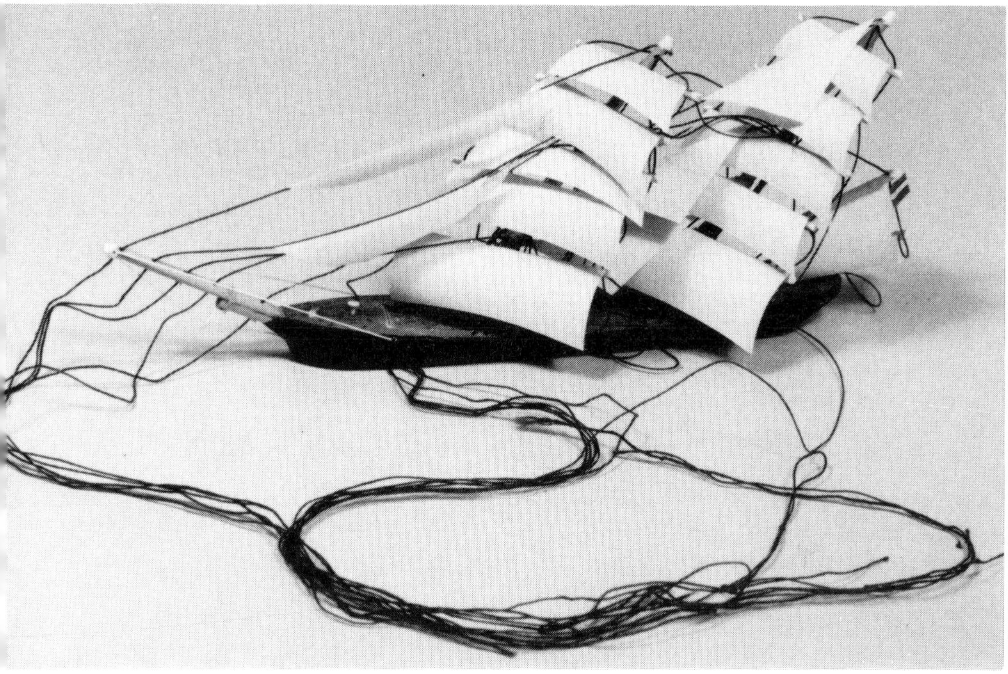

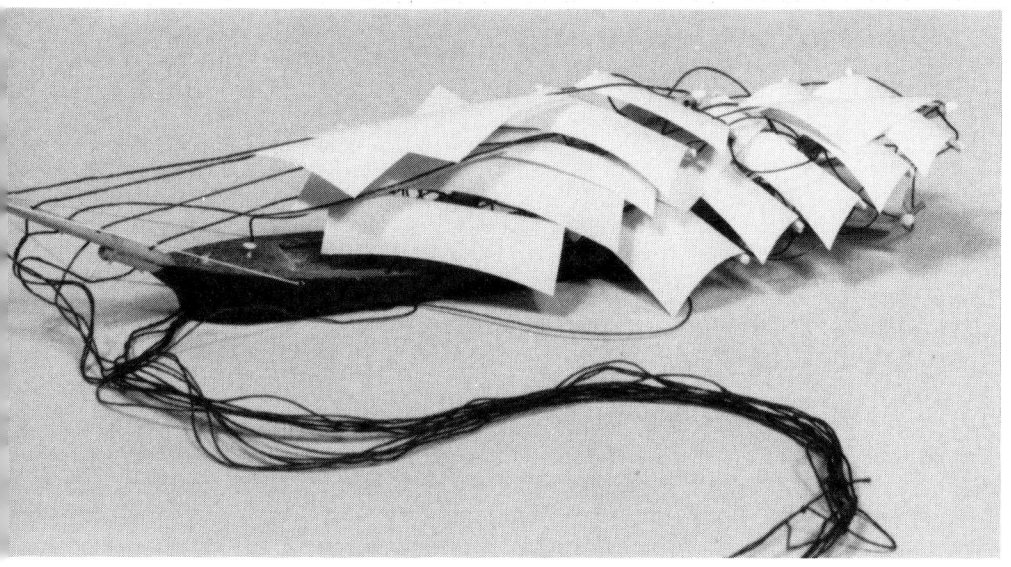

Links *Modell einer Brigg auf der Riggerbank, mit komplettem, durchgeholtem Rigg. Im Hintergrund die konkave Dreiecksflasche, für die es vorgesehen ist. Beachte das Gangspill und die Flagge an der Gaffel.*

Oben und unten *Zwei Ansichten des gefalteten Modells. Man sieht, daß die Rahsegel sich überlappen und daß das Besansegel hochgerollt ist, um in die Flasche eingeführt werden zu können.*

Oben *Man führt das Modell ganz langsam und behutsam in die Flasche ein und vermeidet eine Berührung des Besansegels mit der „See".*

Unten *Man preßt den Rumpf fest in die „See", indem man einen kräftigen Eisendraht mitten auf das Deck drückt, ohne dabei Wanten und Pardunen zu berühren.*

Rechts oben *Sitzt das Modell fest, richtet man die Masten auf, indem man an den entsprechenden Führungsfäden zieht. Aus dem scheinbaren Chaos wird Ordnung.*

Rechts unten *Alles gut durchgeholt und tipptopp. Alle Fäden werden mit Modelliermasse oder Gummiband am Flaschenhals gesichert, während man die Vorstagen, die durch den Klüverbaum führen, an seiner Unterseite festklebt.*

unter dem Rumpf. Wenn die Masten angebracht sind, testet man vor dem Aufriggen die Gesamthöhe des Modells, indem man es locker, um es nicht zu verschmutzen, in die See setzt und mit einem Draht einzeln die Masten aufrichtet.

Man kann lange Flaschen von einem halben bis zu einem Liter Inhalt auch noch mit einer anderen Methode von innen messen: Man bindet einen Faden um die Mitte eines Cocktailstäbchens, senkt dieses in die aufrecht stehende Flasche und verkürzt es so oft und gleichmäßig an jedem Ende, bis es genau und überall in die Flasche paßt.

Anschließend wird die Flasche gründlich von innen gesäubert. Wenn sie sehr verschmutzt ist, läßt man langsam Heißwasser hineinlaufen – nicht zu schnell, sonst springt sie, was besonders leicht bei den schönen alten Flaschen der Fall ist. Dann gibt man etwas starkes Reinigungsmittel hinzu, füllt das Gefäß bis zum Rand und läßt es mindestens 24 Stunden stehen. Falls es noch nicht sauber ist, umwickelt man einen Draht mit Stoff oder ähnlichem und reibt die Flecken ab, solange noch Spüllösung in der Flasche ist. Dann wird gut nachgespült, und die Flasche wird umgestülpt zum Trocknen aufgestellt. Schwenkt man sie noch mit etwas Spiritus aus, erhält das Glas einen besonders schönen Glanz. Noch einmal wird sie umgestülpt zum Trocknen aufgestellt.

Während die Flasche trocknet, kann man schon die maßstabgerechte Zeichnung anfertigen, die unbedingt den inneren Maßen des Gefäßes entsprechen muß! Ideal wäre es natürlich, wenn das Modell haargenau in die Flasche passen würde; das geht aber kaum. Man macht es also vorsorglich von vornherein rundum um etwa 1,5 mm kleiner, um einen guten Spielraum für Lackschichten und Klebstoffe zu erhalten. Dieser Spielraum erscheint auf den ersten Blick vielleicht überflüssig, Tatsache aber ist, daß ein paar Lagen Lack, Farbe und Klebstoff den Umfang deutlich vergrößern. Man baut jedes Teilchen ganz paßgenau und arbeitet exakt nach der Vorlage. Scharniere, Gelenke und andere Verbindungen an Figuren, Schachteln oder ähnlichem, die innerhalb der Flasche zusammengefügt werden, müssen so genau wie möglich gearbeitet sein, und die Flächen, die später zusammengeleimt oder gedübelt werden, müssen vollkommen frei von Farbe bleiben. Nichts sieht häßlicher aus oder stört die Wirkung so sehr wie Lücken zwischen den Paßstücken; mit Sorgfalt läßt sich jede Verbindung fast unsichtbar machen. In der Flasche läßt sich nichts mehr nachbessern oder übermalen.

Eine runde Flasche braucht einen Schaustand als Auflage. Das kann sehr attraktiv aussehen, wenn er, in die richtige Form gebracht, geschliffen und lasiert oder lackiert ist. Man stellt den Boden der Flasche auf das Holzstück, Hartholz natürlich, und zeichnet die Rundung nach. Das Auflagebrett darf nicht zu hoch greifen, sonst ragt es in das Modell hinein und stört das Bild (13 mm sind reichlich). Das Holz muß eine Dicke von 2 cm haben, wird entsprechend mit einer Laubsäge ausgesägt und längsseits durchgesägt, so daß man zwei in Form und Größe identische Stücke erhält. Diese werden mit zwei 5 bis 6 mm dicken Dübeln verbunden. Dann legt man ein Blatt Sandpapier um die Flasche und beschleift damit die Auflagen so lange, bis sie sich genau an die Flasche schmiegen. Das ist eine ganz simple Tischlerarbeit.

Ein einfaches Modell für den Anfänger

Für diejenigen, die noch nie versucht haben, ein Buddelschiff zu bauen, ist der Zweimastgaffelschoner in Abb. 9 auf Seite 38 der ideale Einstieg: Er hat nur neun Segel und fährt keine Rahsegel, die den Neuling verwirren könnten. Auf solchen Schiffen bestanden die Masten immer aus zwei Stücken: Untermast und Stenge. Die Stellen, an denen Mast und Stenge oder zwei Stengen sich überlappen, werden Verdoppelungen genannt. Zu Beginn dieses Jahrhunderts gab es Hunderte dieser Küstensegler, die als Handelsschiffe fuhren. Der dargestellte Schoner ist ein typisches Beispiel. Wie alle Modelle in diesem Buch, ist auch dieses nur ein Wasserlinienmodell.

Das stehende Gut − Wanten, Pardunen und Stagen −, das zur Unterstützung der Masten dient, bestand früher aus geteertem Tauwerk und wurde mit Hilfe zweier runder hölzerner Blöcke, genannt Juffern, gespannt. Bei einem Modell dieser Größenordnung können diese natürlich nicht dargestellt werden. Die jeweils untere Juffer war am Rumpf mit einem eisernen Beschlag, dem sogenannten Rüsteisen, befestigt. Man verwendete diese schon seit elisabethanischen Zeiten, nur waren sie damals noch herzförmig. Später nahm man für Wanten, Pardunen und Stagen bzw. das stehende Gut Stahltauwerk und Spannschrauben.

Rumpf und Masten werden aus Hartholz gefertigt, der Rumpf aus Mahagoni, und die Masten aus 1,6 mm dünnen Buchenholzdübeln, die es in Bastler- und Heimwerkerläden gibt. Man wählt ein glattes Stück Holz aus (64 mm lang, 13 mm breit, 6 mm hoch) und bildet zuerst sorgfältig die Decksprunglinie heraus: Entweder macht man lauter senkrechte Schnitte, wie in Abb. 8, oder man benutzt Laubsäge und Feile. Bug und Heck werden mit Feile und feinem Sandpapier herausgearbeitet, das Heck wird schön und gleichmäßig gerundet, der Bug nur leicht konkav geformt. Jetzt schnitzt man mit Feile und Schnitzmesser die Linien des Rumpfes und schmirgelt mit feinem Schleifpapier nach. Mit einem spitzen, harten Bleistift markiert man dann die Stärke des Schanzkleides (Abb. 9), wobei man als Führung den Zeigefinger benutzt. Es muß mindestens 1,6 mm breit sein und 2,4 mm hoch. Der Bleistiftmarkierung wird mit dem Schnitzmesser gefolgt und das Deck herausgeschnitten, indem man das

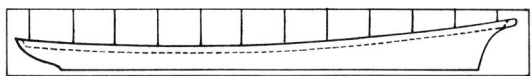

8 *Einige senkrechte Schnitte helfen beim Schnitzen und Formen des Rumpfes, der aus einem Stückchen Hartholz besteht.*

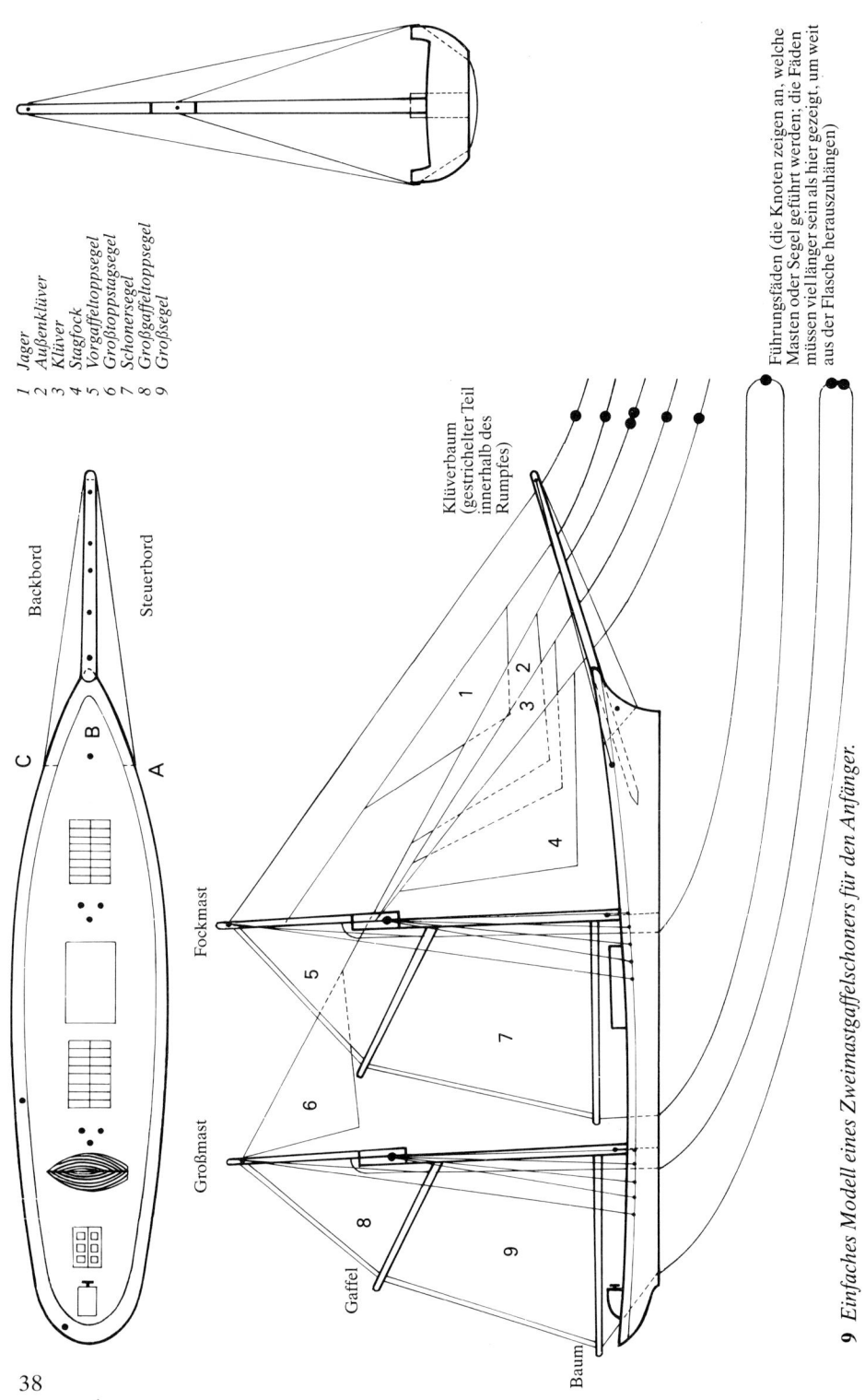

1 Jager
2 Außenklüver
3 Klüver
4 Stagfock
5 Vorgaffeltoppsegel
6 Großtoppstagsegel
7 Schonersegel
8 Großgaffeltoppsegel
9 Großsegel

Backbord

Steuerbord

C

B

A

Fockmast

Großmast

Gaffel

Baum

Klüverbaum
(gestrichelter Teil
innerhalb des
Rumpfes)

Führungsfäden (die Knoten zeigen an, welche
Masten oder Segel geführt werden; die Fäden
müssen viel länger sein als hier gezeigt, um weit
aus der Flasche herauszuhängen)

9 *Einfaches Modell eines Zweimastgaffelschoners für den Anfänger.*

überflüssige Holz mit einem kleinen, scharfen Stechbeitel (6 mm ist ideal) herausholt. Anschließend wickelt man einen gefalteten Streifen Sandpapier um ein kleines Hölzchen und schleift das Deck so lange glatt, bis es ganz ebenmäßig ist und auf Höhe der Scheuerleiste liegt.

Mit einem 2,4-mm-Bohrer wird das Loch für den Klüverbaum gebohrt, aber man muß darauf achten, daß die Bohrung genau der Decksprunglinie entspricht. Die Bohrung muß 13 mm tief sein, da der Klüverbaum ja später dem Zug der Stagen standzuhalten hat, die die Masten halten. Damals waren die Schiffsrümpfe braun, schwarz oder dunkelgrün gemalt. Man lackiert mehrere Lagen, wobei jede Lackschicht nach dem Trocknen angeschliffen werden muß. Zum Schluß kann man den Rumpf dünn mit Klarlack überstreichen. Man bohrt Löcher, wie in Abb. 9 gezeigt, mit dem 0,5-mm-Bohrer direkt durch den Rumpf, wobei darauf zu achten ist, daß sie im Schanzkleid zur Rumpfmitte geneigt sind, um nicht seitlich aus dem Rumpf zu kommen. Die Löcher für Wanten und Pardunen werden etwa 3,2 mm oberhalb der Wasserlinie gebohrt, und zwar schräg, um am Boden des Schiffes herauszukommen (siehe Abb. 9).

Das hört sich alles ganz leicht an. Relativ gesehen ist es auch so, gleichwohl muß man bei jedem Schritt mit großer Sorgfalt vorgehen, besonders bei der symmetrischen Durchformung des Rumpfes und bei den Schleifarbeiten.

Nun können die Masten angefertigt werden. Zur Mastspitze oder, besser gesagt, zum Masttopp hin werden sie leicht verjüngt, oben und unten an den Verdoppelungen gut verleimt und mit einem Webeleinstek befestigt. Mit einem 1,6-mm-Boher bohrt man in die Mastfüße Löcher für die Scharniere und in die Verdoppelungen Löcher für die vier Wanten. In den Topp bohrt man ganz oben ein Loch von vorn nach achtern und 1,6 mm darunter noch eines, im rechten Winkel dazu, das heißt quer dazu, von Steuerbord nach Backbord, für die Pardunen. Genauso verfährt man mit dem Fockmast. Nur, da benötigt man noch eine Bohrung mehr durch die Verdoppelung, welche 1,6 mm oberhalb der Bohrung für die Fockmastwanten liegen und von vorn nach achtern verlaufen muß. Bäume und Gaffeln werden aus glattgeschliffenen 1,6 mm dicken Dübeln hergestellt, und jedes Teil wird 1,6 mm vom Ende entfernt durchbohrt. Anschließend werden Masten, Klüverbaum, Gaffeln und Bäume dünn lackiert und alle Bohrungen nach dem Trocknen wieder vom Lack befreit, indem man sie noch einmal durchbohrt. Der Klüverbaum erhält fünf senkrechte Bohrungen und eine waagerechte ganz vorn.

Nachdem der Klüverbaum gut befestigt und verleimt wurde − es ist äußerst wichtig, erst dann weiterzuarbeiten, wenn der Klebstoff völlig durchgehärtet ist −, bohrt man ein weiteres Loch durch Punkt B (Abb. 9). Ein schwarzer Faden von 30 cm Länge, durch Bienenwachs gezogen und am Ende geknotet, wird in eine Nadel gefädelt und nach unten durch das Deck geführt, dann vom Bug aus durch die vorderste Bohrung im Klüverbaum, zurück durch die Bohrungen A und C im Schanzkleid und wieder bis zur Klüverbaumspitze. Dort wird er festgeklebt und, wenn der Klebstoff trocken ist, abgeschnitten. Das Garn wird ebenfalls an den Punkten A und C festgeklebt und später das Stück Faden, das sichtbar über Deck verläuft, weggeschnitten.

Für die Mastscharniere nimmt man am besten feinen Draht, wie man ihn beim Kranzbinden verwendet. Ich habe auch schon den Draht aus Pfeifenreinigern benutzt, da er genau die richtigen Maße hat. Diese Scharniere braucht man, um den Mast klappen zu können, wenn man das Modell in die Flasche einführt − eines der

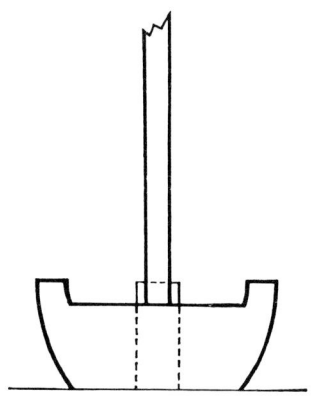

Geheimnisse des Buddelschiffbaues. Wenn man Pfeifenreiniger benutzt, zwirbelt man die beiden Drähte auseinander, entfernt den Bezug und zieht sie glatt, indem man sie mit einer Zange um ein Rundeisen oder über einen Schraubenziehergriff zieht.

Abb. 10 zeigt, wie man den Mast befestigt. Man achtet darauf, daß das Scharnier ganz eng am Mastfuß anliegt und daß die Enden nicht unten aus dem Rumpf herausragen. Es ist immer ratsam, diese Scharniere im Rumpf festzukleben; dabei darf aber auf keinen Fall der Klebstoff mit dem Mast in Berührung kommen.

Um Wanten und Pardunen herzustellen, nimmt man 45 cm braunes Nähgarn, knotet es am Ende und führt es aufwärts durch die Bohrung am Fockmast, dann durch das Loch in der Mastverdoppelung und wieder herunter durch die gegenüberliegende Bohrung im Rumpf. Dies gilt für alle vier Wanten und die Pardunen, die durch die untere Bohrung im Masttopp laufen. Genauso wird mit dem Großmast verfahren.

Aus gutem, weißem Schreibmaschinenpapier werden nun die Segel ausgeschnitten und leicht bauchig gemacht, indem man sie mit einem 3-mm-Dübel abreibt. Dann wird das Großgaffeltoppsegel (8 in Abb. 9) angebracht. Die Toppsegel erhalten kleine Aussparungen am Vorliek, um an die Mastverdoppelungen zu passen. Das Vorgaffeltoppsegel (5) wird genauso befestigt. Dann wird das Großsegel (9) an Gaffel und Baum geklebt – die Bohrungen in Baum und Gaffel haben senkrecht zu liegen! – und ebenso das Focksegel. Um das Großsegel anzuschlagen, nimmt man 45 cm braunes Nähgarn, knotet es am Ende und führt es aufwärts durch die hinterste Bohrung auf der Backbordseite der Schanz durch Großbaum und Gaffel und durch die oberste Bohrung im Topp wieder herunter durch die Fockmastverdoppelung und durch die dritte Bohrung im Klüverbaum. Jetzt werden beide Masten aufgestellt, und die Nadel wird durch die Bohrung hinter dem Großmastscharnier aufwärts hindurchgeführt. Der Faden wird abermals durch Baum und Gaffel gezogen und dann an der Großmastverdoppelung befestigt. Die Schlaufe, die der Faden bildet, wird geordnet und mit zwei Knoten versehen, um zu kennzeichnen, daß mit diesem Faden die zweiten Segel und Stagen bedient werden, nämlich die vom Großmast.

Um das Schonersegel (7) anzuschlagen, führt man die Nadel aufwärts durch die Bohrung im Rumpf an der Backbordseite der Schanz, genau vor dem Großmast, und durch Baum und Gaffel des Schonersegels, wie vorhin beim Groß, dann durch den Topp und durch die vorderste Bohrung im Klüverbaum zurück, wieder aufwärts durch das Loch gleich hinter dem Fockmastscharnier, durch Baum, Gaffel und dann zur Befestigung an der Fockmastverdoppelung. Wenn Mast und Schonersegel fest sind, wird die Schlaufe geglättet und mit *einem* Knoten versehen. Jetzt nimmt man einen 30 cm langen Faden, befestigt ihn ca. 3 mm unterhalb des Stengestags und führt ihn durch das zweite Loch im Klüverbaum. Daran wird später der Jager angebracht. Mit einem 45 cm langen Faden fährt man aufwärts durch das hinterste, das fünfte Loch im Klüverbaum, führt ihn durch die Mastverdoppelung, zieht den Faden fest und verknotet ihn. Man gibt einen Tropfen Klebstoff darauf und führt den Faden nun durch die vierte Bohrung im Klüverbaum. Daran werden später Stagfock und Klüver befestigt.

Zum Schluß wird das Modell auf der Riggerbank angebracht, die in Kapitel 1 beschrieben wurde. Man schraubt den Boden an der Riggerbank fest, holt alle Lose aus dem Rigg und belegt alle Fäden vorn an den zwei Nägeln, die eine Klampe bilden. Das Großtoppstagsegel (6) wird festgeklebt, jedoch nur der untere Teil des Außenklüvers (2), denn sonst wären die Masten nicht mehr vollständig klappbar. Später, wenn das Modell in der Flasche ist, kann man das mit Hilfe eines 1,6-mm-Dübels oder eines Drahtes, dessen Ende in Klebstoff getaucht wurde, nachholen. Während das Modell noch auf der Riggerbank steht, nutzt man die Gelegenheit und klebt alle Fäden an den Nocken und Toppen fest.

Dieses Modell eignet sich für alle Arten von Flaschen: flache Whisky- oder Rumflaschen − aber die müssen parallele Wände haben, da gewölbte das Bild verzerren − oder eine kleine Dreiecksflasche von etwa einem Viertelliter Inhalt. Man nimmt zur Vereinfachung besser eine mit einem relativ dicken Hals. Mehr über Flaschen steht in Kapitel 2.

Die Knetgummi-„See" wird zu kleinen Würsten gerollt, in die saubere, trockene Flasche gebracht und mit dem Wellenformer festgedrückt und geformt. Auf die Wellenkämme werden hier und da hauchdünne Scheibchen weißer Knetmasse gedrückt; einige behält man zurück für die Seiten des Schiffchens und um hinter dem Heck die Kielwasserlinie zu bilden. Die Knetmasse läßt sich ganz leicht zu realistisch aussehenden Wellen formen, im Zweifelsfalle übt man vorher auf der Arbeitsplatte.

Wenn die See fertig ist, wird der Flaschenhals wieder gesäubert und das Modell vorbereitet, um es in die Flasche hineinzuführen. Es wird von der Riggerbank abgeschraubt, das Rigg wird losgemacht und das Vorsegel ebenso aufgerollt wie das Groß. Dabei muß darauf geachtet werden, daß die Segel bauchig bleiben, sie dürfen auf gar keinen Fall geknickt werden. Der Großmast mit Groß und Großgaffeltoppsegel gelangt zuerst in die Flasche. Das Modell wird ganz langsam in die Flasche geschoben, und noch während es hineingleitet, werden ganz zart die Führungsfäden bedient, um die Masten zu stellen.

Wenn alles in der Flasche ist, nimmt man den kräftigen Hilfsdraht und preßt das Schiffchen fest. Alle Schlaufen werden nun nacheinander durchgeholt, bis die Segel richtig stehen. Mit kleinen Klebstofftröpfchen werden die Stagen am Klüverbaum unten an ihren fünf Bohrungen festgeklebt; dann muß alles mindestens zwei Tage trocknen. Um das Rigg straff zu halten, befestigt man die Führungsfäden provisorisch mit etwas Knetmasse oder einem Gummiband am Flaschenhals.

Nach der Trocknungszeit schneidet man die Führungsfäden unter dem Klüverbaum ab. Aber Vorsicht: nicht das Wasserstag durchschneiden! Die Fäden, die unter dem Rumpf hervorkommen, werden innen am Flaschenhals abgeschnitten und in der Knetmasse versteckt. In Kapitel 6 wird geschildert, wie man das Deck ausrüstet und

Beiboote und Luken herstellt. Diese können nun angebracht werden: Man bestreicht sie von unten mit Klebstoff und bugsiert sie am Ende eines langen Hilfsdrahtes an ihren Platz, bevor der Klebstoff trocknet.

Die Decksaufbauten auf unserem Plan sind typisch für die Schoner damals: Ganz achtern ist der Ruderstand, es folgt das Skylight der Offizierskammer, dann das Beiboot, Deckshaus und Luke. Meistens waren die Lukendeckel mattschwarz, das Beiboot weiß und die Aufbauten wie der Rumpf. Es gab aber viele Varianten, und oft änderte sich die Farbgebung mit jedem neuen Eigner.

Wieder müssen bis zu zwei Tage für die Trocknung berechnet werden. Anschließend wird der Korken in den Flaschenhals geklebt und bündig abgeschnitten. Dann wird er mit Siegellack vergossen oder mit goldener oder anderer Farbe angemalt. Man könnte auch ein nautisches Emblem, z. B. eine Münze, daraufkleben.

Wer dieses Modell vollendet hat, möchte nun sicher etwas Schwierigeres versuchen – dieses Buch enthält noch eine ganze Reihe von Beispielen. Aber eines gilt für jedes Modell: Der Rumpf darf niemals die Innenseiten des Flaschenhalses berühren und darf nur höchstens halb so hoch wie der Hals sein. Und außerdem muß natürlich noch Platz genug bleiben für Masten und See.

Zum Schluß weise ich nochmals darauf hin, wie wichtig es ist, alle Fäden zu wachsen, bevor man sie verwendet. Bienenwachs macht das Garn wasserfest, versteift es und läßt es glatter erscheinen. Man hält das Wachs in der einen Hand und zieht den Faden mit der anderen über die Kante des Wachsblockes. Das hinterläßt eine Rille im Wachs. Wer je einen Segelmacher bei der Arbeit beobachtet hat, kennt das.

Rechts *Zweimastgaffelschoner. Die Flasche ist in den Schaustand eingefügt.*

4

Zwei Schoner

Ein Viermastgaffelschoner für eine viereckige oder eine runde Flasche

Zwischen 1890 und 1902 wurden in Amerika viele vier-, fünf- oder sechsmastige Schoner gebaut. Manche fuhren Holz auf Binnengewässern wie den Great Lakes, andere transportierten Kiefern- und Rotholz nach Indien oder zu den Handelshäfen des Südpazifiks. Viele fuhren Kopra zwischen den Südseeinseln. Das waren praktische Schiffe mit großen Laderäumen und kleiner Mannschaft. Als Buddelschiffe sind sie ideal, denn ihre Proportionen entsprechen den langen Rum- oder Whiskyflaschen. Deswegen sind sie auch so gut für den Anfänger geeignet, der sich schon an dem Schoner aus Kapitel 3 geübt hat. Die Schoner-, Groß-, Kreuz- und Besansegel können auf ihren Bäumen aufgerollt werden wie eine Zigarette, so nehmen sie kaum Platz ein im Flaschenhals. Zusammen mit Vorsegeln und Gaffeltoppsegeln hat das Modell nur zwölf Segel.

Wieder werden die Masten aus zwei Stücken gefertigt; sie sind alle gleich hoch. Der Rumpf wird aus Hartholz geschnitzt. Wenn sämtliche Löcher für das Rigg gebohrt sind, wird an einem normalen Cocktailstäbchen ein Drahtscharnier angebracht und in die für den Besanmast vorgesehenen Bohrungen gesteckt. Man klappt das Cocktailstäbchen nach achtern und führt das Schiff in die Flasche, wo man das Stäbchen mit Hilfe eines Drahthakens wieder aufrichtet. Wahrscheinlich müssen dann noch ca. 1,3 mm abgeschnitten werden, aber das ist schnell getan: Der provisorische Mast wird wieder geklappt und verkürzt, bis er senkrecht stehen kann.

Da die Wände von Flaschen selten wirklich parallel laufen, ist es ratsam, diesen provisorischen Mast an allen vier Maststandpunkten auszutesten. Dabei muß man aber bedenken, daß durch den Sprung des Schiffes Groß- und Kreuzmast etwas länger sein müssen, damit alle Toppen auf gleicher Höhe sind. Die See für dieses Modell nimmt etwa 6,4 mm in Anspruch, das muß also entsprechend von der Masthöhe abgezogen werden.

Um die richtigen Proportionen zu erhalten, sollte der Rumpf etwa 11,4 cm lang sein, einschließlich Klüverbaum 13,3 cm. Um alle vier Masten zu stellen, braucht man nur ein einziges Stag aus einem 45 cm langen Faden, der durch die Bohrung hinten im Heck geführt, geknotet, festgeklebt und gesäubert wird, wenn der Klebstoff getrocknet ist. Dann wird die Nadel knapp oberhalb der Mastverdoppelungen durch alle vier Masten geführt; am Besanmast wird der Faden im entsprechenden Winkel festgeklebt. Dieses lange Stag wird dann durch die zweite Bohrung im Klüverbaum gefädelt. Nun wird noch ein zweiter Faden von 30 cm Länge vom Fockmasttopp aus durch die erste senkrechte Bohrung im Klüverbaum geschoren. Dies ist das Stag für den Jager. Jeder Mast wird mit vier Wanten und einer Pardune verstagt, die durch die Bohrung 1,6 mm unterhalb des Topps geschoren wird.

Es ist darauf zu achten, daß alle Masten parallel stehen und etwas nach achtern getrimmt sind (etwa 3°). Jede Gaffel wird vom Masttopp aus befestigt: Man zieht einen 60 cm langen Faden herunter durch das vordere Ende der Gaffel, durch den Baum und durch die Bohrung im Rumpf hinter dem Mast. Der Faden wird strammgezogen, um die Segel korrekt setzen zu können; dann wird er backbords durch das nächste Loch im Schanzkleid geführt und durch die Baum- und Gaffelnock zurück bis zum Topp, wo er dann an seinem Ausgangspunkt festgeklebt wird.

Die Segel werden wieder leicht gewölbt, als wehte eine leichte Brise. Das ermöglicht es, sie aufzurollen, bevor das Modell mit komplettem Rigg in die Flasche eingeführt wird. Vorher müssen aber die Gaffeltoppsegel an die Masten geklebt werden. Jeder der vier Punkte der Gaffelzeichnung (siehe Sternchen in Abb. 11 auf Seite 46) erhält ein Tröpfchen Klebstoff, so daß die Gaffel fast das Gaffeltoppsegel berührt.

Der Klüverbaum bekommt einen Stampfstock, und die Stage werden wie bei dem schlichten Schoner aus Kapitel 3 angebracht. Außenklüver, Klüver und Stagfock sowie der Jager werden dann an ihre Stage geklebt. Anschließend erhält jedes Stag, das den Fockmast kontrolliert, *einen* Knoten am Ende, und das lange Stag, das alle vier Masten stellt, bekommt *vier* Knoten. Die Schlaufen, die sich bilden, wenn Schoner-, Groß-, Kreuz- und Besansegel angebracht sind, sollten ebenfalls die entsprechende Anzahl Knoten erhalten. Jeder Führungsfaden muß mindestens 15 cm aus der Flasche herausragen, damit die Masten aufgerichtet werden können.

Ein typischer Vertreter dieses Schonertyps hatte große Luken für die Holzladungen, eine zwischen Groß- und Kreuzmast und eine zwischen Kreuz- und Besanmast. Hinter dem Fockmast war das große Deckshaus, mit zwei Türen, drei oder vier Bullaugen und einem Skylight aus dickem Glas, das man durch Silberpapier darstellen kann. Das Gangspill auf dem Vorschiff kann man aus einem ca. 6 mm langen Stift, der 2,5 mm aus dem Deck ragt und grau oder weiß angemalt wird, herstellen. Die Beiboote wurden entweder umgedreht an Deck gestaut, oder sie hingen achtern in Davits, die aus Stecknadeln ohne Kopf gefertigt, elegant gebogen und weiß angemalt werden. Man bohrt ins hintere Ende des Poopdecks zwei feine Löcher für die Davits. Sie müssen komplett mit Beiboot *vor* dem Einbau in die Flasche angebracht werden. Das Deckshaus war meistens grün oder braun, manchmal auch beige. Es kann ebensogut aus Mahagoni und dünn lackiert sein. Ladeluken wurden meistens mit Bohlen abgedeckt und mit einer mattschwarzen Persenning geschalkt.

Bei all diesen Modellen ist es viel hübscher, Bäume, Gaffeln, Deck, Rumpf und Masten dünn zu lackieren; Masttopps, Baum- und Gaffelnocken, Klüverbaum und Stampfstock erhalten am Ende (ca. 1,5 mm) einen Tupfer weißer Farbe. Wenn die Decksausstattung fertig ist, wird das Modell gefaltet: Zuerst wird das Besansegel aufgerollt, dann wird nach vorn fortgeschritten, von Mast zu Mast. Kein Segel darf geknickt werden. Das Modell wird mit dem Heck voran in die Flasche geführt.

Natürlich ist die See schon fertig und ungefähr 6,4 mm tief. Sie muß relativ glatt sein, denn kein Schiff segelt unter Vollzeug durch sturmgepeitschte See. Der Flaschenhals muß vollständig sauber sein. Wer es vorzieht, formt die See vor, um später das Modell um so sicherer einbetten zu können. Man nimmt eine Schablone des Schiffsbodens, preßt diese fest in die See und entfernt sie wieder. Während die Masten aufgerichtet werden, wird das Modell ganz fest in die See gedrückt. Dann kann man an den Seiten des Schiffchens noch kleine Wellen formen und etwas Gischt kurz neben

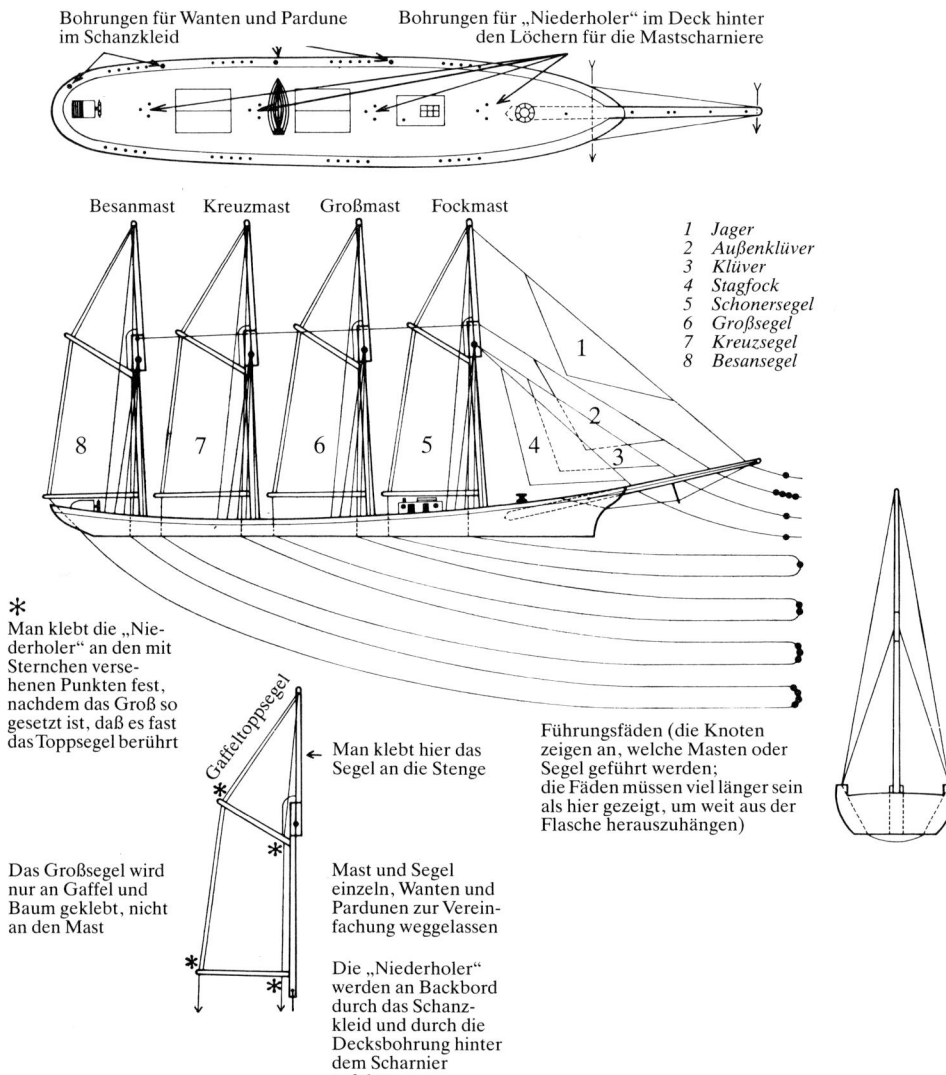

Bohrungen für Wanten und Pardune im Schanzkleid

Bohrungen für „Niederholer" im Deck hinter den Löchern für die Mastscharniere

Besanmast Kreuzmast Großmast Fockmast

1 Jager
2 Außenklüver
3 Klüver
4 Stagfock
5 Schonersegel
6 Großsegel
7 Kreuzsegel
8 Besansegel

8 7 6 5 4 3 2 1

✳
Man klebt die „Niederholer" an den mit Sternchen versehenen Punkten fest, nachdem das Groß so gesetzt ist, daß es fast das Toppsegel berührt

Gaffeltoppsegel

← Man klebt hier das Segel an die Stenge

Führungsfäden (die Knoten zeigen an, welche Masten oder Segel geführt werden; die Fäden müssen viel länger sein als hier gezeigt, um weit aus der Flasche herauszuhängen)

Das Großsegel wird nur an Gaffel und Baum geklebt, nicht an den Mast

Mast und Segel einzeln, Wanten und Pardunen zur Vereinfachung weggelassen

Die „Niederholer" werden an Backbord durch das Schanzkleid und durch die Decksbohrung hinter dem Scharnier geführt

11 *Viermastgaffelschoner.*

dem Bug, wodurch das Modell gleichzeitig einen besseren Halt hat, während man das Rigg durchholt.

Um Groß- und Kreuzmasten parallel zu halten, klebt man mit etwas Schnellkleber das lange Einzelstag an die Verdoppelungen und hält die Masten so lange fest, bis der Klebstoff trocken ist. Ist das Rigg straff gespannt, sichert man die Führungsfäden am Flaschenhals mit etwas Knetmasse, klebt die Stage unter dem Klüverbaum fest und schneidet sie sauber ab, wie schon früher beschrieben.

Zum Schluß werden die Aufbauten mit einem langsam klebenden Mittel, das Zeit zum geruhsamen Anpassen läßt, festgeklebt. Auch das erfordert ein paar Tage Trockenzeit. Dann wird die Flasche verkorkt, mit Wachs oder Lack versiegelt und entweder mit einem Türkenbund am Flaschenhals verziert oder mit einem nautischen Emblem auf dem Korken, der bündig mit dem Flaschenhals abschließt.

Diese Schoner können sehr reizvoll aussehen, obwohl sie schlicht sind. Der Segelriß in Abb. 11 zeigt nicht ein bestimmtes Schiff, sondern nur ein typisches Exemplar dieser Gattung. Die Anleitungen in diesem Kapitel sind nicht besonders ausführlich, weil es sich bei dem Schoner eigentlich nur um eine längere Version des kleinen Zweimasters aus Kapitel 3 handelt, und alles, was dafür gilt, gilt natürlich auch für den Viermaster.

Die CHARLOTTE RHODES

Eine der berühmtesten Fernsehserien in England war mehr als zehn Jahre lang „The Onedin Line" mit der eindringlichen Leitmelodie aus „Spartakus" des russischen Komponisten Chatschaturjan. Schon gleich von Anfang an hatte die Serie zwölf Millionen Zuschauer. Obwohl recht bekannte Schauspieler mitspielten, war doch der unumstrittene Star der dreimastige Toppsegelschoner CHARLOTTE RHODES.

Das Schiff war 1904 in Dänemark gebaut worden und lief unter dem Namen EVA; später wurde es umbenannt in META JAN. 1960 erhielt es unter seinem damaligen Eigner, Kapitän Macreth, den Namen CHARLOTTE RHODES. Für die ersten Folgen der „Onedin Line" wählte man Bayards Cove als Drehort, einen malerischen, kopfsteingepflasterten Kai, der Geschichte gemacht hat: Hier stach Richard Löwenherz 1160 mit seinen Kreuzrittern auf der Reise nach Messina in See. Im 16. Jahrhundert war Sir Walter Raleigh hier häufig zu Gast, und 1620 konnte man dort an der Muring die MAYFLOWER sehen, während sie auf die SPEEDWELL wartete, die noch repariert wurde. Diese Bucht war der ideale Hintergrund für so eine Fernsehserie. Und als man ein paar Fernsehantennen und Parkverbotsschilder abmontiert hatte, stellte der Ort überzeugend Liverpool im 19. Jahrhundert dar.

Leider existiert die CHARLOTTE RHODES nicht mehr. Sie wurde an einen Holländer verkauft und brannte nach einer mysteriösen Explosion an Bord vollständig aus. Dieses Schiff ist aber ein ideales Modell für eine Dreiecksflasche, die einen halben Liter faßt. Mit ihren auffälligen rotbraunen Segeln und der weißen Schanz über dem schwarzen Rumpf sieht sie äußerst attraktiv aus. Im Vergleich zu dem Fünfmast-Vollschiff PREUSSEN oder dem siebenmastigen Gaffelschoner THOMAS W. LAWSON ist sie auch nicht schwer zu bauen. 1979 wurde eins meiner Modelle der CHARLOTTE RHODES in Fort Balagnier und in Cannes ausgestellt. Zur gleichen Zeit baute ich eine Miniatur von ihr in einem Arzneifläschchen von 5 x 2,2 cm Größe. Das Schwierigste in beiden Fällen war komischerweise, genau den richtigen Farbton für die Segel hinzubekommen. Das war nämlich ein ganz bestimmter Farbton und ganz anders als das schlichte Braun der Themse-Lastkähne. Der Rumpf ist schwarz mit weißer Schanz. Eine weiße Linie markiert die Scheuerleiste, und Masten, Rahen, Bäume und Gaffeln sind sandfarben, wie es damals üblich war.

An der Vorpiek besaß die CHARLOTTE RHODES eine hölzerne Konstruktion, in die der Klüverbaum eingelassen war, und weiter achtern eine Winde, die ich aus Blech und Teilen einer Armbanduhr konstruierte. Dann kam die Niedergangsluke, die ins Mannschaftslogis im Vorschiff führte. Gleich hinter dem Fockmast befand sich die

Vergrößerte Darstellung
der Bohrungen im Masttopp

Senkrechte Bohrungen durch Gaffeln und Bäume

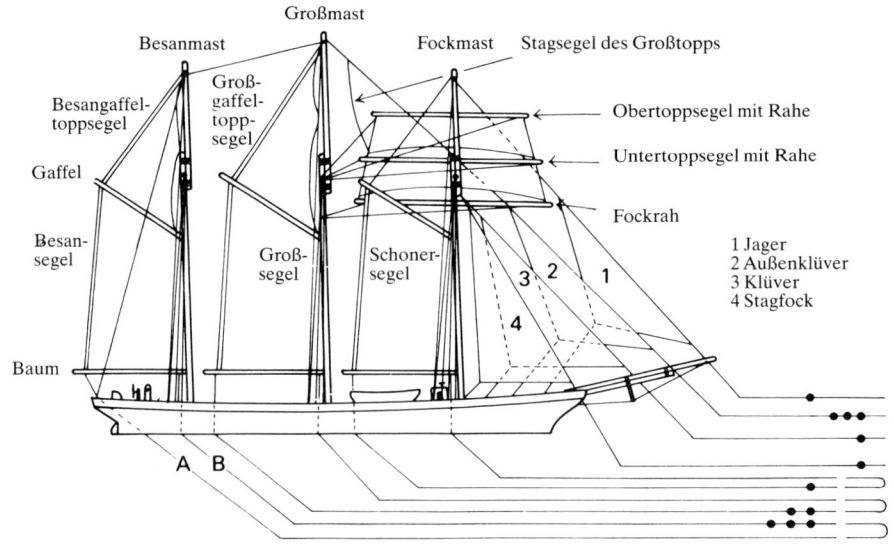

Großmast

Besanmast

Fockmast   Stagsegel des Großtopps

Groß-
gaffel-
topp-
segel

Besangaffel-
toppsegel

Obertoppsegel mit Rahe

Untertoppsegel mit Rahe

Gaffel

Besan-
segel

Groß-
segel

Schoner-
segel

Fockrah

1 Jager
2 Außenklüver
3 Klüver
4 Stagfock

3   2   1

4

Baum

A   B

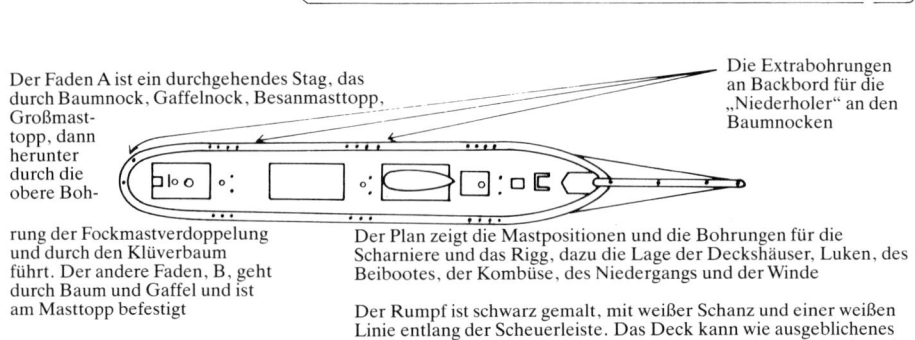

Der Faden A ist ein durchgehendes Stag, das
durch Baumnock, Gaffelnock, Besanmasttopp,
Großmast-
topp, dann
herunter
durch die
obere Boh-
rung der Fockmastverdoppelung
und durch den Klüverbaum
führt. Der andere Faden, B, geht
durch Baum und Gaffel und ist
am Masttopp befestigt

Die Extrabohrungen
an Backbord für die
„Niederholer" an den
Baumnocken

Der Plan zeigt die Mastpositionen und die Bohrungen für die
Scharniere und das Rigg, dazu die Lage der Deckshäuser, Luken, des
Beibootes, der Kombüse, des Niedergangs und der Winde

Der Rumpf ist schwarz gemalt, mit weißer Schanz und einer weißen
Linie entlang der Scheuerleiste. Das Deck kann wie ausgeblichenes
Teak angemalt werden. Deckshausdach und Kombüse sind beige mit
dunkelbraunen Türen, die Deckshauswände sind weiß, die Luken grün
mit weißen Seiten, Masten, Rahen, Bäume und Gaffeln sandfarben,
Segel rotbraun

12 Die CHARLOTTE RHODES, Star der „Onedin Line", ein Dreimasttoppsegelschoner mit auffällig
rotbraunen Segeln.

Kombüse, komplett mit Schornstein, Schornsteinaufsatz und Tür. Daran schloß die
vordere Ladeluke an, mit grüner Persenning und weißen Seiten, auf der das Beiboot
lag. Ich habe Beiboote an den verschiedensten Plätzen gestaut gesehen: mittschiffs,
vorn oder achtern, das kann man also selbst entscheiden. Gleich hinter dem
Großmast, unmittelbar bei der hinteren Luke, waren die Pumpen. Das achtere
Deckshaus befand sich gleich hinter dem Besanmast, und ein Niedergang führte in

Lesen Sie bitte weiter auf Seite 49 (nach dem Farbteil)

Ein richtiges Kunstwerk: das Modell des Siebenmastgaffelschoners THOMAS *W.* LAWSON *in einer Whiskyflasche.*

Dieser Viermastgaffelschoner kommt in seiner langhalsigen Weinflasche auf dem Hartholzstand äußerst wirkungsvoll zur Geltung.

In ihren hölzernen Stand gebettet ist hier das reizende Modell einer Schonerbrigg oder Brigantine, dazu − kaum glaublich, aber wahr − das 6 mm lange Modell eines Zweimastgaffelschoners in einer 13-Ampere-Sicherung aus Glas.

Eine attraktive Schonerbrigg oder Brigantine in einer Dreiecksflasche.

Eines der Lieblingsschiffe des Autors, die HERZOGIN CECILIE, in einer runden Flasche auf einem Eichenstand.

In dieser Dreiecksflasche sitzt ein Seemann mit Pfeife an einem Tisch und baut ein Modellschiff in eine winzige Flasche ein.

Unten *Einige ausgesuchte Modelle des Autors in Flaschen der verschiedensten Größen und Formen.*

Rechts *Noch eines der faszinierenden Dioramen des Autors in einer Flasche: ein Fischer mit dem Modell eines Dreimastgaffelschoners.*

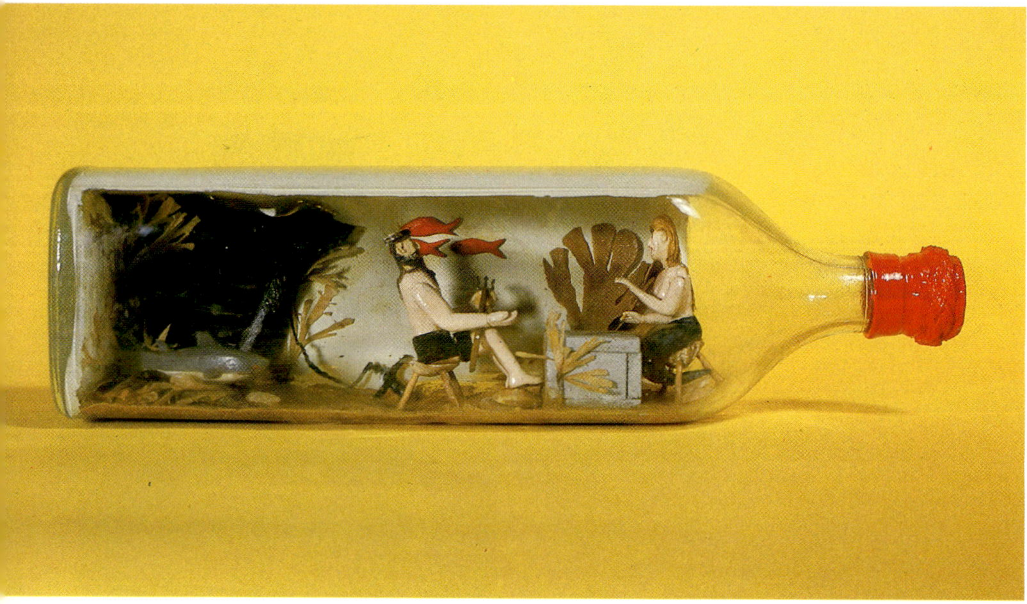

„Neptun und die Seejungfrau", ein köstliches Stück in einer 1-Liter-Whiskyflasche (genaue Beschreibung in Kapitel 14).

„Selbstporträt" in einer 1-Liter-Dreiecksflasche. Der Autor als junger Mann sitzt an einem Tisch und baut gerade ein Buddelschiff in einer kleinen Flasche zu Ende.

„Die Vorstandssitzung": ein recht kompliziertes Stück für den fortgeschrittenen Bastler (genaue Beschreibung in Kapitel 17).

Modell der CUTTY SARK in der ideal geformten Dreiecksflasche.

Nicht so schwierig wie ein Buddelschiff, aber äußerst wirkungsvoll: ein Schiff, das in ein ausge-
höhltes Buch hineingebaut ist.

Die CHARLOTTE RHODES in einer Dreiecksflasche.

den Salon direkt im Heck. Auf dem Deckshaus war das Steuerrad und davor das Kompaßhaus. Als ich das Schiff zum letztenmal sah, hatte es eine recht häßliche Reling ums Deckshaus herum, eine völlig unpassende Konstruktion aus verzinktem Rohr, die ich taktvollerweise am Modell ausgelassen habe.

Es sollte nicht schwer sein, ein Modell der CHARLOTTE RHODES zu bauen.

5

Die WATERWITCH

Diese berühmte hölzerne Schonerbark oder Barkentine war unter den Seeleuten Westenglands eines der bekanntesten Schiffe. Sie wurde vor über hundert Jahren bei Meadus in Poole gebaut, und zwar als 207-Tonnen-Brigg mit erhöhtem Achterdeck. Ihr großer Tiefgang war ein Nachteil bei der Küstensegelei, dafür machte sie manch eine schnelle Hochseefahrt mit Obst und Fisch. Wie die Romanfigur des Kapitäns Ahab in Herman Melvilles Roman „Moby Dick", in dem die Abenteuer des Walfangschiffes PEQUOD geschildert werden, so hatte auch einer der Kapitäne der WATERWITCH ein Holzbein. Aus diesem Grunde hatte er sich Löcher ins Deck bohren lassen, um auf See einen besseren Stand zu haben. Im Ersten Weltkrieg lag die WATERWITCH fast vier Jahre lang in Newlyn Harbour auf Grund. Sie wurde wieder flottgemacht und teilweise erneuert. Viele Jahre fuhr sie Porzellanerde, wie so viele Schiffe aus Cornwall. Manch ein Lotse leistete seine Fahrenszeit zur Erlangung des Patents auf dieser schönen, alten Barkentine ab.

Dieses Schiff ergibt ein gutes Thema für eine Halbliter-Dreiecksflasche, wenn man das Rigg etwas modifiziert (siehe Abb. 13). Es muß lediglich zur Vereinfachung die Lage des Großstengestagsegels (5 im Bauplan) geändert werden. Dieses Modell ist etwas schwieriger zu bauen als die vorangegangenen und eine gute Übung, um Rahsegel kennenzulernen, in diesem Falle am Fockmast.

Man wählt zuerst ein geeignetes Stück Hartholz, zeichnet, schnitzt und schleift den Rumpf heraus, wie schon beschrieben. Die Bohrung für den Klüverbaum wird mit einem 2,4-mm-Bohrer gebohrt, wobei man darauf achtet, daß sie genau von vorn nach achtern verläuft. Sie sollte 13 mm tief sein und etwas schräg, der Decksprunglinie folgend. Der Klüverbaum besteht aus einem 1,6-mm-Dübel, verjüngt sich zum Ende hin und sollte 29 mm lang sein, wovon 22 mm aus dem Bug herausragen. Man bohrt fünf senkrechte Löcher und ein waagerechtes, 1,6 mm vom Ende entfernt, hinein.

Wie man auf Abb. 13 sieht, werden die Wanten und Pardunen außen am Rumpf angeschlagen; deswegen muß der Rumpf ein bißchen schmaler sein, als es dem Maßstab entspricht, um durch den Flaschenhals gelangen zu können. Dementsprechend müssen die Bohrungen für das stehende Gut knapp oberhalb der Wasserlinie angebracht werden, und zwar etwas schräg, um die Fäden unter den Rumpf zu bekommen. Das ist jedenfalls eine sicherere Methode, als bohrte man genau quer durch den Rumpf, wobei man zwar meist auf der anderen Seite wieder heraus kommt, aber an den falschen Stellen. Man nimmt einen 0,4-mm-Bohrer und bohrt die Löcher so dicht nebeneinander, wie es geht. Sie dürfen aber nicht ineinander laufen.

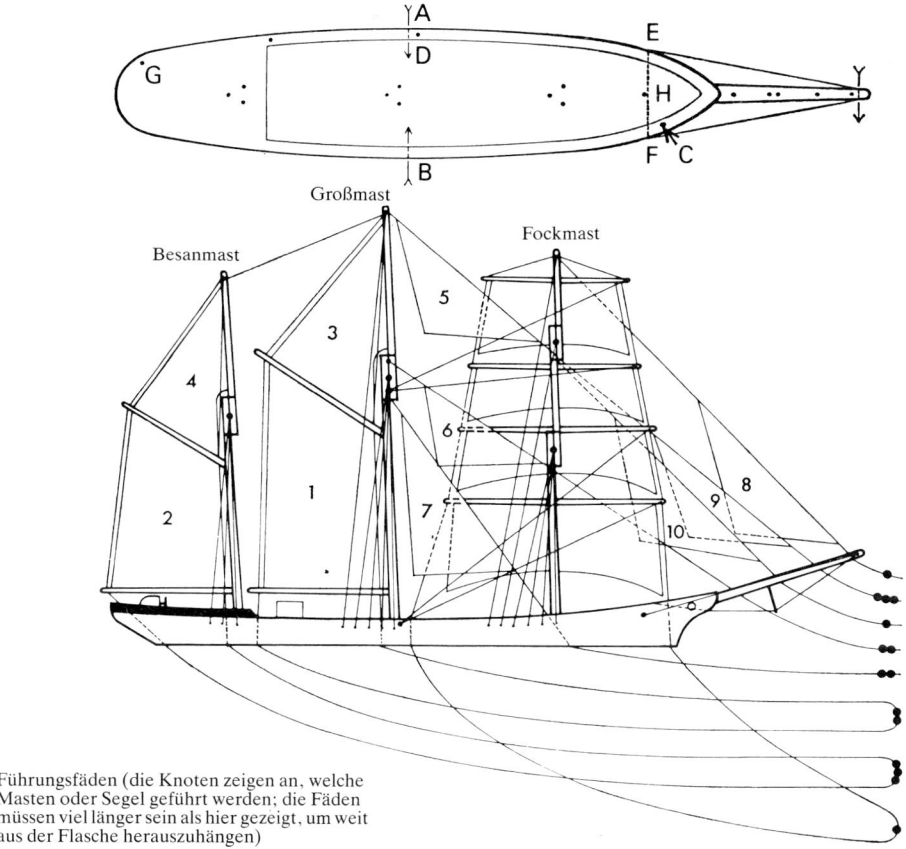

Führungsfäden (die Knoten zeigen an, welche
Masten oder Segel geführt werden; die Fäden
müssen viel länger sein als hier gezeigt, um weit
aus der Flasche herauszuhängen)

13 *Die* WATERWITCH, *eine Barkentine. Wegen der besseren Übersichtlichkeit sind die Backbord-
brassen nicht abgebildet.*

Die Masten bestehen aus mehreren Abschnitten, wie man auf dem Bauplan sieht. Sie
sind aus 1,6-mm-Dübeln oder Buchenholzcocktailstäbchen gefertigt, glattgeschmirgelt und zugespitzt. An den Verdoppelungen werden sie mit Klebstoff und
Webeleinstek verbunden. Am Mastfuß werden die Löcher für die Scharniere
gebohrt. Die mittlere Bohrung in den Verdoppelungen muß relativ groß sein, da am
Großmast fünf Fäden, am Fockmast vier und drei am Besanmast durchgeschoren
werden. In jede Stenge werden oben ebenfalls Löcher gebohrt, zwei in den
Großmast für die Pardunen und für das durchgehende Stag, das bei Loch G hinten
am Heck beginnt, und zwei in den Fockmast. Das untere Loch wird also quer zum
Rumpf gebohrt und das obere von vorn nach achtern.

Ebenso müssen die Bohrungen von vorn nach achtern verlaufen, durch die die
Fäden, die durch den Groß- und Fockmast und durch den Klüverbaum laufen,
geführt werden. Bitte daran denken, alle Führungsfäden lang genug zu machen,
damit sie mindestens 15 cm aus der Flasche heraushängen können. Und jeder Faden
(braun oder schwarz) muß mit Bienenwachs behandelt werden, um auch wirklich

glatt zu sein. Die Führungsfäden für die Masten sind in Abb. 13 deutlich zu sehen, ebenso wie Außenklüver, Binnenklüver und Vorstengestagsegel.

Die Rahsegel am Fockmast werden wie bei allen Rahsegelmodellen angebracht. Die Rahen sind rund und verjüngen sich zu den Enden hin. Etwa 1,6 mm vom Ende entfernt werden sie durchbohrt und genau mittig an den Mast gebunden. Immer werden die Knoten sofort festgeklebt, wenn sie fertig sind, und der Faden wird gesäubert, wenn der Klebstoff getrocknet ist. Das Großgaffeltoppsegel (3) wird mit seiner längsten Kante an den Mast geklebt, ebenso wie das Besantoppsegel am Besanmast. Die Groß- und Besansegel werden bauchig gemacht, indem man einen 3-mm-Dübel auf ihnen hin- und herrollt. Dann werden sie gut an ihre jeweiligen Gaffeln und Bäume geklebt, die genau wie die Rahen rund, zugespitzt und am Ende durchbohrt sind. Ich finde es besser, Masten, Gaffeln und Klüverbaum dünn zu lackieren.

Nun nimmt man einen 60 cm langen Faden und schert ihn von unten durch das hinterste Loch im Heck. Dann wird er durch die Bohrung in der Besanbaumnock, durch die Gaffelnock, durch die Löcher oben in den Stengen von Besan- und Großmast, herunter durch die Bohrung in der oberen Fockmastverdoppelung und durch die dritte Bohrung im Klüverbaum geführt. Das andere Ende des Fadens geht aufwärts durch das Loch unmittelbar hinter dem Besanmast, durch die vorderen Bohrungen an Besanbaum und Gaffel und wird dann an der Besanmastverdoppelung befestigt. Man ordnet die Führungsfäden, testet die Mastscharniere, gibt einen Tropfen Klebstoff auf den Besantopp und macht je drei Knoten in die Führungsfäden, als Kennzeichen für den dritten Mast bzw. den Besanmast.

Man nimmt wieder 60 cm Garn, schert es durch das Loch im Rumpf unmittelbar vor dem Besanmast an der Backbordseite der Schanz, aufwärts durch Baum- und Gaffelnock, wie vorhin, nur diesmal wird der Faden am Großmasttopp befestigt. Wer will, kann statt des Knotens hier einfach die Nadel zurück durch die Schlaufe führen, festziehen und verkleben − das sieht sogar noch ordentlicher aus als das Verknoten. Das andere Ende des Fadens wird durch das Loch im Rumpf, gleich hinter dem Großmast, geschoren und an der Verdoppelung festgemacht. Die Enden werden gesäubert und zwei Knoten in die Schlaufe gemacht, als Kennzeichen des zweiten Mastes, des Großmastes.

Jetzt schraubt man am besten den Rumpf auf die Riggerbank, um das Rigg fertigzustellen und die Stag-, Klüver- und Rahsegel anzubringen. Alle Fäden werden durchgeholt und vorn an den beiden Nägeln in Achten belegt. Dann wird ein kleines Gummiband darübergespannt als Extrasicherung gegen ein Losewerden. Wenn Groß- und Besansegel schön gebaucht sind, erhalten sie je ein Klebstofftröpfchen in alle vier Ecken. Die Masten sollten leicht, etwa 2°, nach achtern getrimmt sein.

Nun können die beiden Großstengestagsegel (5, 6) und das Großstagsegel (7) befestigt werden. Dazu werden 30 cm Garn benötigt; es wird am Fockmasttopp befestigt und durch die vorderste Bohrung im Klüverbaum geführt, aufs Ende wird ein Knoten gemacht. Dann wird der Jager angeklebt. Für das Stag vom Außenklüver benötigt man ebenfalls 30 cm Garn; man befestigt es an der Verdoppelung oberhalb des Vorbramsegels und führt es durch die zweite Bohrung von vorn im Klüverbaum; als Kennzeichnung dann drei Knoten ins Ende. Dann wird der Außenklüver ans Stag geklebt.

Das Vorstengestagsegel und der Binnenklüver werden anfangs nur unten an ihrem Stag festgeklebt, sonst könnten die Masten nicht geklappt werden. Wenn das Modell in der Flasche ist, die Masten aufgerichtet und Groß- und Besansegel gesetzt sind, kann die obere Hälfte dieser Segel angeklebt werden, indem man mit einem spitzen 3-mm-Dübel oder -Draht Klebstoff daraufstreicht und sie festdrückt. Die vier Rahsegel werden genauso angebracht wie in Kapitel 6 beschrieben. Nun schert man ein 60 cm langes Garn durch die Bohrung im Deck, nahe des Klüverbaums, an der Steuerbordseite (bei C), führt es aufwärts durch die vier Rahnocken, durch den Fockmasttopp und durch die anderen Rahnocken sowie durch die Bohrung D an Backbord, ordnet die Fäden und versieht jeden mit einem Knoten am Ende.

Anschließend wird der Klüverbaum wie folgt angebracht: Man kappt den Kopf einer Nadel, so daß diese knapp 4 mm lang ist, und klebt sie als Stampfstock in das entsprechende Loch im Klüverbaum. Man lackiert sie dann ganz dünn mit Braun. Nach dem Trocknen fädelt man ca. 30 cm schwarzes Garn durch Loch H im Vorschiff, so daß es vorn im Bug herauskommt, macht einen Rundtörn um das Stampfstockende, klebt es dort fest und führt es weiter durch die waagerechte Bohrung vorn im Klüverbaum. Dann schert man es von Loch E an Backbord, über Deck, nach Loch F gegenüber und führt es zurück zum Klüverbaumende, wo man es festklebt, ebenso wie bei E und F. Anschließend wird der Faden, der über Deck verläuft, weggeschnitten.

Die Brassen (das sind Taue, die von den Rahnocken zum Deck und zum Großmast verlaufen) für die Fock, das heißt für die untere Segelrah, werden durch Loch A in der Schanz geführt, über Deck, durch Loch B und zurück zur Rah. Aufpassen, daß sie nicht durch die Fäden an den Nocken laufen, sondern frei durch die Bohrungen führen! Das ist äußerst wichtig, damit die Rahen gut schwenkbar bleiben, wenn die Masten geklappt werden, bevor das Schiff in die Flasche geführt wird. So verfährt man auch beim Voruntermarssegel; die Brassen des Vorobermarssegels werden durch die untere Bohrung in der Verdoppelung des Großmastes geführt und die des Bramsegels durch die obere. Alle vier Brassen müssen gleichmäßig durchgeholt werden. Die Rahen werden ausgerichtet und die Brassen bei A und B festgeklebt. Die Fäden, die über Deck laufen, werden abgeschnitten, wenn der Klebstoff trocken ist.

Nun wird das Modell von der Riggerbank abgeschraubt, die Führungsfäden werden losgemacht. Besan- und Großsegel werden wie eine Zigarette aufgerollt. Die Rahsegel werden etwas versetzt und überlappen sich: Die Fock wird vom Voruntermarssegel überlappt usw. Auf keinen Fall darf ein Segel geknickt werden, und alle Segelbäuche müssen erhalten bleiben. Mit dem Heck voran wird das Schiffchen sanft in die Flasche geschoben, die innen absolut sauber und trocken sein muß. Dabei bemerkt man, daß Besanmast und -segel schon vor dem Rumpf in der Flasche sind: Man muß ganz vorsichtig sein, damit die Segel nicht währenddessen die „See" berühren.

Wenn das Modell in der Flasche ist und alle Führungsfäden gut hervorhängen, wird der Rumpf sanft, aber fest in die See gedrückt. Alles wird noch einmal kontrolliert, und dann wird zart an dem Führungsfaden gezogen, den man zuerst durchgeschoren hat, der durch die dritte Bohrung im Klüverbaum kommt und mit drei Knoten gekennzeichnet ist. Anschließend werden die anderen Masten einzeln gestellt, indem man nacheinander an den entsprechenden Fäden zieht − aber zart heißt die Parole! Die Rahsegel werden einzeln gesetzt, indem man nacheinander an den Schlaufen zieht. Zum Schluß werden Groß und Besan heruntergerollt. Das Rigg wird durchgeholt und provisorisch mit Knetgummi außen am Flaschenhals befestigt. Dann werden alle Schlaufen kurzgeschnitten und in der See versteckt; wenn nötig, muß man noch mal alles hauchdünn mit Knetmasse überdecken. Alle vier Stage werden mit sowenig Klebstoff wie möglich unter dem Klüverbaum festgeklebt. Dann muß das Ganze wieder zwei Tage trocknen. Um währenddessen das Modell vor Staub zu schützen, verschließt man die Flasche mit dünnem Stoff. Danach werden die Führungsfäden dicht unter dem Klüverbaum abgeschnitten. Aber Vorsicht, nicht das Wasserstag durchschneiden! Das Gerät, das man für diesen Arbeitsgang braucht, wird in Kapitel 1 beschrieben.

Man ergänzt nun die See an den Seiten des Rumpfes durch hauchdünne Scheibchen weißer Knetmasse, die man locker in die blaue Knetmasse hineinreibt, und gibt ganz wenig Weiß auf die Wellenkämme und als Bugwelle. Wie man die Flasche vorbereitet, die Knetmasse hineinbringt und die Kiellinie gestaltet, wird in den Kapiteln 3 und 4 geschildert.

Wenn das Modell gut durchgetrocknet ist und fest in der Flasche sitzt, werden Deckshaus, Ruderhaus, Niedergang, Davits, Luken usw. hinzugefügt. Wie schon gesagt, hatte die WATERWITCH ein erhöhtes Achterdeck, auf dem das abgerundete und getäfelte Ruderhaus stand, dazu ein Skylight und ein kleiner Schornstein für den Ofen im Quartier. An Steuerbord stand noch der Wassertank unmittelbar vor dem Achterdeck. Und das Beiboot hing an den Davits an Backbord zwischen Groß- und Besanmast. Gleich hinter dem Fockmast war ein relativ großes Deckshaus.

Das alles kann man recht einfach aus Hartholzstückchen bauen. Ein kleines Armbanduhrzahnrad ist das ideale Steuerrad. Davits fertigt man aus gekrümmten Stecknadeln ohne Kopf, den Schornstein aus einem kurzen, dicken Stift und die Skylights aus kleinen Stücken Silberpapier.

Die Aufbauten werden dünn angemalt und überlackiert. Man bringt sie an, indem man einen dünnen Draht oder eine Fahrradspeiche am Ende flachhämmert, um eine winzige Plattform zu bilden. Ein kleiner Tropfen Klebstoff kommt unter jeden Aufbau, der dann umgedreht auf die „Plattform" gelegt, möglichst genau an seinen Platz in der Flasche bugsiert und richtig hingestellt wird, bevor der Klebstoff trocknet. Magnetisierter Draht ist praktisch, um die Davits einzupassen und sie fest in ihre Bohrungen zu pressen, nachdem man sie unten in Klebstoff getaucht hat.

Zum Schluß, wenn alles gut durchgetrocknet ist und Klebstoffspuren mit feuchter Watte an Hilfsdrähten abgewischt wurden, wird der Korken in den Flaschenhals geklebt und bündig abgeschnitten. Wie schon früher beschrieben, wird er mit Wachs versiegelt, oder es wird ein nautisches Emblem daraufgeklebt. Wer Seemannsknoten kann, verziert den Flaschenkopf mit einem Türkenbund.

6

Klipper

Klipper, diese schönsten Schöpfungen der Menschheit, erhielten ihren Namen aus dem Englischen von *to clip* (schneiden). Und zwar aus zweierlei Gründen: Erstens waren sie so schnell, daß sie immer wieder von jedem Rekord noch Stunden oder Tage gewissermaßen abschneiden konnten. Andererseits „schnitten" sie die Fahrstrecken kürzer, wenn sie, mit Tee beladen, auf ihren berühmten Chinareisen das Kap der Guten Hoffnung rundeten. Daher stammt auch der gute Ruf der Klipperkapitäne und ihrer Schiffe, lange bevor man vom Panama- oder Suezkanal auch nur träumte. Diese bewundernswerten Fahrzeuge erreichten bis zu 21 Knoten, was unter Vollzeug mit allem Können und schwerstem körperlichem Einsatz keine schlechte Leistung war. Jahrelang konnten die Dampfschiffe den Klippern in bezug auf Geschwindigkeit nicht das Wasser reichen. In dieser Hinsicht gebührt der Ruhm den Amerikanern; es dauerte noch eine ganze Weile, ehe nach 1850 die ersten englischen Klipper gebaut wurden. Diese frühen amerikanischen Klipper waren Meisterwerke des Schiffbaues. Manche verdrängten 900 Tonnen oder weniger bei einer Crew von 30 bis 40 Mann – welch ein Gegensatz zu den Schiffen um die Jahrhundertwende, als ein Siebenmastschoner von 5218 Tonnen wie die THOMAS W. LAWSON nur 16 Mann Besatzung hatte – und oft genug gelang es, binnen einer halben Stunde den Anker zu lichten und Segel zu setzen.

Diese „Weichholz-Schiffe" – ihre Rümpfe bestanden fast immer aus Kiefer – wurden meist nicht alt; wegen der enormen Beanspruchungen verformten sie sich schnell und wurden leck. Welch unterschiedliche Standpunkte auch die verschiedenen Marineschriftsteller zu diesem Thema vertraten, die Schiffe *sind* diese Stecken in Rekordzeit gesegelt: Die JAMES BAINES *erreichte* 21 Knoten, und die LIGHTNING *schaffte* ein Etmal von 436 Meilen.

Da die englischen Klipper aus härterem Holz gebaut wurden und später sogar in Kompositbauweise aus Eisen und Holz, hatten sie auch eine längere Lebensdauer; viele endeten als Kohlenhulk in den verschiedensten Teilen der südlichen Halbkugel. Mit Eröffnung des Suezkanals waren die Tage der Klipper jedoch gezählt, und um 1872 war das Ende dieser Ära in Sicht.

Erst drei Jahre bevor Lesseps seinen Kanal fertigstellte, gelang es erstmals einem Dampfschiff, schneller als ein Segler zu sein. Bis dahin waren Segel schneller. Es lohnt sich, darüber nachzudenken. Dann, als Australiens Wollhandel sich entwickelte, man also Ladungen bekommen konnte, gelangten Schiffe wie die THERMO-PYLAE und die CUTTY SARK zu großem Ruhm; letztere machte ihre schnellste Reise in 70 Tagen von Sydney nach England.

Natürlich wird fast jeder, der von Klippern liest, von Begeisterung erfaßt. Bei aller Freude jedoch, der erste mit der Ladung im Heimathafen zu sein, und trotz aller

Ehre, die dies dem Schiffbauer, dem Kapitän und seiner Mannschaft brachte – es gab eine Kehrseite der Medaille: Ein Segelschiff konnte, im Gegensatz zu einem Dampfschiff, nicht die kürzeste oder die direkteste Strecke segeln, sondern es war abhängig von Wind und Wetter. Und eine Reise von 9000 Seemeilen war oft wohl eher eine von 12 000, wenn man die günstigsten Winde genutzt hatte – wobei es oft auch gar keinen gab, wie beispielsweise in den Kalmen oder in den Roßbreiten. Oder man mußte halsen, das heißt, man mußte alle Rahsegel auf die andere Seite bringen, vielleicht um 80°, um eine Brise zu erwischen, wenn sie auch noch so kurz war. Wenn man sich vor Augen hält, daß die Großrahen einiger späterer Segler oft so um neun Tonnen herum wogen, kann man sich vorstellen, welch harte Arbeit das war, Tag für Tag, Woche für Woche die Segel zu bedienen, nasses und steifes Tuch, oft in eisigem Regen oder schnell und manchmal im Stockdunkeln. Die meisten Schiffseigner waren geizig bis zur Knauserigkeit, was das Material betraf. Und wehe dem Kapitän, der einen Satz Segel im Sturm verlor oder weil die Mannschaft es nicht schnell genug schaffte, die Segel zu bergen!

Proviant damals war meist von schlechter Qualität, und die Rationen waren das absolute Minimum. Vorräte wurden oft bei einem schlauen Schiffsausrüster gekauft, der auf Kosten der Crew dem Kapitän Ausschußware unterjubelte. Nach wenigen Wochen schon waren so begehrte Lebensmittel wie Kartoffeln, Gemüse und Brot vom Speiseplan gestrichen, zugunsten von Pökelfleisch und ungezieferverseuchtem Schiffszwieback. Trinkwasser war rationiert, oft gab es pro Tag nur einen halben Eimer zum Trinken, Wäschewaschen und Teekochen. Obendrein hauste die Crew meist unter dem Vordeck, in einem dumpfigen, schimmligen, schlecht erleuchteten Raum, in dem oft genug bei schwerem Seegang ein heilloses Durcheinander von zerbrochenem Geschirr und losgekommenen Ausrüstungsstücken im Meerwasser herumschwappte.

Viele Mannschaftsmitglieder hatten Salzwasserschwären und schwere Mangelschäden wie Skorbut, eine Krankheit, hervorgerufen durch den Mangel an Obst und Gemüse und damit, wie wir heute wissen, an Vitaminen. Es gab keine Möglichkeit, Kleidung zu trocknen, Bettzeug oder Handschuhe und Stiefel. So erbärmlich konnte es monatelang zugehen, bis das Schiff schließlich in wärmeres Klima gelangte und die gesamten ärmlichen Besitztümer an Deck zum Trocknen gebracht werden konnten. Es ist kein Wunder, daß die Crew bei nächster Gelegenheit an Land ging und sich betrank – wer hatte je einen besseren Grund!

Im 19. Jahrhundert war es so schwer, einen Mannschaft zusammenzustellen, daß oft in den Hafenkneipen Männer „schanghait" wurden, die dann Stunden später auf hoher See wieder zu sich kamen, ohne einen Pfennig Geld in der Tasche und oft mit einer dicken Beule am Kopf, die ihnen ein rabiater Maat mit einem Belegnagel verpaßt hatte. Ölzeug und Wollsachen mußten gekauft werden, oft zu Wucherpreisen aus der „Klamottenkiste" an Bord. Und der unglückliche Seemann hatte häufig am Ende der Reise nicht nur kein Geld, sondern sogar noch Schulden.

In den meisten Ländern gab es noch eine Methode, „angeheuert" zu werden: Kaum, daß ein Schiff in den Hafen segelte, wurde der Seemann von einem „Gentleman" in ein Boot gelockt, mit harten Getränken abgefüllt, und es wurde ihm ein „leichtes" Schiff versprochen, auf dem er anheuern „durfte". Diese Männer, die sich oft als Pensionsinhaber oder Besitzer von Seemannsheimen ausgaben, waren Menschenhändler, die die betrunkenen oder bewußtlosen Seeleute an einen Kapitän verkauften, der noch ein paar Mann an Bord brauchte, weil Mitglieder seiner Mannschaft desertiert waren. Natürlich nahmen diese „Gentlemen" und Anwerber oft ein übles Ende, denn was sie den Seeleuten da aufgehalst hatten, wurde nicht so leicht vergessen.

Da ja fast keiner dieser Klipper einen Arzt an Bord hatte, war es meist Aufgabe des Kapitäns, gebrochene Arme und Beine zu richten oder schlechte Zähne zu ziehen. Und manch ein Seemann überlebte sogar die primitive Blinddarmoperation an Bord. Die normale Narkose bestand aus Rum oder Schnaps. Es ist kaum vorstellbar, was manche Seeleute in jenen „guten alten Tagen" zu erleiden hatten. Dennoch strahlten diese Schiffe eine solche Faszination aus, daß manch ein Anfänger noch dazubezahlte, nur um zur Gemeinschaft dieser Fahrensmänner zu gehören und die Welt auf die harte Art kennenzulernen.

Das Leben an Bord eines Seglers hatte natürlich auch ein paar gute Seiten. Wenn das Schiff beispielsweise in wärmere Breiten gelangte, konnte man schwimmen oder seine Freizeit den verschiedensten Hobbys widmen wie Holzschnitzen, Matten- knüpfen oder Stricken – fast jeder Seemann konnte stricken. Dabei vergaß man dann für eine Weile das harte Leben. Manche Männer verbrachten so ihr gesamtes Leben, oft, weil sie keinen anderen Weg kannten, um ihren Lebensunterhalt zu ver- dienen, wahrscheinlich immer in der Hoffnung, eines Tages ein „leichtes" Schiff zu finden, wo Kost und Logis gut waren. Solche Fahrzeuge allerdings waren sehr selten. Das einzige Interesse der Eigentümer richtete sich auf eine schnelle Reise und das absolute Minimum an Verschleiß von Segeln und Tauwerk, worüber oft bis auf den letzten Pfennig abgerechnet wurde. Viele Schiffe waren nicht versichert, nur die Ladung!

Jahre vergingen, bevor die Segelschiffsmatrosen auch nur die Andeutung einer fairen Behandlung erfuhren. Trotzdem gab es zwischen 1920 und 1930 Leute, die Pas- sagen auf diesen Schiffen buchten, nur um mitzufahren und alles selbst zu erleben. Selbst in jenen Jahren waren die Bedingungen noch nicht so viel besser, aber das Training an Bord eines Seglers vermittelte einem Mann etwas, was er auf einem Dampfschiff nicht erhalten konnte. Die Zahl der Länder, die immer noch Segelschul- schiffe haben, bestätigt dies.

Ein Klipper für eine große Dreiecksflasche

Die größte Leistung ist für einen Buddelschiffbauer der Bau eines Klippers unter Vollzeug aus der großen Zeit der Segelschiffe von vor etwa hundert Jahren. Modelle dieser Art waren damals des Fahrensmannes liebstes Kind. Wer schon ein paar der bisher beschriebenen leichteren Schiffe gebaut hat, kann sich auch einen Klipper zutrauen.

Für den Rumpf eines solchen Schiffes muß man gutes Hartholz nehmen wie Teak, Buche oder Mahagoni, wenn's geht, sogar von einem alten Möbelstück, das ist schon besonders gut abgelagert. Altes, gut gelagertes Hartholz ist schwerer zu bearbeiten, aber das Ergebnis ist viel befriedigender. Die Linien des Rumpfes und der Schanz können klarer geformt werden, und nach dem Malen und Lackieren hat es ein schö- neres Finish. Obendrein gelingen die Bohrungen erheblich korrekter; und Wanten, Pardunen und Mastscharniere usw. sehen besser aus und verziehen sich nicht, wenn man das Rigg durchholt.

Das Holzstück sollte ca. 2 × 2 × 11,5 cm groß sein. Als erstes sollte man sich eine Pappschablone von Deck- und Seitenansicht machen und die Linien auf beide Seiten

Bezeichnung der Segel

1 Außenklüver
2 Mittelklüver
3 Innenklüver
4 Vorstengestagsegel
5 Vorroyal
6 Vorbramsegel
7 Vorobermarssegel
8 Voruntermarssegel
9 Fock
10 Großroyal
11 Großoberbramsegel
12 Großunterbramsegel
13 Großobermarssegel
14 Großuntermarssegel
15 Großsegel
16 Kreuzroyal
17 Kreuzbramsegel
18 Kreuzobermarssegel
19 Kreuzuntermarssegel
20 Bagiensegel
21 Besansegel

Wegen der Verdeutlichung sind Wanten, Pardunen und Brassen für alle Rahen weggelassen worden, ebenso wie die Decksausstattung. Die Stagsegel zwischen Fock- und Großmast sind von oben nach unten: Großroyalstagsegel, Großbramstagsegel und Großstengestagsegel. Die zwischen Kreuz- und Großmast sind: Kreuzroyalstagsegel, Kreuzbramstagsegel und Kreuzstengestagsegel.

Anmerkung: Vor 1870 wurden Rahen und Segel anders benannt. Das Rigg wurde, zwecks Einbau in die Flasche, leicht verändert, folgt aber so nah wie möglich dem wahren Klipperrigg.

Die Bohrungen im Schanzkleid, in Poop- und Vordeck für die Schoten bzw. „Niederholer" sind mit dickem Punkt gekennzeichnet

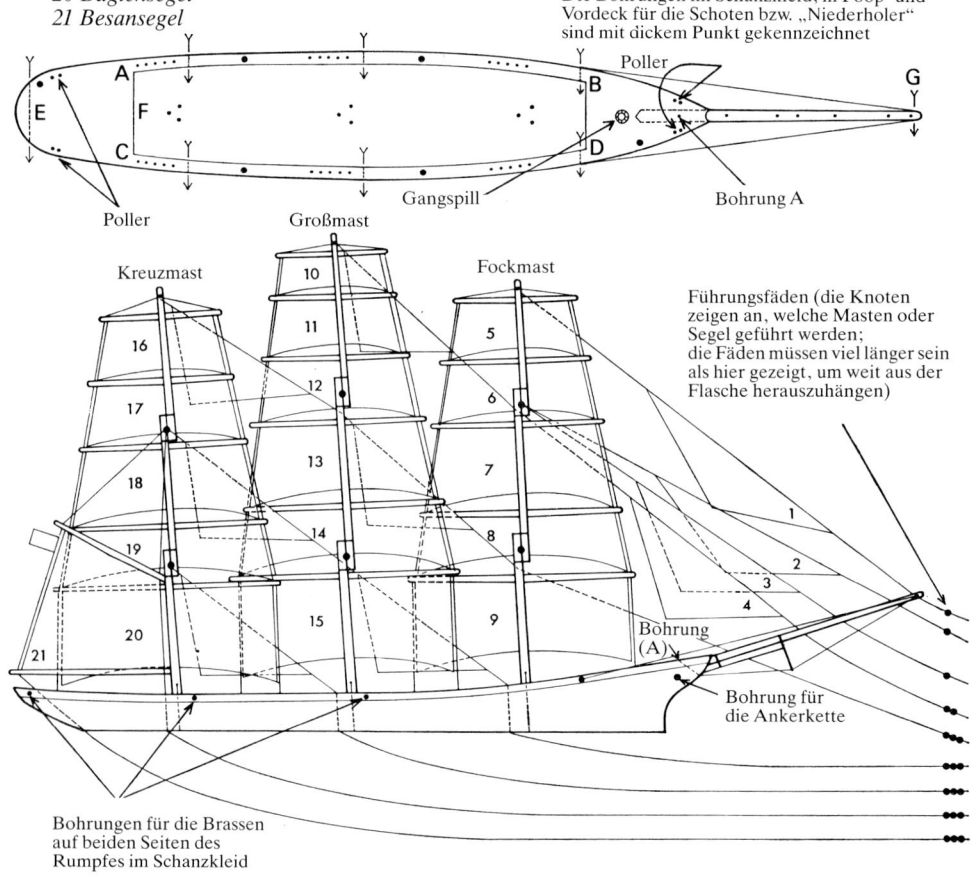

Führungsfäden (die Knoten zeigen an, welche Masten oder Segel geführt werden; die Fäden müssen viel länger sein als hier gezeigt, um weit aus der Flasche herauszuhängen)

Bohrung (A)

Bohrung für die Ankerkette

Bohrungen für die Brassen auf beiden Seiten des Rumpfes im Schanzkleid

14 *Segelplan eines Klippers für den Einbau in eine Flasche.*

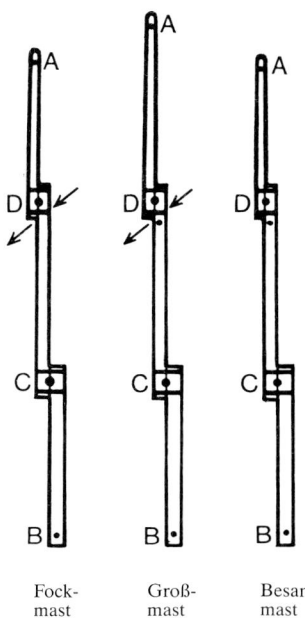

Fock-
mast

Groß-
mast

Besan-
mast

des Holzstücks übertragen. Dabei gehe ich natürlich davon aus, daß schon ein Modell gewählt wurde, maßstabgetreue Zeichnungen vorliegen und die wesentlichen Voruntersuchungen so gründlich wie möglich stattgefunden haben. Wo das nicht der Fall war, schlage ich vor, nach dem Bauplan in Abb. 14 vorzugehen, der einen typischen Klipper zeigt.

Wer keine Laubsäge hat, schneidet den Rumpf am einfachsten wie in Abb. 8 zu: Es werden einige senkrechte Schnitte gemacht, ehe mit dem Stechbeitel Stück für Stück entfernt wird. Das überflüssige Holz wird weggefeilt, bis man einen sanften Decksprung hat. Manche Schiffe hatten einen auffälligen Sprung, wie z. B. die Fünfmastbark FRANCE II. Aber CUTTY SARK hatte, genau wie MOUNT STEWART und CROMDALE, einen weniger ausgeprägten Sprung. Man muß also Bilder oder Fotografien zu Rate ziehen, bevor man diese Linie schnitzt.

Nun wird der Decksplan markiert und der Umriß mit Säge, Feile, Stechbeitel und zum Schluß mit Sandpapier herausgearbeitet. Anschließend wird das Schanzkleid geschnitzt. Es muß mindestens 1,6 mm breit und 2,4 mm hoch sein. Am besten markiert man die Schanz mit einem harten Bleistift und folgt der Verbindungslinie zwischen A, B, C, D (siehe Decksplan in Abb. 14) mit dem Schnitzmesser. Und das Vorschiff und das Poopdeck formt man mit dem Stechbeitel. Hervorstehendes Holz wird dann sorgfältig mit dem Stechbeitel entfernt. Das Deck wird leicht gewölbt geformt und mit Sandpapier, der Faser des Holzes entsprechend, geglättet.

Jetzt kann man die Schanz weiß anmalen: Man deckt das Deck mit einem Stückchen Pappe ab, damit keine Farbe darauf gelangt. Sollte es doch passieren, schleift man sie sorgfältig mit Sandpapier ab. Die Bohrungen sollten dort, wo es in der Zeichnung angegeben ist, genau durch den Rumpf gehen, wobei darauf zu achten ist, die Bohrungen durch die Schanz schräg zur Mitte des Rumpfes hinzuführen, wegen der Rumpfrundung. Anschließend kann das Deck lackiert werden. Dann wird das Loch für den Klüverbaum gebohrt, das der Decksprunglinie folgt und 13 mm tief ist, bei einem Durchmesser von 2,4 mm. Der Klüverbaum muß ganz solide eingepaßt werden, da so viele Stage hindurchlaufen, wenn die Masten gestellt werden. Zum Schluß werden sie dort angeklebt.

Der Klüverbaum wird aus einem 1,6-mm-Dübel von ca. 5 cm Länge hergestellt, der sich nach vorn verjüngt; am anderen Ende wird er zugespitzt. Er erhält sechs senkrechte Bohrungen, vier für die Vorsegel und eine für den Stampfstock, der aus einer Nadel besteht, die am besten weiß gemalt wurde. Das Nadelöhr zeigt nach unten, und Stampfstag und Wasserstag werden da hindurchgeführt. Der Stampfstock wird bündig mit der Oberfläche Klüverbaum angebracht. Ein Loch wird durchs Deck gebohrt, das bei Punkt A in Abb. 14 herauskommt. Der Faden wird eingefädelt, ein Knoten ins Ende gemacht, durch A geschoren, durch das Stampfstockende durchgefahren, dann durch die waagerechte Bohrung am Ende des Bugspriets (G), durch Loch B, über Deck, durch Loch D, zurück zu Loch G und dort verknotet. Nach dem Festkleben wird der Faden gesäubert. Etwas oberhalb von A wird an beiden Seiten des Bugs ein Loch für die Ankerkette gebohrt.

Für die Masten braucht man 1,6-mm-Dübel, in die entsprechenden Längen geschnitten, je nach Modell. Jeder Abschnitt muß sich zum Ende hin verjüngen, und jeder Mast erhält eine Bohrung am Topp (Abb. 15, A) und eine am Fuß (B) für die Scharniere. An den Verdoppelungen von Fock- und Großmast (Pfeile in Abb. 15) werden die Masten schräg durchbohrt, und obendrein erhalten Groß- und Kreuzmast noch je eine Bohrung knapp unterhalb der oberen Verdoppelung. Die Maststücke werden aneinandergeklebt und jeweils oben und unten mit Webeleinstek befestigt. Es sieht besonders gut aus, wenn diese weiß angemalt sind. Viele Klipper hatten weiße Untermasten, und Mars- und Royalstengen waren beige. Bei kleinen Modellen sollte man allerdings sparsam mit Weiß umgehen, da sonst die weißen Partien des Mastes zu groß aussehen. Zum Schluß werden die Masten farblos lackiert.

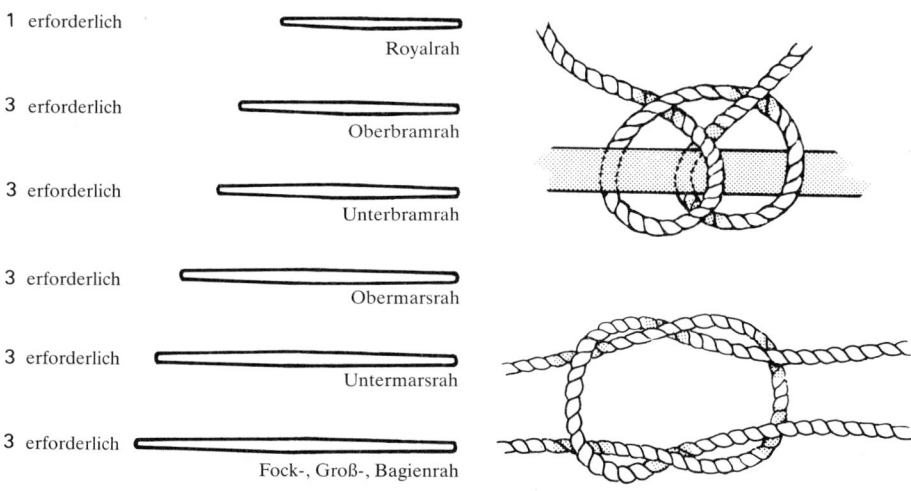

1 erforderlich	Royalrah
3 erforderlich	Oberbramrah
3 erforderlich	Unterbramrah
3 erforderlich	Obermarsrah
3 erforderlich	Untermarsrah
3 erforderlich	Fock-, Groß-, Bagienrah

16 Die Rahen für das Klippermodell aus diesem Kapitel (nicht maßstabgerecht).

17 Webeleinstek für die Rahen und Kreuzknoten.

Drei Stücke Draht von je 32 mm werden in U-Form gebogen, als Mastscharniere, und in den Rumpf gesteckt. Was zu lang ist, wird abgefeilt. Diese Drähte werden festgeklebt. Aber Vorsicht, daß kein Klebstoff an die Masten gerät!

Die Masten werden nun gestellt, und das Aufriggen beginnt. 60 cm braunes Garn, mit *einem* Knoten am Ende, wird als Fockmastwant aufwärts durch den Rumpf geschoren, durch die Verdoppelung bei C in Abb. 15 und zurück durch die gegenüberliegende Schanzkleidseite, was, nach achtern fortschreitend, durch die nächsten beiden Bohrungen in der Schanz wiederholt wird. Nun wird das Stengestag bei Punkt D durchgeschoren, heruntergeführt durch die Schanz und zurück durch den Topp bei A. Der Mast wird etwas nach achtern zum Heck hin getrimmt, ehe die Schlaufen mit Knoten versehen und alle Wanten und Pardunen durchgeholt werden. So geht es bei allen drei Masten, wobei darauf Wert gelegt werden muß, daß das Rigg gut durchgeholt ist und alle Masten parallel stehen. Das alles dauert natürlich relativ lange.

Die Rahen werden aus Zahnstochern gemacht und je nach Modell zugeschnitten. Aber alle sind rund und zu den Enden hin verjüngt. Abb. 16 zeigt die Rahen für *dieses* Modell. An jeder Rahnock, ca. 1,6 mm vom Ende entfernt, wird ein Loch gebohrt. Dann werden die verschiedenen Stage eingeschoren (wie in Abb. 13 auf Seite 51). Sie werden mit einem Slipstek befestigt und festgeklebt. Bitte daran denken, sie so lang zu machen, daß sie mindestens 20 cm aus der Flasche heraushängen. Es ist auch gut, die Enden der Stage mit Knoten zu kennzeichnen: einem Knoten für den Fockmast, zwei für den Großmast und drei für den Kreuzmast.

Jetzt wird das Modell auf die Riggerbank geschraubt, um die verschiedenen Stage steif zu halten, während die Rahen an den Masten befestigt werden. Man benutzt die Bank aus der Gerätebeschreibung in Kapitel 1. Die zwei Nägel am Ende dienen als Klampe, um die Führungsfäden zu belegen, die am Ende die Masten aufrichten und das Besansegel in die richtige Stellung bringen. Die Rahen werden in der Mitte mit Webeleinstek versehen und dann mit einem Kreuzknoten an den Masten befestigt (Abb. 17). Jeder Knoten wird mit einem Tröpfchen Klebstoff versehen; dann trocknen lassen und säubern. Für die Stengen nimmt man beiges Garn, für die Untermasten weißes, falls diese weiß sind.

Die Brassen werden an den Rahen befestigt, Großuntermarssegelrah und Großobermarssegelrah ausgerichtet und die Fäden an dem einen Ende mit einfachem Slipstek festgemacht. Sie werden herunter durch die Schanz, über Deck, an der anderen Seite wieder hinauf zu den Rahen geführt. Dort werden sie mit einem ganz normalen Kreuzknoten befestigt, angeklebt und nach dem Trocknen gesäubert. Die Brassen für die Unter- und Oberbramrahen sowie für die Royalrahen werden durch die Groß- und Kreuzmastbohrungen geschoren, ca. 3 mm unterhalb von Punkt D in Abb. 15, und durch die Bohrung ca. 13 mm unterhalb des Topps vom Kreuzmast. Man kann nun das Besansegel an Baum und Gaffel kleben. Es wird ausgebaucht, indem man es auf dem Knie mit einem 3-mm-Dübel oder ähnlichem abrollt.

Man nimmt 60 cm schwarzes oder braunes Garn, je nach Wahl, jedenfalls dasselbe, was für die Brassen gewählt wurde, schert es durch die obere Verdoppelung und läßt ca. 25 mm überstehen, um es später zu befestigen. Dann führt man es durch Gaffel- und Baumnock, durch die Bohrung E und zurück durch Loch F, dann vorn durch Baum und Gaffel bis zur Verdoppelung, wo man es mit dem kleinen Ende von vorhin verknotet. Anschließend versteckt man den Knoten in der Bohrung und klebt ihn dort fest. Dann wird die Schlaufe geordnet und durchgeholt, bis das Segel gut bauchig steht und an den vier Eckpunkten festgeklebt werden kann.

Jetzt werden aus gutem Schreibmaschinenpapier die Segel zugeschnitten und auf dieselbe Weise bauchig gemacht wie das Besansegel. Man probiert sie an den Rahen an, um zu sehen, ob sie auch noch nach dem „Bauchigmachen" bis fast an die jeweils darunter liegende Rah reichen, und um zu kontrollieren, ob die unteren Ecken von Fock, Groß- und Bagiensegel auf gleicher Höhe mit dem Schanzkleid sind. Der Klebstoff wird als ca. 1,5 mm dünne Linie vorn an den Segeln und oben auf Höhe der Oberkanten der Rahen aufgetragen, und die Segel werden dann an die Rahen geklebt und die Stagsegel an die Stage. Der Klebstoff muß ganz sparsam verwendet werden, um nicht später die Segel zu verfärben.

Das Bramstagsegel sollte ganz nah am Fockmast angebracht werden; sonst könnten die Masten nicht gut aufliegen, wenn sie geklappt sind. Jetzt werden Außenklüver, Mittelklüver, Innenklüver und Vorstengestagsegel angeklebt. Übrigens fuhren manche Klipper ein zusätzliches Gaffelsegel, ein sogenanntes Schnausegel am Großmast, ähnlich dem am Kreuzmast. Das ist weggelassen worden, weil es sich für ein Buddelschiff nicht gut eignet.

Ein Pünktchen weißen Lackes am Ende jeder Rah, jeder Gaffel, jedes Baumes und Topps vervollständigt das Modell. Aber es darf nichts auf die Brassen geraten. Ein bißchen weiße Farbe an den Wanten, ca. 1,6 mm oberhalb der Schanz, trägt gleichfalls viel zu dem Reiz des Riggs bei. Nun wird das Modell in bezug auf die Klappbarkeit der Masten und Beweglichkeit der Rahen getestet, wobei die Segel sich so überlappen müssen, daß das jeweils vordere über dem hinteren liegt, um ein Verknicken zu vermeiden. Das Gangspill besteht aus einer dicken, grau oder weiß angemalten Nadel, die 1,6 mm aus dem Vordeck ragt.

Wie man die Flasche vorbereitet

Alles Metall und die Etiketten werden entfernt, die Flasche wird heiß ausgespült und umgestülpt zum Trocknen aufgestellt. Die blaue Knetmasse wird zu kleinfingerdicken, ca. 15 cm langen Rollen geformt und von oben in die Flasche hineingelassen. Die erste wird an der einen Längskante fest angedrückt, bis sie ungefähr 12 mm dick ist, die zweite an der gegenüberliegenden Kante. Fünf sollten ausreichen, um den Boden zu bedecken, denn in der Mitte ist der Flaschenboden gewölbt, und die Oberfläche der See sollte relativ eben sein. Anschließend können an der Oberfläche mit dem Wellenformer (Abb. 3, Seite 16) Wellen modelliert werden. Hinten in der Flasche kann man eine winzige Rolle weißer Knetmasse ausbreiten, die das Kielwasser darstellt; kleine weiße Punkte werden gleichmäßig über die Wellenkämme verteilt.

Nun ist die Flasche, vorausgesetzt, der Flaschenhals ist wieder vollständig sauber, bereit für den Einbau des Modells. Wer will, drückt eine Pappschablone von Form und Größe des Schiffsbodens in die Knetmasse, um zu sehen, wieviel Raum das Schiff einnimmt. Das Knetgummi wird an dem Papprand hochgedrückt, wodurch später das Modell sicherer steht, während das Rigg endgültig durchgeholt wird. Die Pappschablone wird mit einem Draht wieder entfernt. Man darf keinerlei Klebstoff auf dieses „Bett" auftragen, denn wenn irgendein Teil des Riggs unter dem Rumpf sich vertörnen sollte, könnte es dabei festkleben! Die Knetmasse und die Führungsfäden reichen aus, um das Modell sicher zu halten.

Um das Schiff in die Flasche einzuführen, wird zuerst das Besansegel wie eine Zigarette aufgerollt, wobei man darauf achtet, daß kein Rahsegel geknickt wird, wenn man sie übereinanderlegt. Man zieht vorsichtig an den Führungsfäden, wenn das Modell schon halbwegs in der Flasche ist, beim Kreuzmast beginnend, dann mit dem

Groß- und Fockmast fortfahrend, in dieser Reihenfolge. Vertörntes Gut kann man mit einem Draht wieder ordnen, dessen Ende ca. 1 cm rechtwinklig umgebogen wurde. Dieser Draht muß vorsichtig herausgezogen werden, damit er sich nicht irgendwo verfängt. Der Rumpf wird nun fest in die See gedrückt und das Rigg gut steifgeholt; die Rahen sollen genau waagerecht an den Masten hängen. An den fünf Punkten unter dem Klüverbaum sollten die Stage mit Klebstofftröpfchen festgeklebt und die Fockmaststage durchgeholt werden.

Alle Führungsfäden außerhalb der Flasche werden jetzt provisorisch mit einem Gummiband oder einem Stück Knetmasse außen an der Flasche befestigt, während der Klebstoff trocknet. Die Klüverstage werden dicht unter dem Klüverbaum gekappt, und die übrigen Führungsfäden, die unter dem Rumpf hervorkommen, werden innerhalb der Flasche, kurz hinter dem Hals, abgeschnitten. Der Rest wird unter der See versteckt. Eine kleine Bugwelle an beiden Seiten des Bugs wird mit etwas Weiß markiert und an den Seiten des Rumpfes in kurzen Abständen mit feinen, weißen Streifen fortgesetzt, um die Illusion zu erzeugen, das Schiff fahre wirklich.

Nun zu der Decksausrüstung: Manche Bastler machen das gleich fertig, ich aber nie, denn jeder Platz, der an Deck freibleibt, ist von Vorteil und erspart Beschädigungen an Segeln, Rahen und Masten, während das Modell in die Flasche geschoben wird. Dabei sollte man sich immer etwas Spielraum lassen, denn die Gefahr, daß dabei das Werk so vieler Arbeitsstunden ruiniert wird, ist sonst zu groß. Die meisten Klipper hatten zwei oder drei Deckshäuser, drei Luken, ein Steuerhaus, manchmal auch ein Kartenzimmer, halbrunde Niedergangsluken und meistens drei Beiboote, zwei an Davits und eines kieloben auf dem Dach eines der vorderen Deckshäuser. Manche hatten Schweinestall und Hühnerhaus, nicht zu vergessen die Kombüse mit ihrem typischen Schornstein. Auf das erhöhte Vordeck und das Poopdeck gelangte man mit Leitern an Steuerbord und Backbord. Alle diese Gegenstände sollten fertiggestellt und auf ihre Paßgenauigkeit getestet worden sein, bevor man die Segel anschlägt. Insbesondere sollten die Bohrungen für die Davits, wenn nötig, schon fertig sein, und zwar so, daß sie nicht dem Groß- oder Bagiensegel im Weg sind.

Decksausrüstung

Deckshäuser kann man ganz leicht aus Aluminium oder Blech herstellen oder sogar aus den kleinen Metallplatten, die man für die kleinen Offset-Litho-Druckma-schinen braucht. Sie werden wie in Abb. 18 (Seite 65) gezeigt zugeschnitten und an den Falzlinien leicht eingeritzt, um eine Schachtel zu bilden. Die Bullaugen werden mit einem kleinen Bohrer gebohrt, und die Türen kann man aus schwarzem oder braunem Papier machen. Man sollte die Deckshäuser von innen mit Klebstoff (Metallkleber) bestreichen, um sie in Form zu halten, und dem Schiff entsprechend anmalen. Innen wird unter das Dach ein Holzklötzchen geklebt, das nur wenig niedriger ist als das Deckshaus. Dieses Holzklötzchen wird das Deckshaus fest mit dem Deck verbinden. An den Schmalseiten wird das Deckshaus etwas konkav gefeilt, um sich der leichten Wölbung des Decks anzupassen. Deckshäuser, Luken, Niedergänge usw. waren normalerweise an den Kanten und Ecken leicht abgerundet. Das ersparte der Mannschaft bei schwerer See Verletzungen.

Die Kombüse Den Schornstein bildet eine schwarz angemalte Nadel ohne Kopf, und die Kombüse kann, ebenso wie die Luken, genau wie ein Deckshaus hergestellt werden. Das Steuerhaus (Abb. 18) hatte meist ein geneigtes oder ein gewölbtes Dach. Und so ein kleines Zahnrad aus dem Aufziehmechanismus einer Armbanduhr ergibt ein ideales Steuerrad. Das Steuerhaus wird weiß gemalt, sein Dach so wie die anderen Deckshäuser und das Steuerrad dunkelbraun.

Beiboote kann man ganz leicht aus einer plattgedrückten, vorher gesäuberten Zahnpastatube machen, die man wie in Abb. 19 zuschneidet, vorsichtig mit einer Nadel und Pinzette wieder öffnet und jedes Ende fest zukneift. Vorn und achtern wird der Kiel sanft gefeilt, und mit einer dünnen Spur von Klebstoff werden Bug- und Hecknaht versehen. Wer will, kann aus winzigen Bambusstreifchen Ruderduchten bilden. Innen werden die Boote beige und außen weiß angemalt.

Davits werden aus gebogenen Stecknadeln ohne Kopf hergestellt (Abb. 19). Für diesen Zweck bringt man zwei feine Fäden in Bug und Heck des Beiboots an, die man mit ihrem anderen Ende an die Davits klebt. Mit etwas Geduld − und die sollte man zu diesem Zeitpunkt schon erworben haben! − können sie in zwei Löchern innen im Schanzkleid, zwischen Groß- und Kreuzmast, festgeklebt werden.

Flaggen (Abb. 20) schneidet man aus Illustrierten aus und klebt sie an das Besan-Achterliektau. Manche Plastikschiffbausätze enthalten gedruckte Papierflaggen, die man ebenfalls benutzen kann. Wer gut löten kann, fertigt aus Messingnadeln **Anker** (Abb. 21): Man flacht den Kopf der Nadel mit einem kleinen Hammer ab und bohrt ein Loch hinein. Für den Ankerstock wird eine zweite Nadel abgeflacht und in der Mitte mit einer Bohrung versehen. Die Flunken werden genauso hergestellt und dann gebogen. Dies wird aneinandergelötet und in Form gefeilt. Der Stock sollte sich zu beiden Enden hin verjüngen; er muß im rechten Winkel zu den Flunken stehen. Anker werden auf der Back gestaut.

Poller für Bug und Heck kann man aus Nadelstücken machen, die man ca. 1,6 mm voneinander entfernt anbringt. Die Stücke sollten ca. 3 mm lang sein. Wenn man die Löcher für die Poller bohrt, muß man ganz vorsichtig vorgehen, weil ja Bug und Heck sich zur Wasserlinie hin konkav verjüngen.

Galionsfiguren erhöhen die Schönheit des Modells und können recht einfach mit einer kleinen Feile aus Celluloid-Kragenstäbchen herausgeformt werden.

Die Deckshäuser werden mit Hilfe eines dünnen Drahtes und einem Tröpfchen Klebstoff angebracht. Wenn man sicher ist, daß das Modell durchgetrocknet ist und daß alle Rahen richtig stehen, wird der Flaschenhals innen mit einem feuchten Stückchen Verbandsmull oder mit einem Wattebausch gesäubert, um alle Klebstoffspuren zu beseitigen. Dann klebt man einen gut passenden Korken hinein, schneidet ihn bündig mit dem Flaschenhals ab, versiegelt ihn mit Siegellack und feilt glatt. Wer möchte, kann das Ganze noch mit einem Türkenbund verzieren. Knoten und Korken werden in einer geeigneten Farbe angemalt; am besten sehen Gold, Rot oder Weiß aus.

Die CUTTY SARK

Die CUTTY SARK war ein bemerkenswerter Klipper von 966 Tonnen. Im Jahre 1869 wurde sie in Kompositbauweise bei Scott & Linton in Dumbarton für John Willis erbaut, der als Segelschiffsführer im Ruhestand in London nun Schiffseigner wurde. Der vertraglich vereinbarte Preis für das Schiff war so knapp kalkuliert, daß die Werft daran bankrott ging und das Schiff später von William Denny & Bros. zu Ende gebaut wurde. Es war ausschließlich mit dem Ziel gebaut worden, den Klipper THERMOPYLAE an Geschwindigkeit zu übertreffen, ein Schiff, das mancher Schriftsteller für das bessere hielt. Die Kontroverse um die Qualitäten beider Schiffe zog sich über mehr

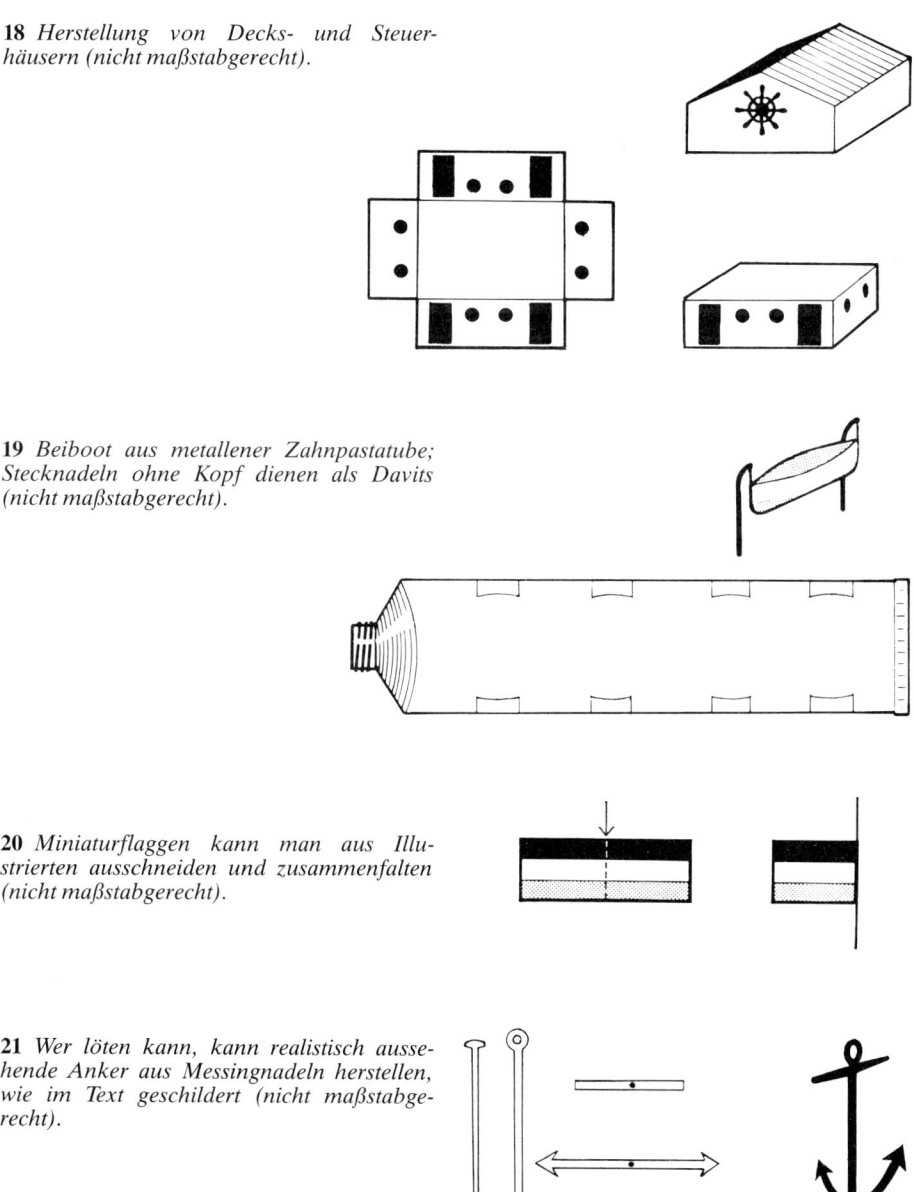

18 *Herstellung von Decks- und Steuer-häusern (nicht maßstabgerecht).*

19 *Beiboot aus metallener Zahnpastatube; Stecknadeln ohne Kopf dienen als Davits (nicht maßstabgerecht).*

20 *Miniaturflaggen kann man aus Illustrierten ausschneiden und zusammenfalten (nicht maßstabgerecht).*

21 *Wer löten kann, kann realistisch aussehende Anker aus Messingnadeln herstellen, wie im Text geschildert (nicht maßstabgerecht).*

als hundert Jahre hin und hört vielleicht nie ganz auf. THERMOPYLAE existiert nicht mehr, CUTTY SARK besteht weiterhin.

Merkwürdig genug, aber es gab nur eine Wettfahrt zwischen den beiden. Und die fand drei Jahre nach Fertigstellung der CUTTY SARK statt. Der Ausgang war nicht so recht zufriedenstellend, was die berühmte Frage nach den Vorzügen beider Klipper betraf: Die CUTTY SARK lag anfangs zwar deutlich in Führung, verlor im Indischen

Ozean aber ihr Ruder. In knapp einer Woche wurde unter anhaltendem Sturm ein Behelfsruder gebaut und angebracht, eine enorme handwerkliche und seemännische Leistung. Mit diesem Handicap erreichte sie nur eine Woche nach THERMOPYLAE den Hafen. Deswegen konnte man sich nie darüber einigen, welches wirklich das schnellere Schiff war. CUTTY SARK transportierte oft mehr als 1,25 Millionen Pfund Tee und legte häufig ein Etmal von mehr als 300 Meilen zurück.

Die letzte Fracht Tee transportierte sie acht Jahre nach Fertigstellung, und von da an fuhr sie jede Ladung, die sie bekommen konnte, wie Kohlen, Holz, Wolle, Palmenzucker und sogar Alteisen. 1895 wurde sie nach Portugal verkauft, unter dessen Flagge sie die nächsten 27 Jahre segelte. Ihr Rigg wurde zu einem Barkentinerigg verkleinert, und sie wurde in FERREIRA umbenannt. Von 1920 an lief sie für eine Reederei in Lissabon. Als sie 1922 London angelaufen hatte, griff das Schicksal ein: Während sie auf dem Rückweg nach Portugal war, wurde sie wegen ungünstiger Wetterbedingungen gezwungen, nach Falmouth zurückzulaufen. Dort wurde sie von Kapitän Dowman entdeckt, der sie einst als junger Seemann hatte vorübersegeln sehen. Er war recht wohlhabend, machte ein Preisangebot und erhielt sie schließlich für 3750 englische Pfund. So kehrte sie also in ihr Heimatland zurück und wurde von Kapitän Dowman restauriert, was bis 1924 dauerte. Sie verbrachte etliche Jahre in Falmouth. Und als Kapitän Dowman starb, vermachte seine Witwe das Schiff samt einer beträchtlichen Summe für die Instandhaltung dem „Thames Nautical Training College". Ihre letzte Seereise machte die CUTTY SARK, von einem Schlepper gezogen, als Begleitschiff des Schulschiffes WORCESTER. Als WORCESTER, ein altes Schiff, dann abgewrackt wurde, war CUTTY SARKs Zukunft in Frage gestellt, denn inzwischen war ein Eisenschiff im Besitz der Seefahrtsschule.

Der alte Klipper wurde vor Greenwich vermurt. Zum Glück gründete der Herzog von Edinburgh, der an allen nautischen Fragen interessiert war, das, was später die „CUTTY SARK Preservation Society" wurde, deren Ziel es war, die Summe von 250 000 englischen Pfund aufzubringen, um das Schiff in seine ursprüngliche Schönheit zurückzuversetzen. Das „Thames Nautical Training College" übereignete dieser Gesellschaft das Schiff als Geschenk, und 1953 wurden die Schiffspapiere dem Schutzherrn der Gesellschaft, dem Duke of Edinburgh, überreicht.

Das Trockendock in Greenwich, in dem die CUTTY SARK nun liegt, wurde großzügigerweise zum Selbstkostenpreis errichtet, und zu denselben Bedingungen wurde sie wieder aufgerigt. So wurde ein großartiges Schiff, zweifelsohne eines der schnellsten und bestgebauten seiner Zeit, für die Zukunft gerettet.

Der Name CUTTY SARK bedeutet so etwas ähnliches wie „Kurzes Hemd" und stammt aus dem Gedicht „Tam O'Shanter" von Robert Burns. Als Tam nach einer durchzechten Nacht auf seinem Pferd an der Kirche von Kirk Alloway vorbeiritt, sah er zu seinem Erstaunen dort etliche Hexen tanzen, alle, mit einer Ausnahme, äußerst häßlich. Die Ausnahme hieß Nannie und trug das erwähnte Kleidungsstück. Als Tam applaudierte, wurde alles dunkel, und der arme Tam mußte um sein nacktes Leben zur Doon Bridge fliehen, denn er wußte, daß Hexen kein Wasser überqueren konnten. Nannie allerdings, die leichtfüßiger und wahrscheinlich auch jünger war als die anderen, erwischte das Pferd am Schwanze, der dabei abriß. Wer das Schiff besichtigt, kann die Galionsfigur der Nannie sehen, wie sie den Arm ausstreckt, um das Pferd beim Schwanze zu schnappen.

Abgesehen von dem wundervollen Anblick des Schiffes, findet man an Bord eine äußerst interessante Kollektion von Modellen, Relikten, Büchern, Rissen und die

Der ständige Liegeplatz der CUTTY SARK ist in Greenwich. Sie eignet sich gut als Buddelschiff; nur geringfügige Änderungen im Rigg sind erforderlich.

wahrscheinlich schönste Sammlung von Galionsfiguren. Jeder, der sich für Segelschiffe interessiert, muß sie einfach sehen. Wer also nach London kommt, sollte sich das fest vornehmen.

Im Gegensatz zu der Art und Weise, in der Cutty Sark gerettet wurde, wurde ihre größte Rivalin, Thermopylae, 1896 von der portugiesischen Marine gekauft und umbenannt in Pedro Nunes. Im Jahr darauf wurde sie, nach nur einem Jahr als Schulschiff, außer Dienst gesetzt und bis 1907 als Kohlenhulk benutzt. Im Herbst desselben Jahres wurde sie bei einer Flottenparade versenkt, als ein portugiesisches Torpedoboot zwei Torpedos abfeuerte. Ein wahrhaft tragisches Ende für so ein herrliches Schiff!

Die Cutty Sark ist als Buddelschiff gut geeignet, selbst ein durchschnittlich begabter Bastler kann ein hervorragendes Modell dieses Schiffes bauen. Bei Unklarheiten kann er sich an Bord des Originals persönlich informieren. Die Abb. 22 zeigt nur das vereinfachte Rigg für den Einbau in Flaschen. Die einzige Schwierigkeit stellt das Schratsegel am Großuntermast dar, das sogenannte Schnausegel. Viele Buddelschiffbauer lassen es einfach weg. Doch für ein genaues Modell ist es wirklich wichtig, dieses Segel zu haben. Ob man es nun häufig benutzte oder nicht, ist zwar die Frage, aber ich habe es an allen meinen Cutty Sark-Buddelschiffen. Die Tatsache, daß diese Schratsegel nach nur relativ wenigen Jahren außer Gebrauch gerieten und die dreieckigen Stagsegel ein Comeback hatten, läßt vermuten, daß sie wahrscheinlich kein großer Erfolg waren.

Ich habe einmal von Anfang an alle Stunden zusammengerechnet, die ich für den Bau der Cutty Sark für eine 1-Liter-Dreiecksflasche brauchte, denn es wird so oft die unausweichliche Frage gestellt, wieviel Zeit man für ein Buddelschiff braucht. Es waren etwa 60 Stunden, wiewohl der Bau eines komplizierteren Modells viel, viel länger dauern kann. Wer klug ist, arbeitet an seinem Werkstück nur jeweils zwei Stunden hintereinander. Besonders bei einem Miniaturmodell ist dies völlig ausreichend, denn sonst leidet die Qualität des Stückes. Ich halte es auch für wichtig, nur bei Tageslicht zu arbeiten.

Die Anleitung in Kapitel 6 für den Bau eines Klippers für eine große Dreiecksflasche trifft bezüglich des Schnitzens und Aufriggens auch für die Cutty Sark zu, nur hat die Cutty Sark ein Schratsegel und einen weniger starken Sprung. Ihr Rumpf ist schwarz und an der Scheuerleiste und am Wasserpaß weiß abgesetzt. Das Unterwasserschiff war einst mit Münzmetall beschlagen, das man durch Kupferfarbe darstellen kann. Da aber der Bastler sehr wahrscheinlich nur eine der moderneren Dreiecksflaschen mit engerem Hals zur Verfügung hat, wird er kaum Platz für das Unterwasserschiff haben. Der Rumpf darf höchstens halb so hoch sein wie der Flaschenhals, eher weniger. Dadurch erspart man sich später viel Ärger mit Takelage und Aufbauten, von dem Raum ganz abgesehen, den die Führungsfäden unter dem Rumpf einnehmen.

Es gibt romantische Bilder, auf denen man die Cutty Sark unter Vollzeug sieht, mit enorm geblähten Segeln in einer See, die jedem Segelschiffsführer das Herz in die Hose fallen ließe. Sogar berühmte Maler mußten sich wegen dieser Darstellung von Seglerkapitänen Kritik gefallen lassen, denn in diesen hochtürmenden Wogen würde ein Schiff nur das Minimum an Segeln gesetzt haben. Auf jeden Fall läßt das geringe Raumangebot in einer Dreiecksflasche ohnehin so gebauchte Segel nicht zu.

In ihrer langen Laufbahn als Segelschiff war die Cutty Sark sehr verschieden angemalt, jetzt aber sind Untermasten, Gaffeln, Bäume und der Klüverbaum bis

68

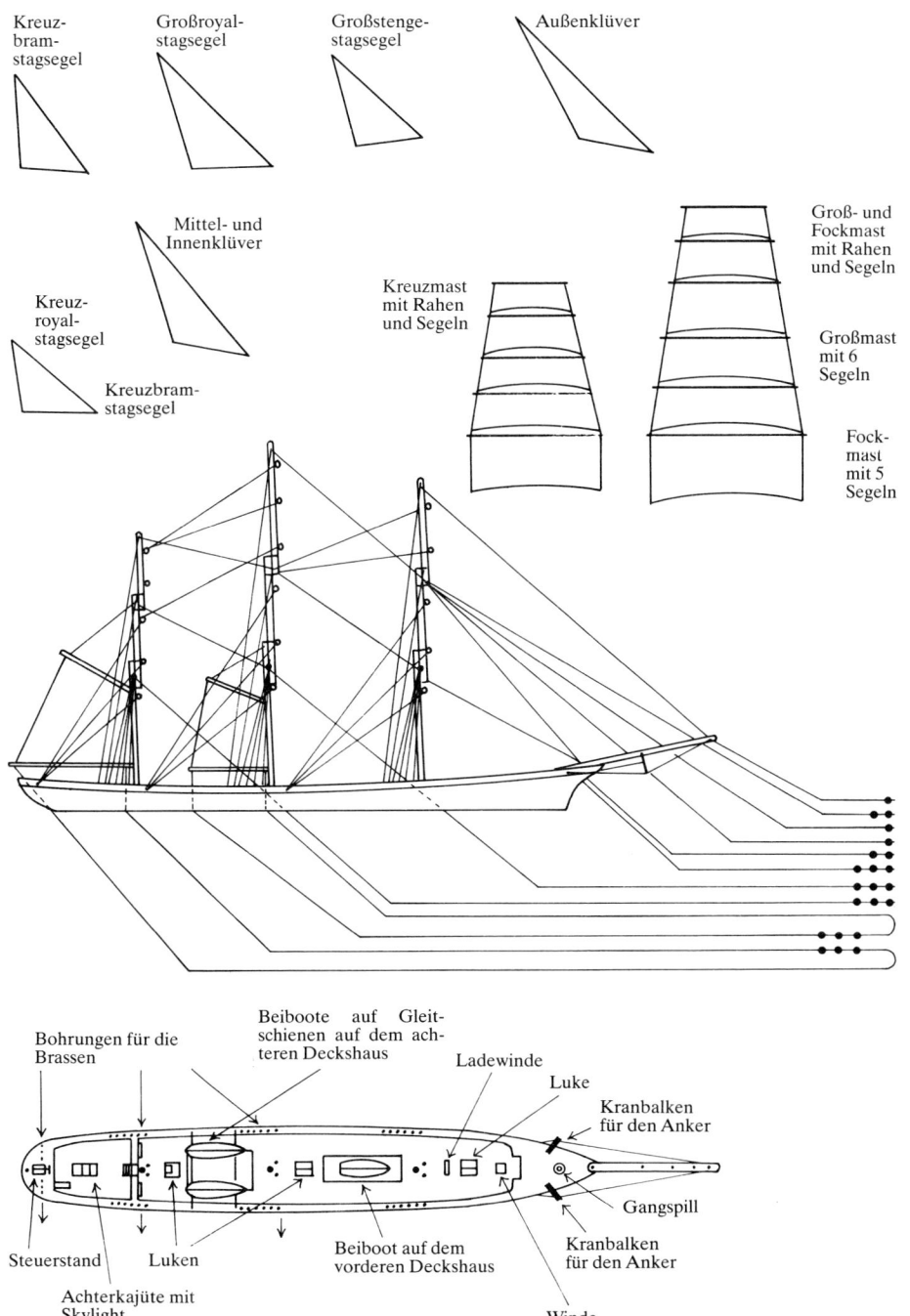

Kreuz-
bram-
stagsegel

Großroyal-
stagsegel

Großstenge-
stagsegel

Außenklüver

Mittel- und
Innenklüver

Kreuz-
royal-
stagsegel

Kreuzbram-
stagsegel

Kreuzmast
mit Rahen
und Segeln

Groß- und
Fockmast
mit Rahen
und Segeln

Großmast
mit 6
Segeln

Fock-
mast
mit 5
Segeln

Bohrungen für die
Brassen

Beiboote auf Gleit-
schienen auf dem ach-
teren Deckshaus

Ladewinde

Luke

Kranbalken
für den Anker

Steuerstand

Luken

Beiboot auf dem
vorderen Deckshaus

Gangspill

Kranbalken
für den Anker

Achterkajüte mit
Skylight

Winde

22 *Segel- und Decksplan für die* CUTTY SARK *mit Bohrungen für Decksaurüstung und Brassen.*

Zwei CUTTY SARK-Buddelschiffe des Autors: eins in einer großen und das andere in einer kleinen Dreiecksflasche.

zum Stampfstock weiß und die Rahen, Mars- und Royalstengen schwarz. Am besten läßt man sich eine farbige Ansichtskarte aus dem Laden an Bord der CUTTY SARK schicken.

Wie viele Modelle habe ich gesehen, die nur deswegen total mißlungen aussahen, weil sie viel zu viele Flaggen führten, und die meisten flatterten auch noch in die falsche Richtung! Normalerweise führte das Schiff die britische Handelsflagge an der Gaffelnock des Besans und die Reedereiflagge im Großmasttopp. Die Flagge von John Willis & Son zeigt ein rotes Kreuz auf einem weißen Rhombus vor dunkelblauem Hintergrund.

Ich habe von diesem Schiff eine besonders schöne dreidimensionale Farbpostkarte, die ich vor 15 Jahren in Boppard am Rhein in einem Andenkenladen gekauft habe.

Nie wieder habe ich so eine gesehen. Obwohl es nur eine Ansichtskarte ist, denkt man, sie sei 15 mm dick. Allerdings trägt das Schiff wieder Vollzeug, und das in einer See von mindestens Beaufort 7. Hätte es damals wirklich so viel Segel gesetzt, wäre es heute nicht in Greenwich!

Der Rumpf dieses Modells besteht aus einem Stück Hartholz von 12 × 1,75 × 1,75 cm Größe und wird genauso geschnitzt wie der Klipperrumpf in Kapitel 6, nur muß man beachten, daß Bug und Heck der CUTTY SARK etwas anders geformt sind, wie man auf der Bauzeichnung sieht. Nachdem man das Welldeck ausgeschnitten hat, werden die Bohrungen für Wanten und Pardunen gemacht; erst danach wird die endgültige Breite herausgeschliffen. Der Rumpf muß im Falle einer enghalsigen Flasche jetzt auf seine Dicke hin getestet werden, wobei man an den Spielraum für Lackschichten und an die außenliegenden Brassen denken muß. Alle anderen Anweisungen zum Bau eines Klippers gelten wie schon gesagt auch hier, mit Ausnahme des Schratsegels, welches nur eine Gaffel hat, aber keinen Baum. Es wird aber genauso gerriggt wie das Besansegel, und zur Einführung in die Flasche wird es genauso aufgerollt. Es muß besonders fest gerollt werden, damit es nicht verknickt.

Die Achterkajüte hat an jeder Seite fünf Bullaugen, und die Seitenwände sind weiß gemalt, ebenso wie die Dächer der beiden Deckshäuser und die Beiboote. Das Dach der Achterkajüte ist braun angemalt oder gebeizt, ebenso wie die Deckshauswände. Die beiden Luken haben schwarze Dächer und weiße Seiten, der Steuerstand ist braun und das Gangspill weiß. Den Anker für dieses Modell habe ich aus kleinen Messingnadeln hergestellt, wie oben beschrieben. Die Untermasten sind weiß, ebenso wie die Verdoppelungen, Masttoppen und Rahnocken. Das Skylight auf der Achterkajüte wurde durch ein winziges Stückchen Silberpapier dargestellt. Anschließend wurde das Modell mit dem Original-Plastikverschluß zugemacht, der rot angemalt und mit einem Türkenbund verziert wurde.

7

Segelschiffe nach der Klipper-Ära

Nachdem die hölzernen, eisernen oder in Kompositbauweise erstellten Klipper den neueren Anforderungen nicht mehr gewachsen waren, schuf man viel größere Schiffe, länger und höher. Eine Schiffahrtsgesellschaft allein hatte zwölf Eisenschiffe, alles Viermastvollschiffe von ca. 2000 Tonnen; jedes Jahr ließen sie eins davon bauen. Ende des 19. Jahrhunderts bis 1905, als der letzte große Rahsegler, die berühmte Bark ARCHIBALD RUSSEL (2385 Tonnen) am Clyde gebaut wurde, produzierten die schottischen Werften ein paar beachtliche Eisen- und Stahlfrachter. Die ARCHIBALD RUSSEL überlebte bis nach dem Zweiten Weltkrieg, den sie als schwimmende Getreidehandlung überstand. Erst 1949 wurde sie in Gateshead abgewrackt. Ursprünglich hatte diese Bark gemalte Bullaugen – manche Leute behaupten, das seien Überbleibsel aus den Tagen der Ostindienfahrer, die vorgetäuschte Stückpforten hatten, um die Piraten der fernöstlichen Gewässer abzuschrecken. Später wurde sie, sehr zum Nachteil für ihr Aussehen, schwarz angemalt, was aber dennoch ihre wundervollen Linien nicht verbergen konnte.

Die größten Segelschiffe wurden fast alle nach der Jahrhundertwende gebaut, mit einer Ausnahme: POTOSI. Sie entstand 1895 als Fünfmastbark, ein Rahsegler also, mit Ausnahme des Besanmastes, der gaffelgeriggt war. Sie war in Hamburg registriert und gehörte zur Flotte der Flying-P-Liner der Reederei F. Laeisz. Die Franzosen besaßen ebenfalls eine wunderbare Segelflotte; die FRANCE II aus Bordeaux war der größte Segler, der je gebaut wurde, mit 5633 Tonnen. Die Bark war mit einem Hilfsmotor ausgestattet. Diese Großsegler hatten alle Stahlmasten und -rahen und eine Takelage aus Stahltauwerk und Ketten. Etliche von ihnen haben Kap Hoorn unter Vollzeug umsegelt, so gut und stabil waren sie gebaut.

Meistens fuhren die Schiffe damals Salpeter oder Guano. Sie kamen aus Frankreich, Deutschland, England und Skandinavien, segelten rund Kap Hoorn und hinauf zu den Häfen an der Westküste Südamerikas, wo es dieses Zeugs in rauhen Mengen gab. Guano war wegen des fürchterlichen Geruches keine beliebte Ladung, aber er brachte enormen Gewinn. Diese Guanolager, die sich über Hunderte von Jahren gebildet hatten, bestanden aus phosphor- und stickstoffreichen Exkrementen von Seevögeln und wurden schon seit Generationen als Dünger genutzt, lange bevor überhaupt ein Weißer Südamerika betrat.

Die Anlaufhäfen waren nur Barackenstädte und existierten allein durch den Handel mit diesen Produkten. Wer kennt heute noch Häfen wie Iquique, Tocopilla und Coquimbo? Dennoch waren sie in jenen Tagen ein Mekka der Salpeterschiffe. Und die Deutschen hatten es hierbei zu einer wahren Meisterschaft im Laden und Löschen gebracht. Je mehr Reisen ein 5000-Tonner schaffte, um so größer war der

72

Gewinn für den Eigner; Eigner, die sich in erster Linie für Geld interessierten. Dennoch wurden diese Schiffe sehr gepflegt, obwohl die Fracht zerstörerisch auf die Segel wirkte und auch auf die Säcke, in denen der Guano transportiert wurde. Das Löschen und Laden war also unangenehm, eine wirklich eklige und stinkige Angelegenheit.

Eine andere, sehr beliebte Fracht war Weizen aus Australien. Die Riesensegler, die oft mehr als 40 000 Sack Weizen transportierten, haben manch beachtliche Reise gemacht, mit Geschwindigkeiten, die denen der früheren leichteren Klipper kaum nachstanden. Der Eigner der womöglich letzten und größten Weizenschiffsflotte war Gustaf Erikson aus Mariehamn auf den finnischen Ålandinseln. Manche Schriftsteller hielten ihn für knauserig, aber in Wirklichkeit war er nur ein gewiefter Geschäftsmann und Opportunist. In den Jahren nach dem Ersten Weltkrieg kaufte er Schiffe fast zu ihrem Alteisenwert auf, rüstete sie neu aus und setzte sie als Handelsschiffe ein.

Bei so kleinen Mannschaften blieb den Seeleuten gar nichts anderes übrig, als einfach seemännisch gut zu sein, um zu überleben. Man murrte zwar oft über die Nachteile des jeweiligen Eigners, aber fast alle waren loyale und zuverlässige Männer. Ruben de Cloux war so einer; groß gewachsen und von außerordentlichen Fähigkeiten, wußte er genau, wie er das Beste aus Schiff und Mannschaft herausholen konnte. Eins seiner Kommandos war Eriksons berühmtes Schiff HERZOGIN CECILIE. Als deutsches Kadettenschiff 1902 erbaut, war sie immer noch ein starkes und schönes Schiff, als sie 1936 ihr tragisches Ende fand: Sie hatte gerade nach 86 Tagen das „Grain Race", die Getreideregatta von Boston Island nach Falmouth, gewonnen, als sie im dichten Nebel am Hamstone Rock bei Salcombe auf Grund lief. Ich werde noch auf dieses Schiff zurückkommen, denn es war in vieler Hinsicht beachtlich.

Übrigens war Gustaf Erikson so um 1935 herum auch Eigner der ARCHIBALD RUSSEL. Viele dieser Großsegler machten sich Anfang 1936 von Boston Island aus, beladen mit australischem Getreide, auf die lange Reise nach Europa: HERZOGIN CECILIE, VIKING, OLIVEBANK, WINTERHUDE, ARCHIBALD RUSSEL, L'AVENIR, PENANG und POMMERN. Um eine Vorstellung ihrer Größe zu bekommen, muß man sich vor Augen halten, daß Fock-, Großsegel- und Kreuzsegelrah bei den Fünfmastern über 30 m maßen und acht bis neun Tonnen wogen. Die entsprechenden Segel wogen durchschnittlich etwa eine Tonne, und das auch nur, wenn sie trocken waren. Der Großmast der PREUSSEN maß vom Fuß bis zum Flaggenknopf 68 m, und die Gesamtlänge des stehenden und laufenden Gutes, das aus Stahltauwerk bestand, betrug 27 072 m, die des Hanfguts ca. 17 086 m. Sie trug 47 Segel von insgesamt ca. 4650 m^2, verglichen mit den rund 2980 m^2 von CUTTY SARK. Und sie verdrängte 5080 Tonnen, also ein gigantisches und wundervolles Schiff.

Wenn etwas bis zur höchsten Perfektion entwickelt worden ist, wie etwa Dampflokomotiven oder Straßenbahnen, sind seine Jahre gezählt. Die PREUSSEN wurde 1902 erbaut, und nur acht Jahre später erlitt sie vor Dover Schiffbruch. Regelmäßig erreichte sie als Durchschnittsgeschwindigkeit auf vielen Südamerikareisen elf Knoten. Sie war wirklich eins der beachtlichsten Schiffe aller Zeiten. POTOSI, ein fast gleiches Schiff, nur als Fünfmastbark geriggt, wurde von derselben Werft gebaut, nämlich J. C. Tecklenborg in Geestemünde. Sie hatte einen Bruttoraumgehalt von 4026 Tonnen und segelte einst vom chilenischen Tocopilla bis zum Englischen Kanal in der Rekordzeit von 56 Tagen. Während des Ersten Weltkrieges lag sie in Südamerika und wurde, wie so viele andere Segelschiffe, im Zuge der Reparationszahlungen an Frankreich abgegeben. Erst fünf Jahre nach Beendigung der Feindlichkeiten wurde sie wieder in Dienst gesetzt. Dann kam sie nach Valparaiso und wurde umbenannt auf Flora. 1925 wurde sie bei einem Brand zerstört.

Die letzte Fünfmastbark, ein großes Schiff von 3900 Tonnen, wurde 1921 auf der Werft von Ramage & Ferguson in Leigh gebaut. Es war das dänische Schulschiff København, vielleicht das beste Segelschulschiff aller Zeiten. Wie die Potosi hatte die København ursprünglich ein geteiltes Besansegel, welches später durch ein einziges Besansegel ersetzt wurde. Sie befand sich auf der Reise von Buenos Aires nach Adelaide, als sie spurlos verschwand. Man nimmt an, daß sie zwischen Dezember 1928 und Januar 1929 im Nebel mit einem Eisberg kollidierte und mit allen 59 Mann sank. Die einzige Spur, die man je von ihr fand, war ein Rettungsring mit den Buchstaben -havn, der Rest war unlesbar.

Der einzige, der 1939 noch Großsegler laufen hatte, war Gustaf Erikson, und zwar zehn Schiffe: Pamir, die 1957 als Ausbildungsschiff der deutschen Handelsmarine in einem Hurrikan sank, Passat, Pommern, jetzt ein schwimmendes Museum in Mariehamn, Archibald Russel, Viking, heute in Göteborg, Winterhude, Lawhill, jetzt als Hulk in Laurenco Marques, Killoran, Moshulu, die damals in nur 91 Tagen als Schnellste im „Grain Race" zu Hause war, und Olivebank, die am 12. September 1939 bei Esbjerg auf eine Mine segelte und samt Kapitän und 13 Mannschaftsmitgliedern unterging. Das letzte Schiff der Flying-P-Liner-Flotte, die Padua, wurde 1926 gebaut und gehörte Franz Laeisz. Auch sie nahm am letzten „Grain Race" teil und brauchte nur zwei Tage mehr als der Sieger.

Die anderen Schiffe, die an diesem denkwürdigen historischen Ereignis teilnahmen, waren Abraham Rydberg (Abraham Rydberg Association) und Kommodore Johnsen (Norddeutscher Lloyd). Wenn man sich überlegt, welchen Lohn früher ein Seemann erhielt, selbst damals noch, kann man nur folgern, daß es alles leidenschaftliche Seeleute gewesen sein müssen. Jedenfalls kann der Verdienst nicht der Anreiz gewesen sein. Die Ära der Segelfrachter dieser Größe ging mit Ausbruch des Zweiten Weltkrieges zu Ende. Die Welt wird so etwas nie mehr sehen und ist um dieses Erlebnis für immer betrogen.

Die Preussen — das größte Vollschiff der Welt

Solange ich mich erinnern kann, sind in zahllosen Fachzeitschriften, die sich mit See und Segelschiffen befassen, die Diskussionen in Gange, welches denn nun wirklich das größte Vollschiff war. Was die Wasserverdrängung betraf, war das größte Segelschiff die France II, aber nicht das größte Vollschiff, denn ein Vollschiff führt an allen Masten Rahsegel. Die France II aber war mit ca. 5663 Tonnen und 127 m Länge eine Fünfmast*bark,* denn ihr letzter Mast war gaffelgetakelt. Somit hat die Preussen mit 5080 Tonnen als einziges *Vollschiff* dieser Größenordnung den Anspruch auf diesen Titel. Sie war in Hamburg registriert und gehörte zur Flotte der Flying-P-Liner von Ferdinand Laeisz.

Wie bei vielen Schiffen dieser Ära, waren die Untermasten und Stengen bei der Preussen von gleicher Länge. Es wird behauptet, daß sie, ebenso wie ihr Schwesterschiff Potosi, eine Fünfmastbark, auf See niemals von einem anderen Schiff, ganz gleich, ob Segel- oder Dampfschiff, überholt wurde.

Aus der Sicht des Buddelschiffbauers ist die Preussen eins der schwierigsten Schiffe, wenn man bedenkt, daß fünf Masten, 30 Rahen, zwei Gaffeln und 47Segel durch den

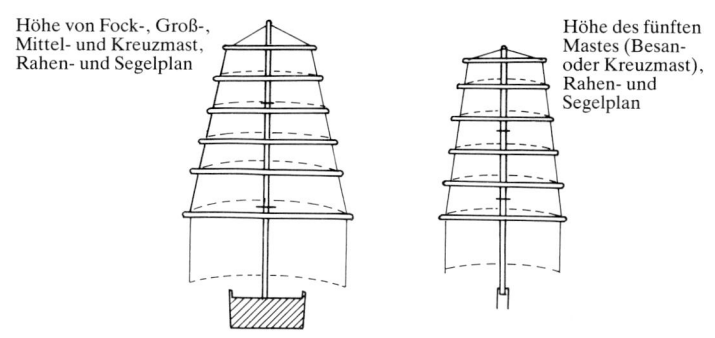

Höhe von Fock-, Groß-,
Mittel- und Kreuzmast,
Rahen- und Segelplan

Höhe des fünften
Mastes (Besan-
oder Kreuzmast),
Rahen- und
Segelplan

PREUSSEN
Alle Stagsegel und
Besansegel mit
Riggplan. Es werden
nur die Führungsfäden
zum Aufrichten der
Masten gezeigt, nicht
die Niederholer

Die Stagsegel A, B, C, D, E, F
dürfen nur an der unteren Ecke
angeklebt werden, sonst hindern
sie die Masten am Klappen. Sie
werden nach Aufrichten der
Masten auch oben festgeklebt

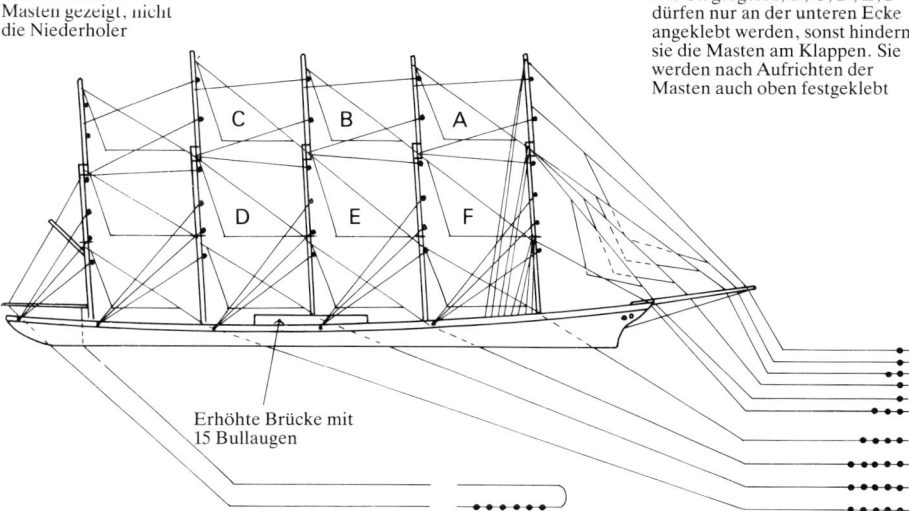

Erhöhte Brücke mit
15 Bullaugen

Vereinfachter Decksplan
Alle Flying-P-Liner waren
schwarz und weiß gemalt

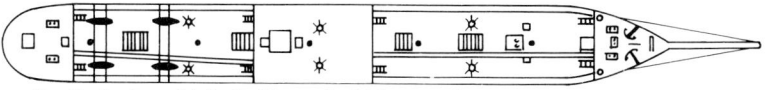

Der Decksplan zeigt die Positionen der 5 Masten und
4 Beiboote, von Brücke mit Kartenhaus, Laufbrücken,
Gangspills, Ankern und Ankerkran, Luken; das
Steuerrad ist zwischen Mittelmast und Kartenhaus

23 *Segel- und Decksplan für ein Modell der* PREUSSEN.

Flaschenhals gelangen sollen, ganz zu schweigen vom Rumpf und einem Großteil der Aufbauten und Decksausstattung, die schon vor dem Einbau in die Flasche gebracht sein müssen, vier der Beiboote inbegriffen. So kann also der Bastler die Schwierigkeiten ermessen. Trotzdem: Es *kann* vollbracht werden – mit Geduld, Hingabe und einer langen Flasche mit relativ dickem Hals. Das Endergebnis entschädigt mehr als genug für die Mühe. Ich habe eine 1-Liter-Whiskyflasche genommen, mit einem Halsdurchmesser von 17 mm.

Der Rumpf der PREUSSEN war 124 m lang, und die größte Breite betrug 16,30 m. Man schnitzt und riggt das Schiff genauso wie die anderen Rahsegler in diesem Buch. Abb. 23 zeigt einen geeigneten Bauplan, das Foto auf Seite 78 das fertige Stück. Um die Arbeit ein bißchen zu erleichtern, kann man den Rumpf etwas flacher machen, ohne daß es sich für das Modell nachteilig auswirkt. Denn die PREUSSEN war oft schwer beladen und lag dann tief im Wasser. Der Rumpf dieses Werkstückes ist 13 x 1,6 cm groß und inklusive Klüverbaum 14,9 cmlang. Die vier vorderen Masten, der Fock-, Groß-, Mittel- und „Laeisz-Mast", sind alle gleich lang, nämlich 56 mm; der Kreuzmast ist 50 mm lang. Wie man sieht, führte die PREUSSEN sechs Rahen pro Mast; vier ihrer unteren fünf Rahen waren zusammen 31 m lang, die Royalrahen 16 m. Natürlich mußte die enorme Menge an stehendem Gut, die dieses Schiff trug, für ein Buddelschiff vereinfacht werden, aber dies geschah so gut wie möglich dem Original entsprechend. Das meiste von der Decksausrüstung mußte wegen des geringen Maßstabes weggelassen werden, sonst würde das Modell unglaublich unordentlich und vollgestopft aussehen, wenn es überhaupt möglich wäre, jedes bißchen maßstabgerecht herzustellen. Dies kommt uns auch entgegen, wenn man sich vor Augen hält, daß das Schiff zehn Poller hatte, 22 Winschen für die Brassen, sechs Hauptdeck-Gangspills, acht Fallreeptreppen, dazu noch zahlreiche Skylights und Ventilatoren. Es sind also viele der kleineren Ausrüstungsstücke weggelassen worden. Auch die Wanten und Pardunen wurden verringert, da es nicht möglich ist, so viele Bohrungen auf diesem kurzen Stück unterzubringen, ohne daß sie ineinanderlaufen. Ein berühmter Miniaturschiffbauer, der verstorbene C. Hampshire, sagte einst: „Besorge dir ein Foto deines Projektes. Was du darauf nicht erkennst, läßt du aus!" Hampshire hatte einmal eine Miniatur der QUEEN MARY ausgestellt, so klein wie ein Füller, und obwohl er sämtliche Bullaugen dargestellt hatte, fehlten natürlich unzählige andere Einzelheiten. Ich habe viele Modelle gesehen, die an sich wunderbar gelungen waren, nur sie waren wegen Dutzender von Blöcken unmöglich; denn nähme man deren Maßstab ernst, wären sie so groß wie ein Gangspill! Wer *eine* Kleinigkeit darstellt, muß *jede* darstellen.

Die PREUSSEN hatte vier Beiboote achtern, und da es nicht gegangen wäre, sie hinterher einzufügen, wurden sie vorher angebracht. Doch die meisten Aufbauten und Ausrüstungsstücke wurden nach dem Einbau in die Flasche angebracht. Wegen all der Masten, Rahen, Gaffeln und Segel stellt so ein komplexes Schiff ein wirkliches Problem dar. In eine Normalflasche muß man es förmlich hineinquetschen. Man muß daran denken, daß auf dem Bauplan alle Niederholer für Fock-, Groß-, Mittel- und „Laeisz"-Mast ausgelassen worden sind, damit sie nicht verwirren, ebenso wie die Brassen am Kreuzmast.

Der Mittelmast steht mit Scharnieren auf der Brücke, was noch zur Sperrigkeit des Modells beiträgt, wenn es gefaltet ist. Doch mit Genauigkeit und Geduld kann man die PREUSSEN sicher in die Flasche bringen; ich kenne allein sechs Könner, denen außerordentlich gute Modelle der PREUSSEN gelungen sind.

Dieses hervorragende, maßstabgetreue Modell der PREUSSEN *steht im San Francisco Maritime Museum.*

Die PREUSSEN hatte zwei erhöhte Laufbrücken, die vordere längsschiffs verlaufend, die achtere quer. Falls der Bastler es sich nicht zutraut, alle 47 Segel hineinzubringen, kann man sie auch völlig weglassen. Man findet in Museen viele solcher Modelle, die wirklich gut aussehen. Natürlich ist dann das Rigg eben vorrangig. Zum Ende der Segelschiffsära, zu den Zeiten der Stahlschiffe wie der PREUSSEN, waren die verschiedenen Rahen alle gleich lang, also austauschbar, während in den Tagen der Klipper die Rahen von Fock-, Groß- und Kreuzmast sämtlich verschieden waren. Später wurden viele Viermaststahlschiffe gebaut, die pro Mast nur fünf Rahen hatten und daher „Kahlköpfe" genannt wurden (jedenfalls in England). Eins dieser Schiffe war die POMMERN, ein Flying-P-Liner. Offensichtlich verringerte dieses verkürzte Rigg die Geschwindigkeit nicht sonderlich, deswegen baute man mehrere Schiffe damit.

Schäden an den Segeln kamen recht häufig vor, wenn der Kapitän sie beispielsweise etwas spät bergen ließ. Fast alle Segler hatten drei Satz Segel an Bord, die ältesten benutzte man in den ruhigeren, wärmeren Meeren. Aber ein Kapitän, der einen guten Satz Segel ruinierte, war in Gefahr, seinen Posten zu verlieren, es sei denn, er hatte einen wirklich triftigen Grund.

Um 1930 herum und später liefen die Segelschiffe auf dem absoluten finanziellen Minimum, und oft war nur die Fracht, nicht das Schiff, versichert. Dies war allerdings lange nach der PREUSSEN, die 1910 ihr Ende fand, als sie zwischen Dover und St. Margaret's Bay mit dem Kanalschiff BRIGHTON kollidierte, dessen Kapitän ihre Geschwindigkeit unterschätzt hatte. In Sichtweite des Landes erlitt das größte Vollschiff der Welt Schiffbruch. Zwölf Schlepper versuchten vergeblich, es wieder flottzumachen; noch heute, nach fast 80 Jahren, kann man in Fan Bay Reste dieses Schiffes sehen.

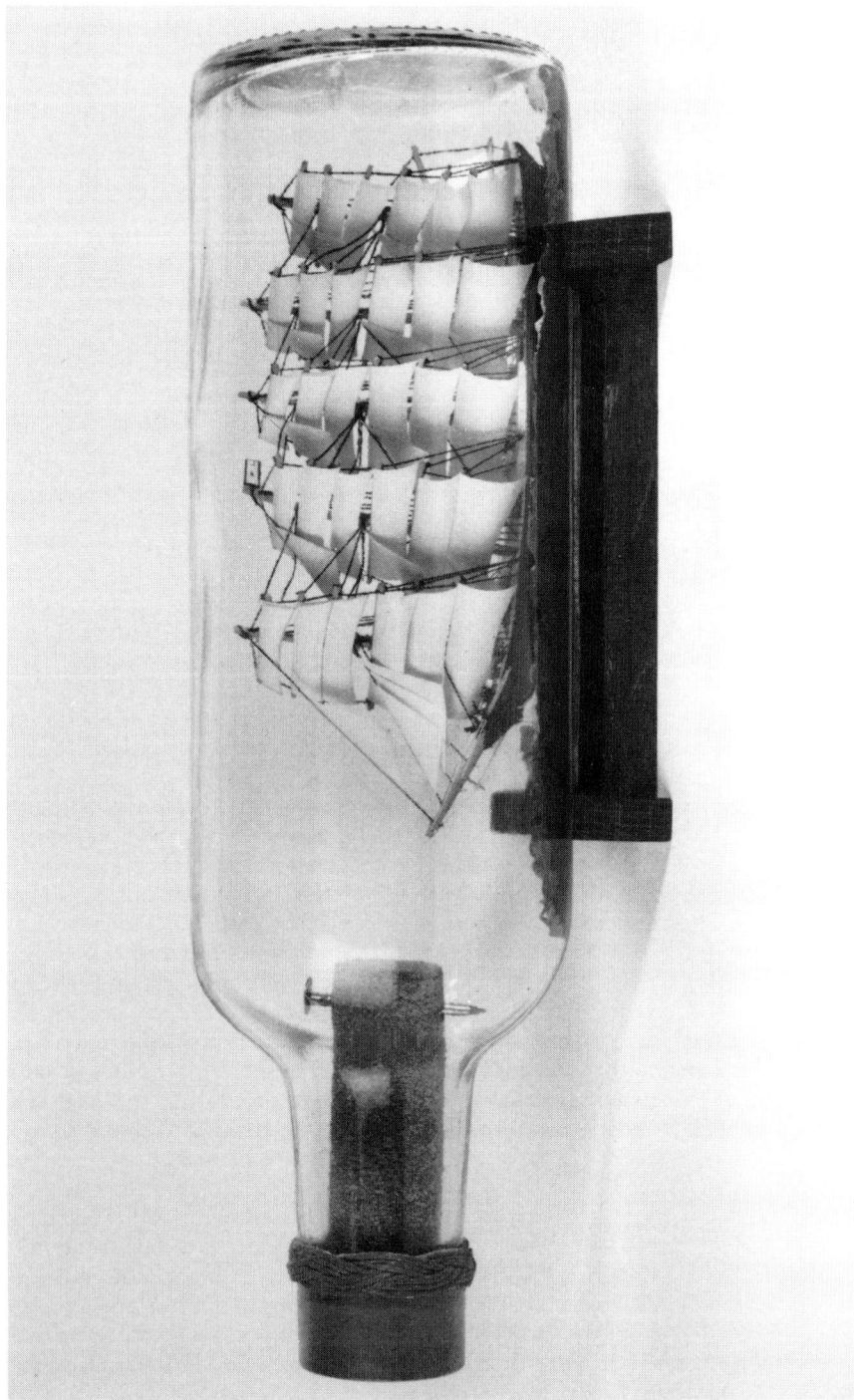

Das Fünfmastvollschiff Preussen, *vom Autor erstellt. Man beachte den durchbohrten Korken (Bauanweisung in Kapitel 11).*

Die unteren Rahen der PREUSSEN wogen so um zehn Tonnen; man kann sich also gut vorstellen, welch ehrfurchtgebietenden Anblick sie auf See geboten hat. In den letzten Jahren hat man viel darüber verlauten lassen, eine neue Generation von Frachtseglern zu erstellen. Gedacht ist dabei an Schiffe von 12 000 Tonnen mit vereinfachtem Rigg und arbeitssparenden Geräten, um nur eine möglichst kleine Mannschaft zu benötigen. Mir scheint, es gibt keinen logischen Grund dafür, eine solche Flotte nicht zu bauen, zumindest gäbe es hierdurch nicht die Ölpest, die in unserem Zeitalter das See- und Meeresleben so sehr dezimiert. Der Hauptgrund für die Abschaffung der großen Lastsegler war der nicht mit Bestimmtheit vorhersagbare Liefertermin für die Ladung. Doch bei Gebrauch von Hilfsmotoren könnte man diese Schwierigkeit leicht überwinden.

HERZOGIN CECILIE

Dieses deutsche Kadettenschiff von ursprünglich 3242 Tonnen wurde 1902 bei Rickmers in Bremerhaven gebaut und hatte eine Crew von 100 Jungen und Männern. Sie war eins der berühmtesten Schiffe der Welt und unbestritten das zweitschnellste Segelschiff überhaupt. 1931 erreichte sie bei Skagen nachweislich eine Geschwindigkeit von 20¾ Knoten, und 1930 segelte sie beim Kap der Guten Hoffnung 365 Meilen in 23½ Stunden.

Gustaf Erikson kaufte sie, nachdem die Deutschen sie im Zuge der Reparationszahlungen nach dem Ersten Weltkrieg an Frankreich abgegeben hatten. Erikson sah ihre größte Chance als Getreideschiff, als welches sie sich auch bestens bewährte. Der Kapitän der HERZOGIN CECILIE, Ruben de Cloux, schloß sich mit einem ebenso berühmten Seemann zusammen, mit Commander Alan Villiers. Gemeinsam erwarben sie die PARMA, einen ehemaligen Flying-P-Liner. Und als Ruben de Cloux deswegen von der HERZOGIN CECILIE abmusterte, wurde der Erste Offizier an Bord des Schiffes, Sven Eriksson, ein noch recht junger Mann, zum Kapitän befördert. Zwischen ihm und seinem Schiff entwickelte sich eine ganz besondere Harmonie.

Gleichfalls von den Ålandinseln, wenn auch kein Verwandter des Eigners, wurde Kapitän Eriksson schnell bekannt wegen seiner großartigen Seemannschaft und seiner festen, aber menschlichen Führung der Crew, die oft nur aus 18 Mann bestand. Er wußte, wie er das Beste aus der Mannschaft herausholen konnte; sein Schiff machte ein paar unglaublich schnelle Reisen mit Getreide. Allerdings hatte es auch seine Portion Pech. Einmal explodierte in Belfast der Kessel der Hilfsmaschine, die die Winschen und das Gangspill antrieb. Das war ein entsetzlicher Unfall, und obendrein war auch die Reparatur sehr kostspielig. Dieses Schiff war aber mit wahrhaft teutonischer Effizienz so stabil gebaut worden, daß es viele Wechselfälle überstand. Und selbst noch nach 1930 segelte es mit seinem Kapitän, der noch keine 30 Jahre zählte, manch ein jüngeres Schiff aus.

Ich habe ein großes Modell der HERZOGIN CECILIE gebaut, 71 cm lang. Es war eine angenehme Aufgabe, die mich über zwei Jahre beschäftigte. Dazu brauchte ich noch einmal soviel Zeit für die vorhergehenden Recherchen. Dieses Schiffsmodell, welches in einem Schaukasten aus Plexiglas steht, hat einen laminierten Rumpf von 3,2 mm Dicke, der aus 13 Schichten besteht. Das Doppelsteuerrad betätigt das Ruder mit Hilfe von Armbanduhrteilen. Die zwei Schiffsglocken wurden aus den Messingenden zweier ausrangierter Kugelschreiber hergestellt und die Poopreling aus Bindedraht, der an 52 Relingsstützen angelötet wurde. Masten und Rahen sind

Dieses schöne Modell der HERZOGIN CECILIE *wurde vom Autor selbst gebaut. Eigentlich wollte er es als Segelmodell bauen, aber dann entschied er sich, es in einem Schaukasten aufzustellen. Der hohle Rumpf besteht aus 13 Schichten Laminat, und das Doppelsteuerrad bediente wirklich das Ruder. Der Mechanismus besteht aus Teilen einer Armbanduhr, und einige der kleineren Zahnräder sind in dem Steuerstand am Heck. Es erforderte etwas mehr als zwei Jahre, das Modell zu bauen. Mit 71 × 38 × 13 cm ist es zwar etwas zu groß für eine Flasche, aber das Foto eignet sich gut als Vorlage für diejenigen, die die* HERZOGIN CECILIE *als Buddelschiff bauen wollen.*

aus Holz; und die Stützen für die Handläufe auf den Rahen bestehen aus über 636 Nadeln, deren Köpfe entfernt und die in vorgebohrte Löcher auf den Rahen geschlagen wurden. Das Geländer wurde an die Nadeln angelötet. Ich habe 86 Spannschrauben aus Stahl gedreht, und der Rumpf hat nicht weniger als 72 Bullaugen.

Je länger ich recherchierte, um so größer wurde mein Interesse. Und da ich immer ein begeisterter Radfahrer war, entschied ich mich 1959, eine Radtour nach Salcombe in Süd-Devon zu machen, um auf den Klippen von Bolt Head zu stehen und nach Starehole Bay zu fahren, wo das Unglücksschiff sein unrühmliches und tragisches Ende fand. Das Schicksal wollte es, daß es ein wunderbarer, windstiller Tag war, und draußen im ruhigen Wasser konnte ich gerade den Umriß des Stahlrumpfes der HERZOGIN CECILIE ausmachen. Später wurde sie gesprengt, denn bei Ebbe stellte sie ein Schiffahrtshindernis dar. Die Aufbauten und Teile der Ausstattung wie z. B. der Kartenraum, die Kapitänskajüte, Rahen und Segel, die Galionsfigur usw.

wurden zurück nach Finnland gebracht und sind nun im Heimathafen des Schiffes, Mariehamn, im Seefahrtsmuseum zu sehen.

Die HERZOGIN CECILIE besaß ein langes, hohes Poopdeck und ein kurzes Welldeck, so daß die Mannschaft relativ trockene Arbeitsbedingungen hatte. Eine kleine Brücke verband das Poopdeck mit dem Vordeck, damit man bei schlechtem Wetter vermeiden konnte, das Welldeck zu betreten. Über dem Welldeck waren vier Beiboote gestaut, zwei weitere am Heck auf Slipwagen und in Davits hängend. Als Buddelschiff ist dieses Schiff sehr schwer herzustellen, aber mit Geduld und Entschiedenheit kann man es schaffen.

8

Mehrmastige Schoner in Amerika

Um die Jahrhundertwende gab es in Nordamerika eine Menge fünf- und sechsmastiger Schoner. Soweit ich weiß, ist aber keiner mehr erhalten. Diese Schiffe, fast alle an der Ostküste in Maine, Massachusetts, Connecticut und anderswo gebaut, transportierten Bauholz, Kohlen, Granit und Zement. Viele der Eigner, die gern eine „schnelle Mark" machen wollten, überluden die Schoner oft dermaßen, daß man häufig Bilder sieht, auf denen die hochgetürmte Decksladung es dem Rudergänger fast unmöglich machte, den Klüverbaum zu sehen. Das waren die „Arbeitspferde" der Küste, bei den Mannschaften oft „Armenhäuser" oder „schwimmende Särge" genannt, um nur die druckreiferen Bezeichnungen wiederzugeben. Viele segelten mit nur ganz wenig Zentimetern Freibord, fast auf gleicher Höhe mit der See. Oft hatten diese Fünf- oder Sechsmaster nur eine Mannschaft von zehn oder elf Mann; und es geht das Gerücht, daß manch ein Eigner sich unterstand, eine falsche Lademarke oberhalb der echten zu malen, und zwar mit dem Argument, daß ein Holzschiff, bis obenhin mit Holz beladen, nicht sinken könnte. Verständlicherweise heuerte ein Seemann nur ungern auf diesen Schiffen an, und nur die reine Verzweiflung oder eine Gesetzesverfehlung konnte einen Mann dazu bringen, auf diesen Schiffen zur See zu fahren. Während der Depression nach dem Ersten Weltkrieg wurden viele dieser Schoner aufgelegt und verrotteten langsam. Manche wurden in den Tagen der Prohibition als Schwarzbrennerei benutzt oder zum Schmuggeln von Spirituosen, was zur Folge hatte, daß zahlreiche vom Zoll versenkt wurden. Andere wurden an Pontons vertäut und in schwimmende Spelunken oder Spielhöllen verwandelt, wobei sie dann verrotteten oder verbrannten. Der einzige siebenmastige Schoner dieser Art war THOMAS W. LAWSON, dazu noch einer der wenigen eisernen.

Es ist gar nicht so schwer, einen fünf- oder sechsmastigen Schoner in eine Flasche zu bringen, auf jeden Fall ist es leichter als bei einem Rahsegler. Voraussetzung dafür ist aber eine lange Flasche, nicht nur wegen des langen Rumpfes, sondern auch wegen der Masten, die in geklapptem Zustand weit über das Heck hinausragen. Ganz hinten am Heck hatten die meisten auch noch ein Beiboot an Davits, welches den Einbau erschwert. Dies kann aber nachträglich angebracht werden, wenn die Masten stehen.

Wenn der Rumpf nicht zu knapp durch den Flaschenhals geht, kann man die Segel bis unter den Boden des Schiffes wickeln, während das Modell in die Flasche geschoben wird. Mit etwas Sorgfalt besteht dabei auch keine Gefahr, ein Segel zu verknicken, und die Gaffeltoppsegel sind schon am Mast befestigt. Obwohl ein langer Schoner möglicherweise als nicht so attraktiv empfunden wird wie ein Rahsegler, ist

seine Konstruktion doch sehr interessant. Viele Bastler bauen lieber Klipper oder
ähnliche Schiffe, ich ziehe es aber vor, so viele verschiedene Takelungsarten nachzu-
bilden wie möglich. Und von den Ausstellungen weiß ich, wie viele Leute noch nicht
einmal eine Ahnung davon haben, daß es Schiffe wie z. B. diese fünf-, sechs- und siebenmastigen Schoner überhaupt je gab.

Das Modell eines typischen Sechsmastschoners

Dieses Modell ist ein Sechsmastschoner vom „Great Lakes"-Typ, wie sie Anfang
1900 in den USA gebaut wurden (Abb. 24, Seite 84). Der Rumpf besteht aus einem
Stück Hartholz von 15,6 × 2,2 cm Größe. Anfangs wurde das Schanzkleid 3,2 mm
dick gelassen, dann wurden die Löcher hineingebohrt, und anschließend erst wurde
die Schanz auf 2,4 mm Dicke heruntergeschmirgelt. Wenn man es so macht, vermeidet man, daß das Schanzkleid splittert. Masten und Klüverbaum wurden aus
1,6-mm-Dübeln gefertigt. Der Klüverbaum wurde in eine 1,27 cm tiefe Bohrung eingepaßt, um dem Zug von sechs Masten standzuhalten. Ansonsten wird dieser
Schoner fast genauso gebaut wie der viermastige aus Kapitel 4. Nur, wer will, kann
noch Extra-Führungsfäden anbringen, so daß sich jeder Mast einzeln bedienen läßt.
Zu diesem Zweck befestigt man Fäden an den Toppen des sechsten, fünften, vierten,
dritten und zweiten Mastes. Vor jedes Mastscharnier kommt eine Bohrung; der
Faden wird von jedem Masttopp durch die Verdoppelung des jeweils davorstehenden
Mastes geführt, durch dasselbe Loch mit dem ganz und gar durchlaufenden Stag, das
ganz hinten am Heck beginnt und befestigt ist. Der Faden wird dann vorn direkt am
nächsten Mast heruntergeführt. Das ergibt Einzelkontrolle für jeden Mast; und
obwohl es Mehrarbeit bedeutet, ist es der Mühe wert.
Den Rumpf kann man schwarz, grau oder dunkelrot anmalen; entlang der Scheuerleiste hat er eine weiße Linie. Die macht man sauber und ordentlich mit dem Wasserpaßmarkierer aus Kapitel 1. Die Segel werden aus gutem Schreibmaschinenpapier

Ein Sechsmastschoner, typisch für die Great Lakes.

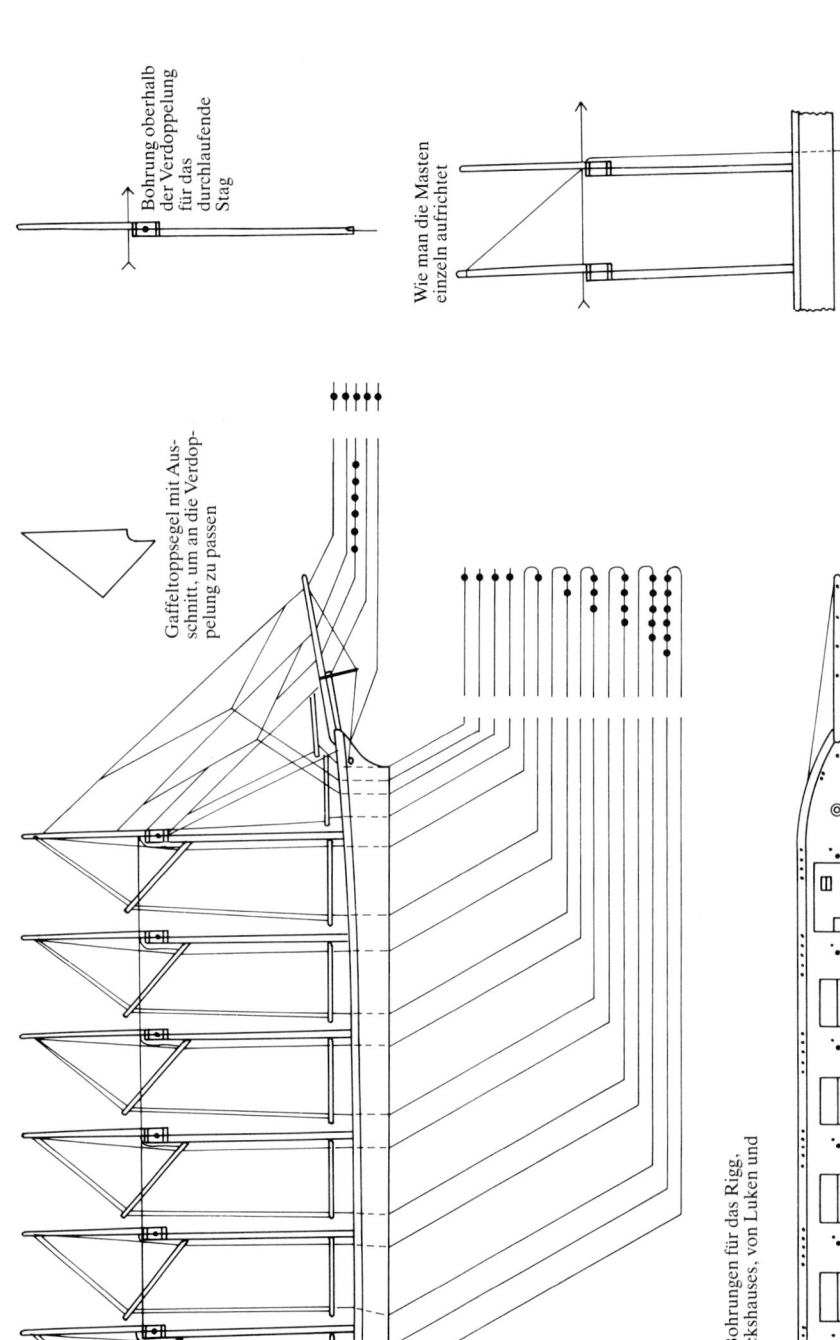

Bohrung oberhalb
der Verdoppelung
für das
durchlaufende
Stag

Wie man die Masten
einzeln aufrichtet

Gaffeltoppsegel mit Aus-
schnitt, um an die Verdoppelung zu passen

Decksplan mit Bohrungen für das Rigg,
Position des Deckshauses, von Luken und
Beiboot

24 *Bauplan für einen Sechsmastschoner, wie sie Anfang 1900 in den USA gebaut wurden.*

hergestellt und die Gaffeltoppsegel mit wenig Klebstoff hinten an ihren Mast geklebt. Vorausgesetzt, man hat ca. 1,6 mm Spielraum zwischen Flaschenhals und Rumpf, kann man, wie schon gesagt, die langen Segel mitsamt den Bäumen und Gaffeln ganz einfach um den Rumpf rollen, wobei es sehr wichtig ist, daß sie sicher an Gaffeln und Bäumen angeklebt sind. Aus dem Bauplan ist ersichtlich, daß unser Modell drei Wanten und eine Pardune pro Mast hat und an Backbord eine Extra-bohrung für den Niederholer hinten an jedem Baum. Der vordere Niederholer wird natürlich durch die Bohrung hinter den Fockmastscharnieren geführt.

Das Beiboot wurde aus Blech hergestellt und direkt an die Davits aus Messingnadeln gelötet. So war es nicht so schwierig, das Boot mitsamt den Davits in die beiden ent-sprechenden Bohrungen achtern im Schanzkleid zu bugsieren. Diese Löcher dürfen höchstens 1,6 mm tief sein, sonst geht das Loch durch bis zur Gillung. Masten, Bäume, Gaffeln und Klüverbaum sollten sandfarben sein, das Deck „ausgebleichtes Teak", Beiboot und Deckshaus weiß. Die Luken können oben schwarz oder grün sein mit weißen Seiten, die beiden Skylights auf dem vorderen Deckshaus werden durch kleine Stückchen Silberpapier dargestellt. Ideal für dieses Modell ist eine lange, farblose Weinflasche; auf einem polierten Holzstand sieht sie sehr reizvoll aus.

9

Schiffe in großen Flaschen

Im Laufe der letzten zwei Jahre habe ich zwei Schiffsmodelle in große Flaschen eingebaut. Es handelte sich um 4,5-Liter-Whiskyflaschen von 46 × 14 cm. Die eine war
farblos und fehlerfrei, was bei so großen Flaschen nicht so häufig vorkommt. Auf
einer Seite waren erhaben drei Wörter ins Glas gepreßt, deswegen habe ich diese
Hälfte der Flasche blau angemalt. Das überdeckt die Schrift, ergibt einen freund-
lichen blauen Himmel als Hintergrund und bringt die weißen Segel und das Rigg sehr
vorteilhaft zur Geltung.

Das eine Modell ist eine typische Viermastbark mit einer Rumpflänge von 19,7 cm,
Gesamtlänge 23 cm. Der Hals dieser großen Flasche hat erstaunlicherweise nur
einen Durchmesser von 29 mm. Also machte ich den Hartholzrumpf nur 25 mm breit
und 16 mm dick. Bei Modellen dieser Größe ist von Vorteil, daß Masten, Rahen und
Klüverbaum nicht so überdimensioniert aussehen wie bei Modellen von vielleicht
nur 13 cm Länge, wo die Masten und Spieren ja zu dick sein *müssen,* um den vielen
Bohrungen standzuhalten. Also kann bei einem großen Modell alles viel maßstabge-
treuer sein. Und nicht nur das, man kann auch viel mehr Einzelheiten darstellen, wie
z. B. Fallreepstreppen für Vor- und Poopdeck, ganz kleine Bullaugen aus Messingnadeln, verschiedene Poller, das Beiboot kann drei Ruderduchten bekommen usw.
Eselshäupter können an die Verdoppelungen, die ich aus Aluminiumblech herstellte;
dann sind alle Wanten und Masten absolut korrekt, was bei kleinerem Maßstab
einfach nicht machbar ist.

Die Viermastbark ist in jeder Hinsicht ein kleineres und entsprechend geändertes
Modell der Preussen aus Kapitel 7. Ihre Maße sind so, daß sie, wenn sie in ihre Knet-
masse- „See" gebettet ist, mit dem Fock-, Groß- und Kreuzmast oben genau die Flaschenwand berührt.

Das andere Modell ist eine Viermastbarkentine, die am Fockmast rahgetakelt und an
den anderen Masten gaffelgeriggt ist. Dieses Modell hat obendrein noch ein Minia-
turbuddelschiff in seinem Flaschenhals (siehe Foto auf Seite 89).

Es ist etwas problematisch, mit Flaschen dieser Länge zu arbeiten, und man muß
auch daran denken, die Führungsfäden entsprechend länger zu machen, sich auch
mit etlichen recht starken Hilfsdrähten von 60 cm Länge versehen, um z. B. Kinken
im Rigg wieder klarzubekommen oder Klebstoffspuren abzuwischen. Um die See
einzupassen und zu realistisch aussehenden Wellen zu formen, braucht man unbedingt einen Draht von 6 bis 7 mm Dicke und einen anderen, am Ende ca. 13 mm
rechtwinklig umgebogen, für die Aufbauten und die Decksausstattung.

Die Viermastbarkentine hat einen Rumpf von 19,7 cm Länge und mißt mit Klüverbaum 23 cm. Diese Viermastbarkentinen waren praktische Fahrzeuge, denn mit
so einem schlichten Rigg benötigten sie nur eine kleine Mannschaft, konnten aber

Rechts: 25 *Segel, vereinfachtes Rigg und Decksplan für eine Viermastbark. (Wanten und Pardunen sind nur auf der Steuerbordseite dargestellt.)*

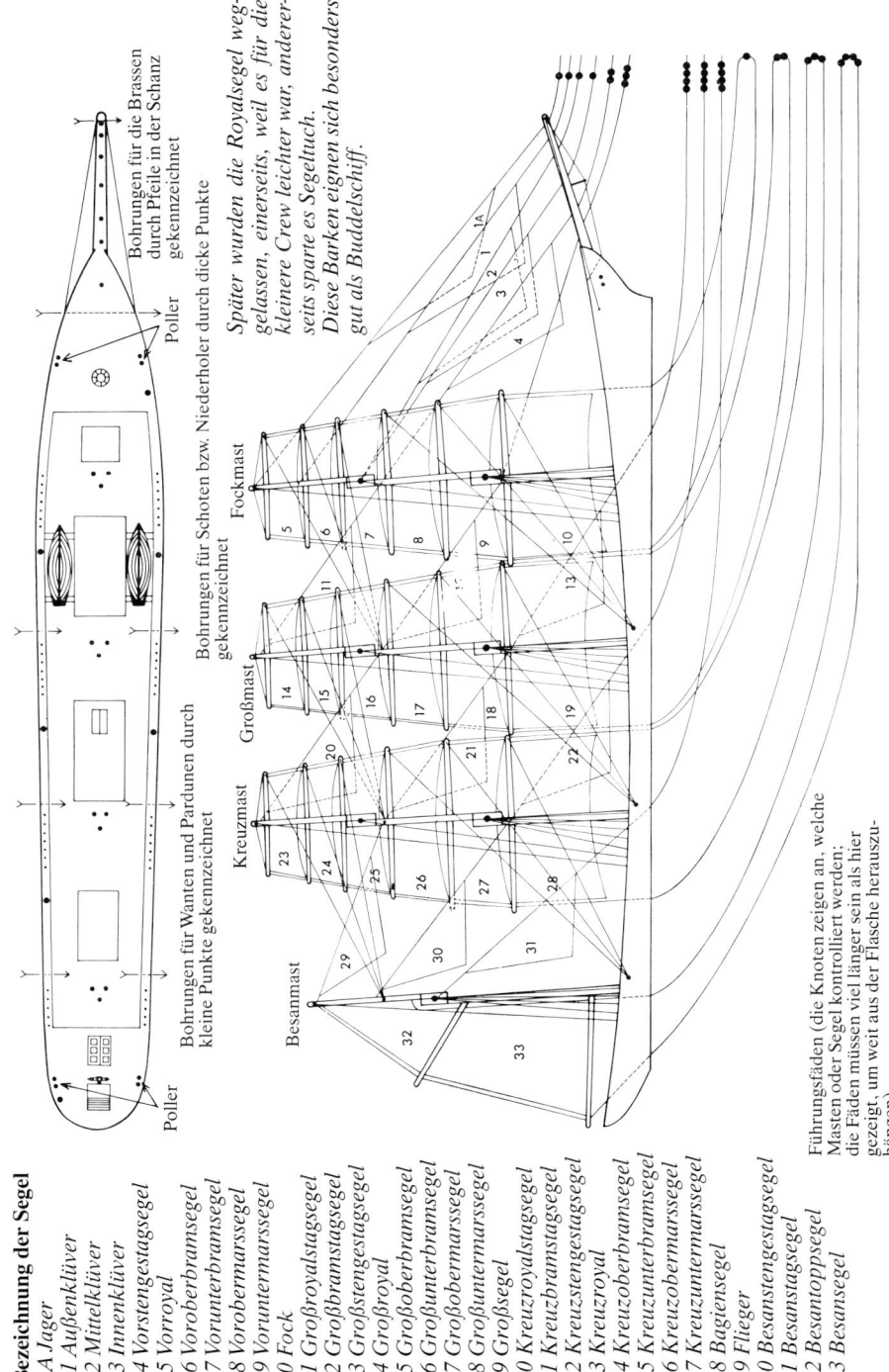

Bohrungen für die Brassen durch Pfeile in der Schanz gekennzeichnet

Poller

Bohrungen für Schoten bzw. Niederholer durch dicke Punkte gekennzeichnet

Bohrungen für Wanten und Pardunen durch kleine Punkte gekennzeichnet

Poller

Später wurden die Royalsegel weggelassen, einerseits, weil es für die kleinere Crew leichter war, andererseits sparte es Segeltuch. Diese Barken eignen sich besonders gut als Buddelschiff.

Fockmast

Großmast

Kreuzmast

Besanmast

Führungsfäden (die Knoten zeigen an, welche Masten oder Segel kontrolliert werden; die Fäden müssen viel länger sein als hier gezeigt, um weit aus der Flasche herauszuhängen)

Bezeichnung der Segel

1A Jäger
1 Außenklüver
2 Mittelklüver
3 Innenklüver
4 Vorstengestagsegel
5 Vorroyal
6 Voroberbramsegel
7 Vorunterbramsegel
8 Vorobermarssegel
9 Voruntermarssegel
10 Fock
11 Großroyalstagsegel
12 Großbramstagsegel
13 Großstengestagsegel
14 Großroyal
15 Großoberbramsegel
16 Großunterbramsegel
17 Großobermarssegel
18 Großuntermarssegel
19 Großsegel
20 Kreuzroyalstagsegel
21 Kreuzbramstagsegel
22 Kreuzstengestagsegel
23 Kreuzroyal
24 Kreuzoberbramsegel
25 Kreuzunterbramsegel
26 Kreuzobermarssegel
27 Kreuzuntermarssegel
28 Bagiensegel
29 Flieger
30 Besanstengestagsegel
31 Besanstagsegel
32 Besantoppsegel
33 Besansegel

eine große Ladung fahren. Viele dieser Schiffe wurden kurz nach der Jahrhundertwende gebaut, sehr gute Stahlschiffe und, aus der Sicht des Eigners, viel ökonomischer. Es gab viermastige Barkentinen, aber auch fünf- und sechsmastige, von denen viele mit kraftsparenden Geräten wie z. B. Dampfwinschen ausgestattet waren, um das Segeln zu erleichtern.

Einer meiner verstorbenen Brieffreunde erzählte mir eine amüsante Geschichte, die er als Mannschaftsmitglied auf einer dieser größeren Barkentinen erlebt hatte: Nach einer langen, anstrengenden Reise von Amerika nach Südafrika war der Kapitän

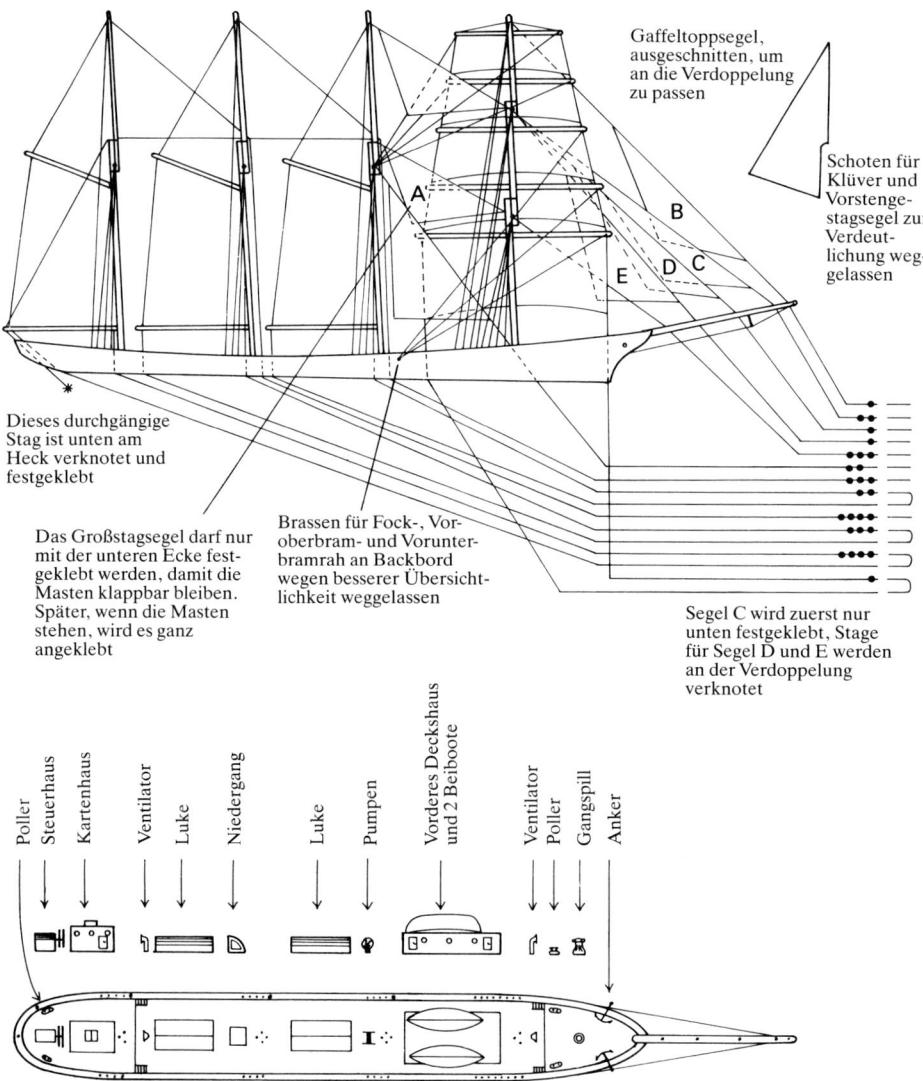

Gaffeltoppsegel, ausgeschnitten, um an die Verdoppelung zu passen

Schoten für Klüver und Vorstengestagsegel zur Verdeutlichung weggelassen

Dieses durchgängige Stag ist unten am Heck verknotet und festgeklebt

Das Großstagsegel darf nur mit der unteren Ecke festgeklebt werden, damit die Masten klappbar bleiben. Später, wenn die Masten stehen, wird es ganz angeklebt

Brassen für Fock-, Voroberbram- und Vorunterbramrah an Backbord wegen besserer Übersichtlichkeit weggelassen

Segel C wird zuerst nur unten festgeklebt, Stage für Segel D und E werden an der Verdoppelung verknotet

Poller
Steuerhaus
Kartenhaus
Ventilator
Luke
Niedergang
Luke
Pumpen
Vorderes Deckshaus und 2 Beiboote
Ventilator
Poller
Gangspill
Anker

26 *Eine Viermastbarkentine, rahgetakelt am Fockmast und an den anderen Masten gaffelgetakelt.*

Des Autors Modell der Viermastbarkentine.

nicht fähig oder auch nicht willig, der Mannschaft die längst fällige Heuer auszuzahlen. Deswegen verkaufte die Mannschaft das Schiff bei der nächsten Gelegenheit, als der Kapitän an Land gegangen war.

Dieser Schiffstyp eignet sich ausgezeichnet als Buddelschiff und ist mal was anderes als die Modelle, die man im allgemeinen in Marinemuseen findet. Für Masten, Rahen und den Klüverbaum habe ich 1,6-mm-Dübel genommen. Diese Dübel erhält man in Apotheken und Drogerien als Applikatoren, und zwar sind sie 15 cm lang in 150-Stück-Packungen. Sie sind ideal, gerade weil sie ein bißchen länger als Cocktailstäbchen sind. Außerdem sind sie sehr preiswert. Und da man nur schwer 1,6 mm dicke Dübel kaufen kann, passen sie genau für so ein Projekt, zumal sie aus ganz glattem Buchenholz bestehen.

Aus dem Bauplan ist ersichtlich, daß die Masten knapp oberhalb der Verdoppelungen durchbohrt sind für das durchgängige Stag, das am Heck befestigt ist. Obendrein sind da Führungsfäden, um die gaffelgetakelten Masten einzeln bedienen zu können, was das Einbringen in lange Flaschen sehr erleichtert. Die Schoten, die die drei Klüversegel und die vier Stagsegel bedienen, sind wegen der besseren Übersichtlichkeit weggelassen worden, aber sie führen durch Ringbolzen auf dem Vordeck zu den vorderen Nagelbänken.

Deckshäuser, Luken und Niedergänge sind aus Buche. Die Beiboote wurden so hergestellt wie in Kapitel 10 beschrieben, und das Gangspill besteht aus einer 177er Luftgewehrkugel, die kleiner gefeilt und auf einem Stift so angebracht wurde, daß sie fest im Vordeck sitzt. Die Leitern vorn am Welldeck, ebenso wie die zum Poopdeck wurden mit feinem schwarzem Stift auf dünne Pappstreifen gezeichnet und angepaßt. Das Doppelsteuer am Heck besteht aus zwei gleich großen Zahnrädern einer ausrangierten Taschenuhr. Die Punkte auf dem Decksplan bezeichnen die Niederholer an den Schothörnern der Gaffelsegel.

Für dieses Modell wurde ein solider Schaustand aus poliertem Mahagoni angefertigt; ein Türkenbund aus relativ dickem Nylonbändsel vervollständigte es aufs beste. Und ich finde, daß dies etwas nicht ganz so Alltägliches ist.

10

Andere Modelleinbauten

Ein Schiff im Buch

Ein Schiff im Buch ist nicht so schwierig herzustellen wie ein Buddelschiff, ist äußerst wirkungsvoll und allemal eine Überraschung für Besucher, die das Bücherregal durchstöbern. Man sucht am besten in einem Antiquariat nach einem nautischen Buch von ungefähr 20 × 13 cm. Mit einer Bohrmaschine bohrt man acht Löcher von 1,6 mm Dicke in die Buchseiten, und zwar ca. 13 mm vom Rand entfernt, läßt aber den Einband unbeschädigt und achtet darauf, daß die Seiten genau aufeinander-liegen, wie in Abb. 27.

Dann nimmt man immer etwa zehn Seiten auf einmal, die man mit einem Passepar-toutmesser oder Teppichschneider rechteckig ausschneidet, und klebt sie zusammen, zum Schluß alle. Die Innenseiten dieses „Kästchens" werden himmelbau angemalt, ebenso wie der Boden, das heißt die Einbandrückseite von innen. Wer gut malen kann, malt vielleicht noch eine kleine, weiße Wolke dazu. Eine Knetmasse-„See" wird zu Wellen geformt.

Das Schiff selbst wird wie ein Buddelschiff gebaut, nur brauchen die Masten keine Scharniere, sie werden einfach in Bohrungen im Deck gesteckt. Wenn alles geklebt und durchgetrocknet ist, wird eine dicke Plexiglasscheibe oder ähnliches über das Modell gelegt, die an jeder Seite ca. 6 mm übersteht, und gut festgeklebt. Dann schneidet man ein weißes Stück Papier von der Größe des Deckblattes zurecht, so daß es dem „Kästchen" entspricht, und klebt es auf.

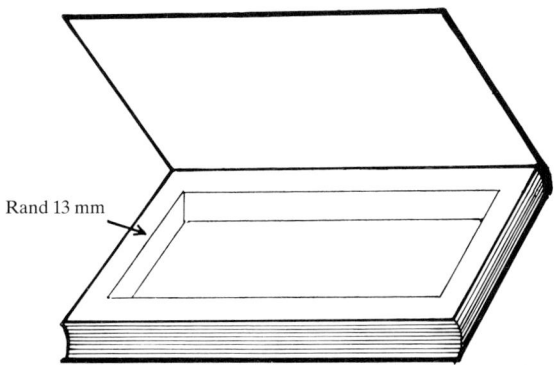

Rand 13 mm

27 *Wie man das Buch vorbereitet, um das Schiffsmodell einzubetten.*

Ein Modell in einem Buch ist für jeden Besucher, der im Bücherregal stöbert, eine Überraschung.

Übrigens ist dies ein uralter Schmugglertrick. Früher nahmen die Schmuggler alte Bibeln, die mit den Messingverschlüssen, und bauten eine Flasche französischen Cognac hinein oder Schmuck. Man darf raten, wie lange die Zöllner brauchten, um dahinterzukommen. Andere Stücke, Miniaturen, kann man in Streichholzschachteln oder kleine Glühbirnen einbauen. Die letzteren sind aber extrem zerbrechlich und erfordern große Sorgfalt, wenn man das Messinggewinde entfernt, den Hals der Birne abgeschnitten und ihren Inhalt herausgeholt hat.

Modelle in Glühbirnen

Sie werden genauso wie Buddelschiffe hergestellt. Wenn man das Modell aufrecht in die Birne stellen will, wird die See zuerst auf einer Plastikfolienbasis oder ähnlichem vorgeformt. Die Ecken der Folie werden mit starkem Garn gesichert, und wenn das Modell errichtet ist und alle überflüssigen Führungsfäden abgeschnitten sind, zieht man die See, komplett mit Schiff, ganz vorsichtig aufrecht in die Birne, entfernt die Folie und formt aus Knetmasse den Hals in derselben Farbe wie die See. Von außen dürfen keine Lücken sichtbar sein. Nach einigen Ruhetagen für die Trocknung bestreicht man Hals und Gewinde mit Klebstoff und klebt sie zusammen. Nun kann das Modell in eine schlichte hölzerne Fassung geschraubt werden.

Landschaftsmodelle

In rechteckige Whiskyflaschen eingebaut, ist auch dies eine Variante, die sehr gut aussieht. Der Hintergrund aus Klippen, Wäldern usw. kann aus Knetmasse gemacht werden. Man bemalt zuerst die eine Seite der Flasche von innen ganz vorsichtig, um dabei den Flaschenhals nicht zu beschmieren, mit einer *dünnen* Schicht Himmelblau und vielleicht einer schwachen Andeutung von Wolken. Dann läßt man das Ganze trocknen. Das Ufer täuscht man aus einem schmalen Streifen feinsten Sandpapiers vor und umrandet es mit kleinen Kohlebröckchen, die wie schwarze, nasse Felsen aussehen. Einen Anleger macht man aus einem Holzstückchen, 13 × 13 mm, an dem man senkrecht, 3 mm voneinander entfernt, Streichholzstückchen anklebt (Abb. 28). Er wird mattschwarz angemalt, an der Wasserlinie etwas grünlich. Aus Holz schnitzt man kleine Häuschen und bildet aus feinem Naßschleifpapier einen kleinen Weg, der sich zum Anleger schlängelt. Ein Flüßchen aus Silberpapier, das hier ins Meer mündet, kann von einer kleinen Brücke überspannt werden, und vielleicht baut man noch eine Windmühle.

Winzige Schiffe in Flaschen

Es gibt einige Buddelschiffbauer, die sich darauf spezialisiert haben, ganz winzige Modelle zu bauen. Manche davon sind wirklich bemerkenswert; ich habe einmal zwei gesehen, die, hintereinander aufgereiht, immer noch kürzer als ein Streichholz waren. Für diese Variante unseres Hobbys braucht man ausgesprochen gute Augen, eine unglaubliche Geduld, eine sichere Hand und Zartheit bei den Hantierungen. Das kleinste Modell, das ich je hergestellt habe, ist 4 mm hoch und in eine 13-Ampere-Sicherung aus Glas eingeschlossen. Es ist das Modell eines Zweimastschoners von 6,4 mm Länge in einer 21 mm langen Sicherung. Bei diesem Maßstab ist ein richtiges Rigg völlig ausgeschlossen.

Manches winzige Modell habe ich gebaut, um es in dem Hals einer Flasche mit einem größeren Modell zu plazieren; oft war es eine Replik des größeren Schiffes. In solchen Fällen werden Masten und Spieren aus ganz feinem Draht ganz dünn sand-

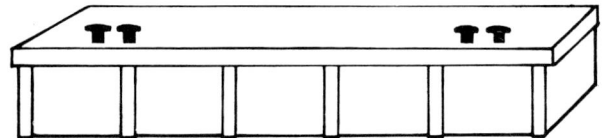

28 *Ein Miniatur-Anleger für Buddelschiffe mit Landschaft (nicht maßstabgerecht).*

Noch eine Idee, wie man ein Modell variieren kann. Dieses ist die Brigg MARIE SOPHIE, die besonders schwierig zu erstellen war, weil sie in der Flasche auf einem Stand plaziert ist. Außerdem ist es nicht eine der normalen Wasserlinienversionen, sondern man sieht das gesamte Unterwasserschiff. Das funktioniert nur, indem man den Rumpf in drei „Scheiben" konstruiert.

farben angemalt, denn jede Schicht Farbe vergrößert ja die Dicke und Größe der Teile. Die Segel wurden aus dünnem, weißem Durchschlagpapier gemacht und die Rümpfe aus Messing oder ähnlich weichem Metall gefeilt. Bei diesem Maßstab ist Metall besser als Holz geeignet, weil die Kanten schärfer gelingen und auch nicht so leicht beschädigt werden, während man baut. Auch die Bohrungen für Mast und Klüverbaum gelingen besser, besonders, wenn die Masten eingesteckt werden, denn die benötigen natürlich keine Scharniere.

Masten werden oft mitsamt den Segeln als Ganzes angebracht. Wenn der Flaschenhals oder die Öffnung nur so um 2,4 mm weit ist, muß der achterste Mast als erstes eingeführt werden, gefolgt von seinen Segeln, dann der nächste Mast usw. Selbst bei diesem kleinen Maßstab ist es möglich, Deckshäuser und Beiboote anzubringen. Genau wie bei den normalen Buddelschiffen muß auch das Innere der kleinen Flasche gut ausgemessen werden. Und da die Masten in den Rumpf hineingesteckt werden, muß man etwas Spielraum lassen, weil ja die Masten schräg eingeführt und dann erst senkrecht gestellt werden. Die meisten Masten hatten eine leichte Neigung nach achtern, manche der amerikanischen Segler sogar eine extreme.

Um ein Modellschiff in eine 2,5-V-Taschenlampenbirne zu bringen, kauft man sich zwei gleiche Birnen, denn man muß zuerst das Messinggewinde von der einen Birne abfeilen, um an den Glasteil zu gelangen. Dabei muß man äußerst vorsichtig vorgehen, da die Birnen aus extrem dünnem Glas bestehen. Wenn das Gewinde entfernt

ist, hat man eine Glaskugel mit einem versiegelten, birnenförmigen Ende, von dem aus die Drähte zum Glühfaden führen. Mit der feinsten Feile feilt man eine zarte Rille rund um diese Basis, um eine Öffnung von mindestens 3 mm zu erhalten. Diese Rille vertieft man, indem man mit etwas Wasser weiterfeilt, während man langsam die Birne zwischen den Fingern kreisen läßt, um einen gleichmäßigen Schnitt zu erhalten. Das ist ziemlich tückisch und eine höchst zerbrechliche Angelegenheit. Mit Zartheit aber besteht wenig Gefahr, daß das Glas an der falschen Stelle bricht. Wenn nun die Feile fast ganz durch das Glas durch ist, bricht man das birnenförmige Ende ab und glättet die Schnittfläche auf einem feinen, feuchten Karborundstein (Schleifstein). Die Birne wird nun von innen gewaschen, um den feinen Glasstaub zu entfernen, und mit einem kleinen Wattebausch am Ende eines Cocktailstäbchens trockengewischt. Sie muß gründlich nachtrocknen.

Man mißt die Außenmaße der Birne und zieht ca. 1,6 mm davon für die Dicke des Glases ab, 0,8 mm auf jeder Seite, um auf die inneren Maße zu schließen. Wenn die Birne rund ist, kann das Modell aufrecht darin stehen, wobei das Messinggewinde oberhalb der Masten befestigt wird. Ist die Birne oval, wird das Schiff wie eine Flasche eingeführt. Es passiert manchmal, daß man eine Birne kauft, die nicht mehr ganz fest im Gewinde sitzt; das ist ein Glücksfall. Es ist aber nicht so schwer, die Masse herauszukratzen, die die Birne im Gewinde hält.

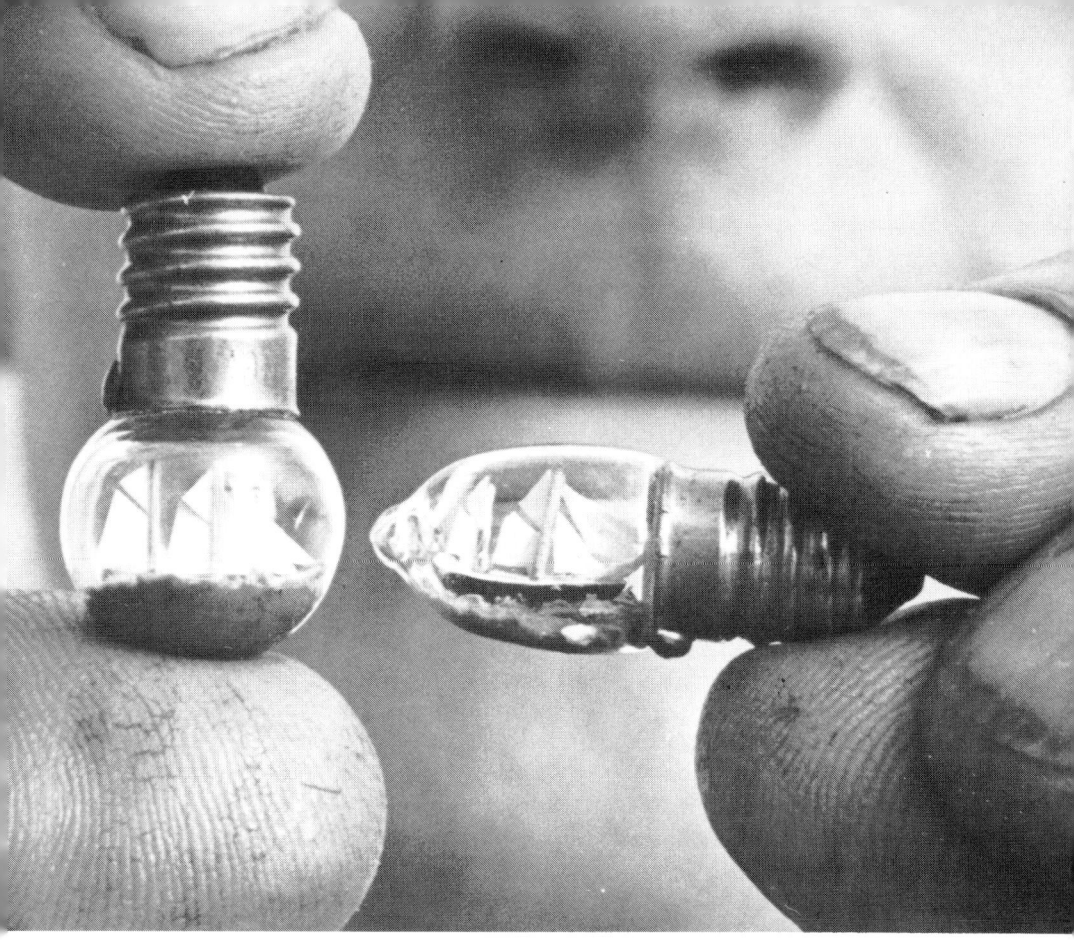

Von dem Schiffstyp, den man darstellen möchte, sagen wir mal einem Zwei- oder Dreimastschoner, fertigt man eine Zeichnung an. Rumpf und Klüverbaum dürfen bei einer runden Birne zusammen nur so lang sein wie der größte Durchmesser, bei einer ovalen Birne kann der Rumpf etwas länger sein. Die Höhe meines Zweimastschoners betrug rund zwei Drittel seiner Gesamtlänge, das heißt, ganz hinten vom Heck ausgehend bis zum vordersten Ende des Klüverbaums gemessen. Das Zweimastschonermodell, das ich in eine runde Birne eingebaut habe, war insgesamt 11 mm lang und 8 mm hoch. Es stand, wie gesagt, aufrecht in der Birne. Das Modell in der ovalen Birne war 14 mm lang und 9 mm hoch. Die Masten waren, ich wiederhole, aus feinem Draht, ebenso wie der Klüverbaum.

Der feine Draht wird zum Anmalen in 25 mm lange Stücke geschnitten, die in ein Klümpchen Knetmasse gesteckt werden. Dort läßt man sie trocknen. Dann feilt man sie am schlechteren Ende ab, womit sie in den Rumpf gesteckt werden sollen. Den Rumpf feilt man aus einer Messingschraube oder einem Stückchen Aluminium, das aber höchstens 2,4 × 2,4 mm messen darf.

Mit dem feinsten Bohrer (von der Dicke des Drahtes) bohrt man die Löcher für Mast und Klüverbaum. Dies geschieht, ebenso wie das Stecken des Mastes, am besten vor dem Anmalen des Rumpfes, da man sonst zu leicht die Lackarbeit ruiniert. Das Deck wird zuerst angemalt, dann der Rumpf, und zwar in Schwarz, Rot und Dunkelgrün, den normalen Farben der Küstenschoner. Dunkelbraun war oft ein Gemisch aus Farbresten, die ein sparsamer Eigner angesammelt hatte. Den Klüverbaum, der zum vorderen Ende zugespitzt ist, klebt man mit ganz wenig Klebstoff in den Bug. Aus guter Pappe oder weißem Celluloid stellt man kleine Deckshäuser her, die aber nicht dicker als 2 mm sein dürfen. Man läßt sie entweder weiß oder malt sie grau oder schwarz an. Aus kleinen Weizenkörnern oder winzigen Hartholzbröckchen werden Beiboote angefertigt. Man kann es aber auch machen wie in Kapitel 6, nur nimmt man dann statt des Metalls gefaltetes Papier.

Selbstverständlich lassen sich bei diesem geringen Maßstab nicht allzuviele Einzelheiten darstellen, aber ein Steuerhaus und ein Gangspill geht noch. Vor einigen Jahren habe ich ein Modell in eine ganz kleine Parfumflasche eingebaut. Die Flasche war 46 mm lang und 19 mm hoch. Ihr Hals war so eng, daß gerade eben ein Streichholzkopf hindurchgeführt werden konnte. Ich habe die Flasche innen himmelblau angemalt, mit einem Hauch Weiß für die Wolken. Ein winziger Streifen Knetmasse wurde im Hintergrund festgedrückt und stellte „Land" dar. Das Messingende eines Kugelschreibers wurde als Leuchtturm weiß mit roten Streifen bemalt und in winzigen Kohlekrümel-„Felsen" festgeklebt. Mitten im Hintergrund stand eine winzige, ebenfalls rot-weiße Windmühle. Das Schiff ist ein Viermastschoner, 22 mm lang und 12 mm hoch, mit zwölf Segeln und drei Deckshäusern.

1975 fertigte ich ein anderes Schiffchen an, den Siebenmastschoner Thomas W. Lawson in einem Parfumprobefläschchen von 35 mm Länge und 8 mm Höhe. Das Schiffchen selbst ist 27 mm lang und 6,4 mm hoch mit 18 Segeln. Ungefähr zur gleichen Zeit habe ich noch zwei solche Modelle in Penicillin-Ampullen eingebaut. Diese Ampullen bestehen aus ganz vorzüglichem Glas, dünn und klar. Sie werden auf ähnliche Weise hergestellt wie Neonröhren. Die Ampullen sind 5 cm lang, mit 2 cm Durchmesser bei relativ dickem Hals im Vergleich mit den meisten anderen, nämlich 8 mm! In einer dieser Ampullen liegt ein sechsmastiger „Great Lakes"-Schoner mit rotem Rumpf, sandfarbenen Masten und Klüverbaum und 17 Segeln, eine Miniatur des Schiffes aus Kapitel 8. In der anderen Ampulle befindet sich eine winzige Charlotte Rhodes mit schwarzem Rumpf, Deck, Masten und Klüverbaum beige, grünen Lukendeckeln, schwarzen Deckshausdächern, eine reizende Miniatur des großen Schiffes in der Dreiecksflasche von Kapitel 4. Das Fahrzeug ist 24 mm lang, 13 mm hoch und fährt zwölf rotbraune Segel.

Ich habe noch zwei Miniaturen in 48 × 35 mm großen Parfumfläschchen. Diese Flaschen hatten einen furchtbar engen Hals mit einem ganz kleinen Gummistöpsel gegen die Verdunstung, der etwa 1,6 mm dünn war. Darum erweiterte ich die Öffnung mit einem winzigen spitzen Schleifstein auf 4,8 mm. Das gab mir wenigstens eine Chance. Während des Größerfeilens feuchtete ich den Schleifstein immer wieder an, denn sonst hätte sich eine Temperatur entwickelt, die die Flasche zum Zerspringen gebracht hätte. Außerdem wurde dadurch der Glasstaub gebunden, so daß keine Gefahr bestand, ihn einzuatmen. Anschließend wurde die Flasche ausgespült und getrocknet.

Eine ungefähre Vorstellung ihrer Innenmaße erhielt ich, indem ich ein dünnes Stückchen Papier aufrollte, in die Flasche steckte, dort ausbreitete und so oft herauszog und zurechtschnitt, bis es so genau wie möglich hineinpaßte. Das war so ungefähr ihr Innenformat. Nach einem Riß fertigte ich eine winzige Zeichnung eines Klippers. Der Rumpf war 35 mm lang, mit Klüverbaum 38 mm, und 4 mm dick. Die Höhe betrug 22 mm. Der Rumpf bestand aus einer 38-mm-Messingschraube, auf die

Eine Miniatur der CHARLOTTE RHODES.

richtigen Maße heruntergefeilt und mit vier Bohrungen versehen für drei Masten und den Klüverbaum, der aus einer 13-mm-Messingbüroklammer bestand. Fock- und Kreuzmast waren 17 mm lang, der Großmast 20 mm. Der Großmast führte sechs Rahen, die beiden anderen Masten je fünf. Mit Stagsegeln und Klüvern hatte sie insgesamt 26 Segel. Masten und Spieren aus feinem Eisendraht waren passend zum Deck und Klüverbaum sandfarben angemalt. Aus Pappe wurden zwei Deckshäuser mit schwarzen Dächern angefertigt, und achtern hinter dem Kreuzmast wurde ein Steuerhaus angebracht.

Das andere Dreiecksfläschchen wurde für ein Selbstporträt-Modell verwendet, noch kleiner als das in Kapitel 15. Es zeigt einen Buddelschiffsmodellbauer bei der Arbeit, auf einem vierbeinigen Schemel sitzend, die Beine unter einem Tisch von 2 cm Länge, 1,25 cm Breite und 1 cm Höhe, auf dem ein Dreimastschoner steht. Der Rumpf des Mannes ist aus drei Stücken zusammengesetzt, Arme und Beine bestehen aus 1,6-mm-Dübeln. Die Tischplatte besteht ebenfalls aus drei Stücken, die unterwärts mit Klebstreifenscharnieren verbunden sind, um sie gefaltet durch den Flaschenhals bugsieren zu können. Obendrein wurde die Tischplatte innerhalb der Flasche noch mit braunem Klebstreifen „furniert", um die Nähte zu verdecken.

Der Dreimastschoner auf dem Tisch ist insgesamt 2 cm lang und 1 cm hoch, mit neun Segeln. Das Werkzeug auf dem Tisch besteht unter anderem aus Vorbohrer, Säge und Hammer. Der Hammer wurde so hergestellt wie für das größere Modell beschrieben, und für die Säge nahm ich ein winziges Stück feinsten Laubsägeblattes, dem ein Griff angefügt wurde. Da mein Haar inzwischen grau ist, habe ich dem Mann weiße Wattehaare verpaßt. Alles in allem waren es 72 Einzelteile.

MY GOODNESS - MY GUINNESS - IT'S SHRUNK !

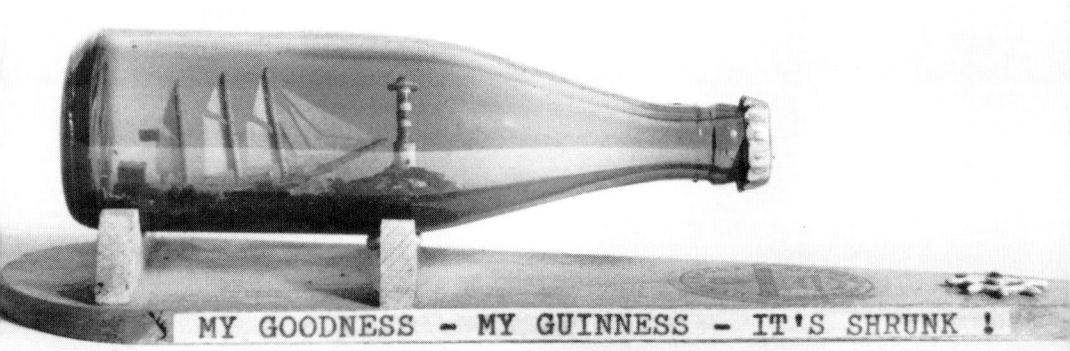

Eine Miniaturbierflasche mit Buddelschiff und Schaustand. (Text auf dem Schaustand: Mein Gott, mein Guinness ist geschrumpft!)

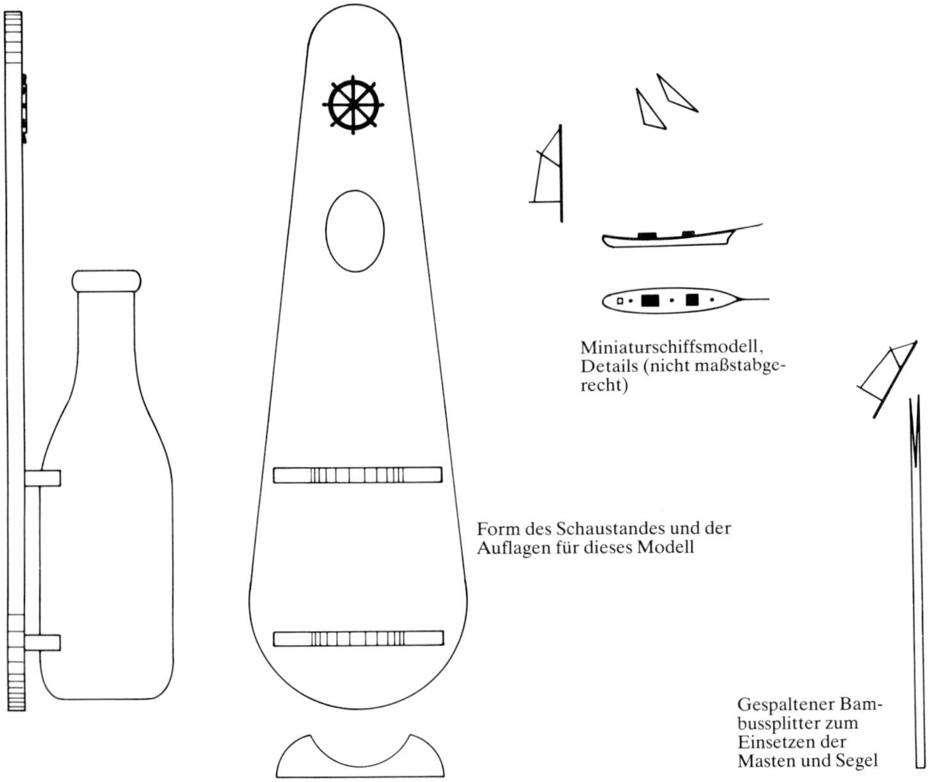
Miniaturschiffsmodell, Details (nicht maßstabgerecht)
Form des Schaustandes und der Auflagen für dieses Modell
Gespaltener Bambussplitter zum Einsetzen der Masten und Segel

29 *Pläne für den Bau eines Schiffsmodells in einer Miniaturbierflasche.*

Vor kurzem habe ich noch so ein kleines Modell angefertigt: einen Dreimastschoner in einer dieser winzigen Bierflaschen, die man bei manchen Spirituosenhändlern erhalten kann. Die Flaschen sind 85 mm lang mit einem Durchmesser von 24 mm. Ich entschied mich für eine „Harp lager"-Flasche, weil sie heller war als eine „Guinness"-Flasche. Der Rumpf wurde aus einer Messingschraube gefertigt, der Klüverbaum aus einer Messingbüroklammer und die Masten und Spieren aus dünnem Draht, sandfarben angemalt. Um das Ganze ein bißchen realistischer zu gestalten, fügte ich noch einen kleinen Leuchtturm hinzu. Der Schaustand wurde etwas ungewöhnlich geformt, verziert mit dem Etikett der kleinen Flasche und einem Miniatursteuerrad, das ich in einem Schiffsmodellgeschäft erstand (Abb. 29).

11

Puzzlemodelle

Ein einfaches Puzzlemodell

Für dieses Stück wählte ich eine Miniaturflasche von „Warnink's Advocaat" (Eierlikör). Die Aufgabe sieht auf den ersten Blick unlösbar aus, wie so viele andere Puzzles auch. Nachdem die Flasche gesäubert und getrocknet worden ist, werden vier Stücke Hartholz auf die Größe von 50 × 10 × 10 mm gebracht (Abb. 30). Am besten nimmt man ein Holz mit deutlicher Maserung wie Buche oder Walnuß. Man braucht auch vier verchromte Holzschrauben von 32 mm Länge. In jedes Holzstück

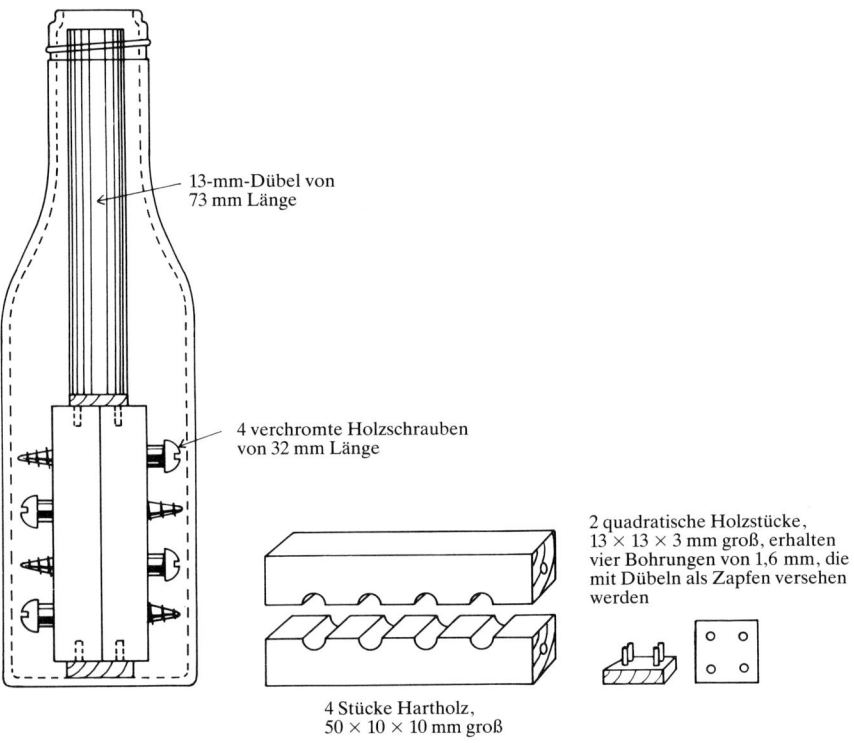

13-mm-Dübel von
73 mm Länge

4 verchromte Holzschrauben
von 32 mm Länge

2 quadratische Holzstücke,
13 × 13 × 3 mm groß, erhalten
vier Bohrungen von 1,6 mm, die
mit Dübeln als Zapfen versehen
werden

4 Stücke Hartholz,
50 × 10 × 10 mm groß

30 *Ein einfaches Puzzlemodell, zu dem vier verchromte Holzschrauben gehören. Es sieht genauso „unmöglich" aus wie viele andere Modelle in Flaschen.*

Ein simples Puzzlemodell für den Anfänger.

schneidet man vier halbrunde Nuten, jeweils 13 mm voneinander entfernt. Sie müssen genau aufeinanderpassen und dem Schraubendurchmesser entsprechen; notfalls muß man sie eben etwas vergrößern. Um ganz sicherzugehen, daß sie zusammengehören, kann man sie numerieren, denn die Stücke sollen nach dem Einbau so zusammenpassen, daß man die Nähte möglichst nicht sieht. Man testet aus, ob die Schrauben ganz locker sitzen, denn sie sollen zu den Seiten hin frei beweglich sein. Dann schneidet man zwei Holzquadrate von 13 × 13 × 3 mm zurecht, in die man vier 1,6-mm-Löcher bohrt. In jedes dieser Quadrate steckt man vier 1,6-mm-Dübel als Zapfen und macht entsprechend in die vier 5 cm langen Stücke Bohrungen, so daß die Dübel als Steckverschluß wirken.

Man klebt das eine 13-mm-Quadrat genau in die Mitte des Flaschenbodens und läßt es trocknen. Dann führt man das erste der 50 mm langen Holzstücke ein, mit den Nuten zur Mitte, wobei man vorher in das Dübelloch etwas Klebstoff gegeben hat. Nun fügt man das Gegenstück, seitlich mit Klebstoff bestrichen, ein und preßt die beiden aneinander. Wenn der Klebstoff getrocknet ist, läßt man die erste Schraube an einer Fadenschlinge hinunter und legt die Flasche natürlich hin, während man die Schraube in das unterste Loch bugsiert. Dann wiederholt man das Ganze mit den anderen drei Schrauben. Nun wird das dritte Holzstück eingepaßt, an der entsprechenden Seite mit Klebstoff versehen, gefolgt vom vierten. Man fügt schnell das obere Verschlußquadrat darauf, um alles zusammenzuhalten. Wenn man sauber und genau gearbeitet hat, sollten die vier Nähte kaum zu sehen sein, besonders, wenn die Holzmaserung parallel verläuft.

Jetzt schneidet man einen 13 mm dicken Dübel auf 73 mm Länge, setzt einen dicken Klecks Klebstoff untendrunter, läßt ihn in die Flasche und klebt ihn auf dem oberen Quadrat fest. Man verkeilt über dem Dübel einen Stahldraht, der ihn während des Trocknungsprozesses herunterpreßt. Wenn das Puzzle völlig durchgetrocknet ist – nach etwa zwei Tagen – und man die Flasche sanft schüttelt, bewegen sich die Schrauben von einer Seite zur anderen. Jetzt kann man vorsichtig etwas Siegellack in den Flaschenhals tröpfeln, um die Flasche zu verschließen. Aber aufpassen, es darf nichts auf den Dübel selbst tropfen.

Man kann schon auf dem Bauplan erkennen, daß dies ein recht einfaches Stück ist, aber für den normalen Laien sieht es undurchführbar aus. Wer will, kann die vier Holzstücke länger machen und mehr Schrauben einfügen; für den Anfang sollte man sich jedoch mit dem einfacheren abgebildeten Modell begnügen.

Ein Holzkreuz in einer Flasche

Hierbei handelt es sich um eine vereinfachte Version der ältesten Flaschenpuzzles, wie es sie wahrscheinlich seit Ende des 18. oder Anfang des 19. Jahrhunderts gibt. In jenen Zeiten stellte man wundervoll dekorierte und sehr gekonnte Kreuzigungsszenen dar. „La Musée des Arts et Tradition Populaires" in Paris (Museum für Kunst und Volkstum) besitzt einige wunderbare Beispiele. Sehr wahrscheinlich haben Mönche oder andere Mitglieder religiöser Orden sie als Hobby hergestellt. Sie sind außerordentlich kunstreich, und es ist völlig verständlich, wenn jemand, sie aus der Nähe betrachtend und prüfend nach den Holzverbindungen suchend, behauptet: „Das geht einfach nicht!" Das Modell hier erscheint sehr einfach im Vergleich zu den alten Meisterwerken; es soll ja auch einfach sein.

Ich habe ein Holzkreuz aus Buche gebaut, 73 × 63 mm groß, im Querschnitt 13 × 17 mm. Es steht auf einem hölzernen Fuß von 50 × 10 × 6 mm. Die Kreuzarme und der Ständer bestehen aus jeweils vier Stücken. Die 1,6-mm-Dübel, die diese acht Teile verbinden, kann man am fertigen Stück natürlich nicht sehen, und obendrein sind die vier senkrechten Teile noch in den hölzernen Fuß eingelassen. Die Flasche für das Kreuz ist fast hundert Jahre alt und wurde mir von einem Freund geschenkt, der in seiner Freizeit in verlassenen Dörfern nach alten Flaschen gräbt. Ein sehr gewinnbringendes Hobby, denn für seltene Parfumfläschchen, lila Giftflaschen und Flaschen, die man mit einer Glaskugel von innen verschloß, erhält man gute Preise, wenn die Flasche noch gut erhalten ist. Natürlich hat fast jede dieser alten Flaschen Kratzer oder Fehler im Glas, oft ist auch der Flaschenhals nicht ganz gerade, dennoch war diese Flasche ideal für so ein Holzpuzzle. Deshalb allerdings kann man „mein" Holzkreuz mit diesen Abmessungen auch nur für eine Flasche von vergleichbarer Form und Abmessung nachbauen. Sie ist 13 × 8 × 3,3 cm groß. Wer eine antike Flasche mit dickerem Hals findet, kann das Kreuz natürlich dicker oder größer machen.

Diese wie ein „Flachmann" geformte Flasche enthielt vielleicht vor wenigen Jahrzehnten noch Cognac oder Whisky, und da sie jahrelang in der Erde gelegen hatte, mußte sie besonders gründlich von innen und außen gesäubert werden. Also wurde sie mit warmem Wasser und einem starken, bleichenden Reinigungsmittel gefüllt und für 48 Stunden in einen Behälter mit derselben Lösung getaucht. Mit einem an einem Draht befestigten Wattebausch wurden dann die hartnäckigen Flecken bearbeitet, während noch die Waschlösung in der Flasche war. Das Ergebnis war voll-

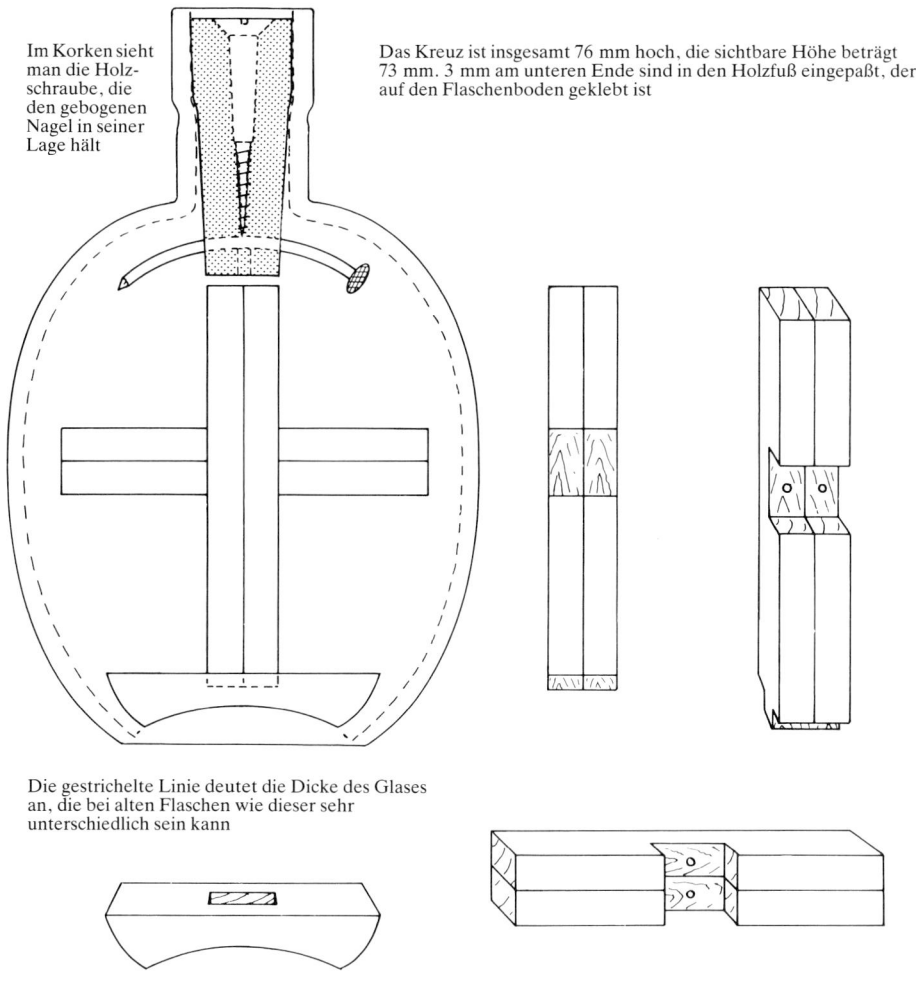

Im Korken sieht man die Holz-schraube, die den gebogenen Nagel in seiner Lage hält

Das Kreuz ist insgesamt 76 mm hoch, die sichtbare Höhe beträgt 73 mm. 3 mm am unteren Ende sind in den Holzfuß eingepaßt, der auf den Flaschenboden geklebt ist

Die gestrichelte Linie deutet die Dicke des Glases an, die bei alten Flaschen wie dieser sehr unterschiedlich sein kann

31 *Bauplan für ein Holzkreuz, eine vereinfachte Version eines der ältesten Flaschenpuzzles.*

ständig befriedigend, und die Flasche war erstaunlich sauber, wenn man bedenkt, wie lange sie in der Erde gelegen hatte. Viele der Oberflächenkratzer waren nicht mehr zu entfernen, aber sie störten nicht allzusehr, im Gegenteil, sie verliehen dem neuen Modell einen Hauch von Antik. Die Flasche wurde noch einmal warm ausgespült und nach dem Trocknen mit Spiritus nachbehandelt, um die Säuberungsaktion abzurunden.

Man kann auf dem Bauplan in Abb. 31 sehen, daß die vier senkrechten Stücke für eine einfache Holzverbindung zurechtgeschnitten wurden, jeweils 25 mm vom oberen Ende entfernt und 13 mm breit, um zwei der Kreuzarmteile aufzunehmen. Am einfachsten schneidet man mit einer feinen Säge zwei parallele Linien in 13 mm Abstand in das Holz, bis zur Mitte der Stücke.

Das Holz zwischen diesen beiden Schnitten wird dann sorgfältig mit dem Stechbeitel entfernt, die Schnittflächen werden mit Feile und Sandpapier geglättet. Dann paßt

103

man die Kreuzarme und die Senkrechten probehalber ineinander. Am besten numeriert man die Einzelteile, um sie auch wirklich passend zueinander in die Flasche einzuführen, denn nicht automatisch passen alle Aussparungen zu jeder anderen, es sei denn, man ist ein unglaublich guter Tischler.

So, jetzt müßte man je zwei Paar senkrechter und zwei Paar waagerechter Kreuzteile haben. Die Verzahnungen sollten nun so überprüft und überarbeitet werden, daß je zwei Quer- und zwei Längsstücke vollständig bündig miteinander abschließen und zusammen je ein halbes Kreuz bilden, welches wiederum, mit der anderen Kreuzhälfte zusammengefügt, ein ganzes Kreuz ergibt, das zwar aus acht Einzelteilen besteht, aber wie aus einem Stück aussehen sollte. Je besser man handwerklich gearbeitet hat, um so stabiler sieht das Ganze aus.

Nun müssen die unteren Enden der Senkrechten zubereitet werden, um in die Aussparung des hölzernen Fußes eingepaßt zu werden. Die untersten 5 mm werden zurechtgeschnitten. Das entsprechende Zapfenloch im Holzfuß hat die Maße 13 × 3 mm. Am besten bohrt man mit einem 3-mm-Bohrer drei Löcher, die man mit einem Stechbeitel verbindet und zurechtfeilt, bis es einen Schlitz von 13 × 3 mm ergibt und die senkrechten Teile, nebeneinandergehalten, 13 × 1,5 mm messen.

Um die Form des Holzfußes zu ermitteln, wurde ein Stück Pauspapier auf die Flasche gelegt und die Wölbung nachgezeichnet. Wer eine Flasche mit flachem Boden erwischt, hat Glück. An den Seiten der Flasche muß der Fuß nicht perfekt passen, nur auf dem Boden, denn nur dadurch ist es garantiert, daß das Kreuz genau senkrecht steht. Zu diesem Zeitpunkt, noch bevor der Klebstoff trocknet, muß man den korrekten Sitz des Fußes ausprobieren, indem man nacheinander zwei der senkrechten Stücke in die Flasche einführt und die Holzbasis damit austariert. Das Zapfenloch für die Senkrechten sollte nicht zu knapp bemessen sein, sondern ein bißchen Spielraum bieten, denn alle vier Senkrechten sollen da Platz haben.

Wenn die acht Kreuzteile wirklich gut in ihre jeweiligen Verbindungen hineinpassen, macht man die 1,6-mm-Bohrungen. Diese Löcher dürfen nur halb in das Holz hineingebohrt werden, sonst entstellen sie das fertige Modell. Zu diesem Zweck mißt man die Dicke des Holzstückes: Ist es 10 mm dick, so darf die Bohrung nur 5 mm tief gehen. Also klebt man ein Stückchen Isolierband so um den Bohrer, daß unten 5 mm freibleiben. Man kann dann deutlich erkennen, wann die gewünschte Tiefe erreicht ist. Diese Dübel dienen als Extrasicherung und nützen nur im Zusammenhang mit dem Klebstoff. Wer möchte, kann das Kreuz farblos lackieren, muß dabei aber die Flächen freilassen, die zusammengeklebt werden sollen. Das Lackieren ist zwar nicht besonders wichtig, schützt jedoch das Holz und bringt die Maserung vorteilhaft zur Geltung. Trotzdem muß man wieder berücksichtigen, daß jede Lackschicht aufträgt und vergrößert.

Der Zusammenbau des Kreuzes wird wesentlich vereinfacht, wenn man die Dübelenden etwas abrundet. Vor dem Einbau überprüft man noch einmal die Paßgenauigkeit der Stücke und korrigiert, wenn nötig, mit feinstem Schleifpapier. Dann ist das Kreuz fertig, und der Einbau kann beginnen: Zuerst wird der hölzerne Fuß in die Flasche eingefügt, dann sollte man das erste senkrechte Holzstück mit etwas langsam trocknendem Klebstoff versehen, hineinstecken und schnell das zweite Stück folgen lassen. Anschließend wird das unterste der entsprechenden waagerechten Stücke, mit Klebstoff versehen, eingefügt, dem so schnell wie möglich das Gegenstück folgen sollte. Nun befindet sich die Hälfte des Kreuzes in der Flasche. Sie sollte noch einmal ausgerichtet werden, bevor sie eine Weile trocknet.

Ein Holzkreuz in einer Flasche. Man beachte den gebogenen Nagel, der den Korken durchbohrt (siehe Abbildung 31 und Erläuterungen im Text).

Dieselbe Prozedur wird dann mit dem Rest fortgesetzt; nur die beiden Senkrechten müssen vorher auch an den Seiten dünn mit Klebstoff bestrichen werden, mit denen sie Rücken an Rücken mit den ersten Senkrechten zu stehen kommen. Man darf auf keinen Fall zuviel Klebstoff auf die Flächen streichen, damit er nicht an den Nähten hervorquillt und das Werkstück verunstaltet. Schließlich muß das Kreuz für einige Stunden trocknen.

Ein Leser, der ein Museum besucht, in dem Buddelschiffe ausgestellt sind, findet dort vielleicht auch eins dieser alten Stücke, von einem Fahrensmann gebaut, dessen Korken *innerhalb* der Flasche von einem krummen, manchmal auch einem geraden Nagel durchbohrt ist. Dem Laien erscheint das nicht machbar. Aber wie so oft bei komplizierten Puzzles, ist die Lösung verhältnismäßig einfach, in diesem Falle gibt es sogar drei Lösungen: Wenn man sich vorstellt, wie ein Korken in eine Flasche gelangt, denkt man automatisch, daß er in die Flasche *gezwängt* wird. Man muß also umdenken und einen geeigneten Korken kleiner schmirgeln, so, daß er gewissermaßen in den Flaschenhals fällt, nicht allzu locker, aber gerade locker genug, um hinein- und wieder herauszufallen.

Hat man also den passenden Korken gefunden, am besten einen, der noch nicht mit einem Korkenzieher in Berührung kam, bohrt man ein Loch von 3 mm Durchmesser genau oben in die Mitte, aber nur bis zur Hälfte! Dann dreht man den Korken um und bohrt wieder, bis die beiden Öffnungen verbunden sind. Um die Bohrung von Korkresten zu befreien, läßt man den Bohrer noch ein paarmal hin und her laufen. Dann nimmt man einen passenden 3 mm dicken Nagel, der lang genug ist, um quer durch den Korken zu gehen und noch an jeder Seite überzustehen. Am besten sind Maurernägel, da die meistens aus einer rostfreien Legierung bestehen. Quer durch den Korken bohrt man ein Loch von der Dicke des Nagels und vergrößert es etwas. Der Nagel muß nicht haargenau passen, denn er wird, wie später erklärt, noch an seinem Ort befestigt. Nun nimmt man eine Holzschraube mit flachem Kopf, die, von oben in den Korken geschraubt, erstens den Nagel an seinem Platz festdrückt und zweitens den Korken erweitert, so daß er wieder stramm im Flaschenhals sitzt. Man versenkt den Schraubenkopf in dem Korken, bis er bündig mit dessen Oberfläche abschließt. Dabei soll aber die Schraube leicht auf dem Nagel stehen. Wie gesagt, gibt es drei Methoden, innerhalb einer Flasche einen Nagel in den Korken zu bugsieren (Abb. 32). Am besten beginne ich mit der einfachsten Methode.

Quer über die Unterseite des Korkens schneidet man mit einer Rasierklinge einen waagerechten Schlitz, der tief genug geht, um an die Querbohrung anzuschließen. Parallel dazu schneidet man noch an jeder Seite dieses Schlitzes einen unauffälligen Schrägschlitz. Man mißt den unteren Korkendurchmesser und feilt dementsprechend den Teil des Nagels, der später im Korken verschwindet, in umgedrehte V-Form: Denn nachher, wenn der Nagel an seiner Fadenschlinge durch die senkrechte Bohrung des Korkens in der Flasche hängt, ermöglicht diese V-Spitze es, den Nagel durch den Schlitz in seine waagerechte Position heraufzuziehen, da das V den Schlitz im Korken öffnet; der Nagel bettet sich bequem in die entsprechende Querbohrung, der Korken schließt sich hinter ihm wieder und verstärkt dadurch die Illusion der Undurchführbarkeit.

Ein Faden von 25 cm Länge wird mit zwei Schlägen um die Mitte des Nagels geschlungen. Die Fadenenden werden von unten nach oben durch den Korken geführt und provisorisch mit einer Papierklammer dort festgehalten. Ein kleiner Tropfen Klebstoff, auf den V-Abschnitt des Nagels gebracht, dient anfangs als Gleit-

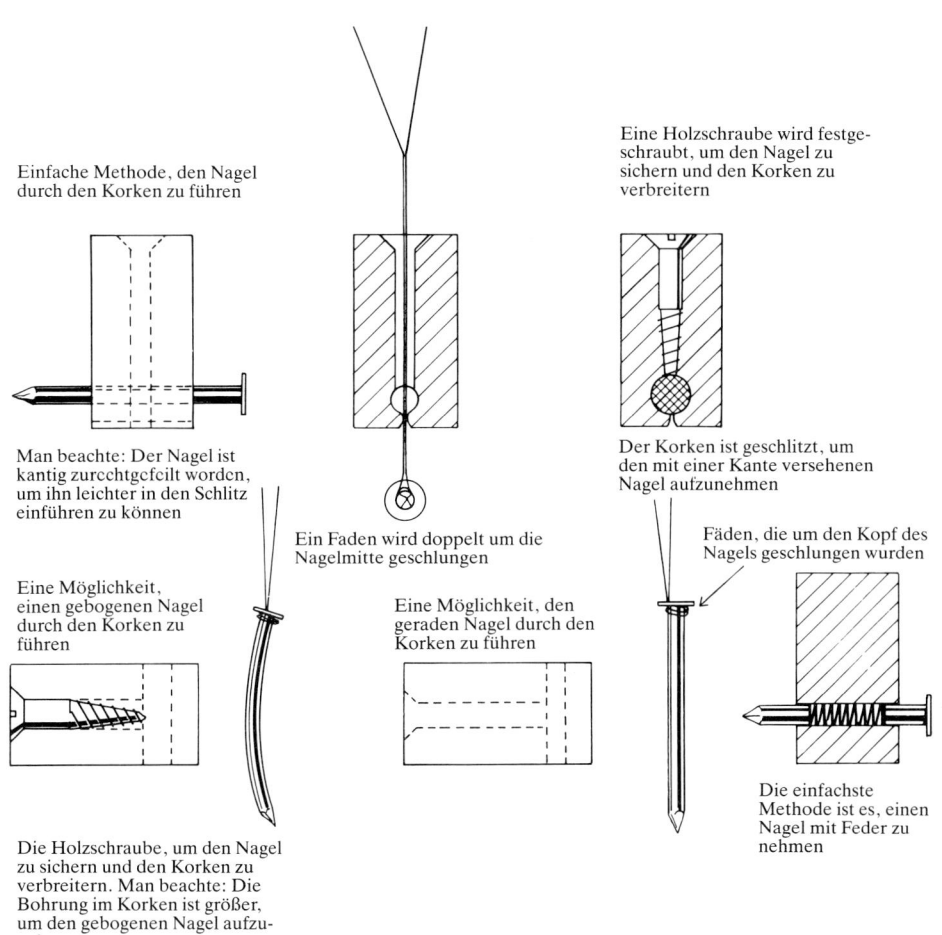

Einfache Methode, den Nagel durch den Korken zu führen

Eine Holzschraube wird festgeschraubt, um den Nagel zu sichern und den Korken zu verbreitern

Man beachte: Der Nagel ist kantig zurcchtgcfcilt worden, um ihn leichter in den Schlitz einführen zu können

Ein Faden wird doppelt um die Nagelmitte geschlungen

Der Korken ist geschlitzt, um den mit einer Kante versehenen Nagel aufzunehmen

Eine Möglichkeit, einen gebogenen Nagel durch den Korken zu führen

Eine Möglichkeit, den geraden Nagel durch den Korken zu führen

Fäden, die um den Kopf des Nagels geschlungen wurden

Die Holzschraube, um den Nagel zu sichern und den Korken zu verbreitern. Man beachte: Die Bohrung im Korken ist größer, um den gebogenen Nagel aufzunehmen

Die einfachste Methode ist es, einen Nagel mit Feder zu nehmen

32 *Die drei Möglichkeiten, einen Nagel durch einen Korken zu treiben. Im Text wird es genau geschildert.*

mittel, um den Nagel in den Korken zu bringen, und befestigt ihn später an seinem Platz. Nun wird der Nagel durch den Flaschenhals herabgelassen. Man hält die Fadenenden fest und läßt Nagel und Korken langsam hinab, bis der Nagel aufhört zu pendeln. Dann zieht man den Korken zurück in den Flaschenhals und führt vorsichtig den Nagel in den Querschlitz hinein. Wenn er an Ort und Stelle ist, wird der Korken etwas aus der Flasche hervorgezogen und dort provisorisch mit einer starken Nadel gehalten, die man waagerecht hineinsteckt, während man an *einem* Fadenende zieht, um es vom Nagel zu entfernen. Dies muß ganz vorsichtig geschehen, damit der Nagel nicht aus seiner Lage wieder herausgebracht wird. Jetzt wird die Holzschraube eingeführt und festgeschraubt, um den Nagel festzuhalten. Der Schraubenkopf wird, wenn gewünscht, mit Siegellack bedeckt. Jetzt kann man die Arme verschränken und auf Fragen warten: „Um alles in der Welt, wie hast du *das* geschafft?"

Die folgende Methode ist die gekonnteste und damit auch die komplizierteste. Man kann sie allerdings nur anwenden, wenn zwischen dem Modell und dem Korken genügend Raum ist: Genau wie bei der vorigen Methode, werden wieder die zwei Löcher in den Korken gebohrt, aber etwas dickere. Und es wird kein Schlitz unten in den Korken geschnitten. In diesem Falle wird der Nagel zwei- bis dreimal oben, nahe am Kopf, mit einem Faden umschlungen, und die Holzschraube wird schon etwas in den Korken hineingeschraubt, um einen besseren Griff zu bieten. Der schwierige Teil der Übung beginnt, wenn der Nagel senkrecht in der Flasche hängt, mit der Spitze nach unten. Nun legt man die Flasche am besten auf die Seite, um den Nagel in die für ihn bestimmte Bohrung „hineinzupuzzeln". Das dauert eine ganze Weile, und man braucht viel Geduld.

Sobald der Nagel richtig liegt, entfernt man die Holzschraube wieder und zieht vorsichtig an einem Ende des Fadens. Dann dreht man die Schraube tief in den Korken, um den Nagel zu sichern. Auf jeden Fall ist es auf diese Weise weit schwieriger durchzuführen, aber dafür wird selbst der kritischste Betrachter verblüfft sein. Wer einen gebogenen Nagel vorzieht, muß die Bohrung *noch* etwas dicker machen, und es ist alles *noch* etwas komplizierter, doch gerade diese Geduldsaufgabe fordert einen geradezu dazu heraus! Zum Schluß vergießt man den Korken mit Siegellack, wie gehabt.

Die letzte Methode ist vergleichsweise einfach. Man benötigt dazu einen Nagel, den man in zwei Stücke sägt, und eine feine Spiralfeder, wie man sie z. B. in Lampenteilen findet. Man braucht nur ein paar Windungen der Spirale; wenn sie zusammengepreßt ist, dürfen die beiden Nagelhälften samt Feder nicht breiter sein als der Flaschenhals. Nun wird die Feder fest mit beiden Nagelstücken verbunden, mit Klebstoff bestrichen, alles in den Korken eingeführt, der ganz schnell in den Flaschenhals gesteckt wird, damit die Feder sich noch weiter ausdehnen kann und die Nagelstücke aus dem Korken in die Flasche schiebt, bevor der Klebstoff trocknet.

12

Die ersten Personenmodelle in Flaschen

Ein Fischer

Die für dieses Modell gewählte Flasche ist eine Halbliter-Ginflasche aus grünlichem Glas mit ovalem Querschnitt, $25 \times 9,5 \times 6,7$ cm groß (siehe Foto auf Seite 115).

Die beiden $10,5 \times 1,9$ cm großen Körperhälften sind aus Buche geschnitzt, wobei die Abmessungen natürlich vom Durchmesser des Flaschenhalses abhängen, der hier nur knapp über 1,9 cm ausmacht. Falls die Flasche also eine größere Öffnung hat, kann man den Fischer dementsprechend „dicker" machen. Die beiden Körperhälften werden bei G und H in Abb. 33 (Seite 110) mit Buchendübeln verbunden und sollten zwischen den mit dicken Pfeilen gekennzeichneten Abschnitten völlig eben und genau zueinander passend sein.

Die Beine werden mit Hilfe von Feile und Sandpapier rund geformt, um Seestiefel darzustellen. An den Punkten C, D, G und H macht man Bohrungen für 1,6-mm-Dübel. Den Pullover malt man weiß vor und die Beinstücke mattschwarz. In die Schultern macht man zwei senkrechte Bohrungen für die Dübel im Hals, die gleichzeitig als Steckverbindung für die beiden Rumpfstücke dienen (C). Diese Dübel sollten nicht zu fest sitzen, da sie nur als Positions- und Verbindungshilfe dienen, wobei man einen „langsamen" Klebstoff benutzt. Außerdem sollte man diese Abschnitte mitsamt den Zapfen immer wieder daraufhin testen, ob sie durch den Flaschenhals passen.

Obendrein muß noch ein Spielraum für den Pullover des Fischers gelassen werden, der aus Verbandsmull besteht. Mullbinden eignen sich hervorragend als weißer Wollpullover; sie müssen angefeuchtet aufgelegt werden, nachdem man auf den Vorstrich eine dünne Schicht Klebstoff aufgetragen hat. Man muß den Rumpf an der Schulterpartie etwas „eindellen", um den Armen oben optische Spannweite zu geben bzw. Bewegungsfreiheit. Nach dem Trocknen entfernt man den Verbandsmull dort, wo er an den mit Pfeilen gekennzeichneten Flächen übersteht. Aus zweierlei Gründen sollte der Stoff feucht aufgelegt werden: Erstens können alle Falten ganz leicht geglättet werden, und zweitens liegt er nach dem Trocknen besser an. Anschließend malt man ihn ein- bis zweimal mit mattweißer Farbe über.

Kragen und Ärmelaufschläge, ebenso wie die Stiefelstulpen und der Pulloversaum werden hergestellt, indem man die Bandage um den Finger rollt und gut verklebt, bis sie die passende Dicke hat. Sie werden angeklebt, müssen aber vor dem Anmalen wieder auf „Flaschenhalsdurchgängigkeit" geprüft werden.

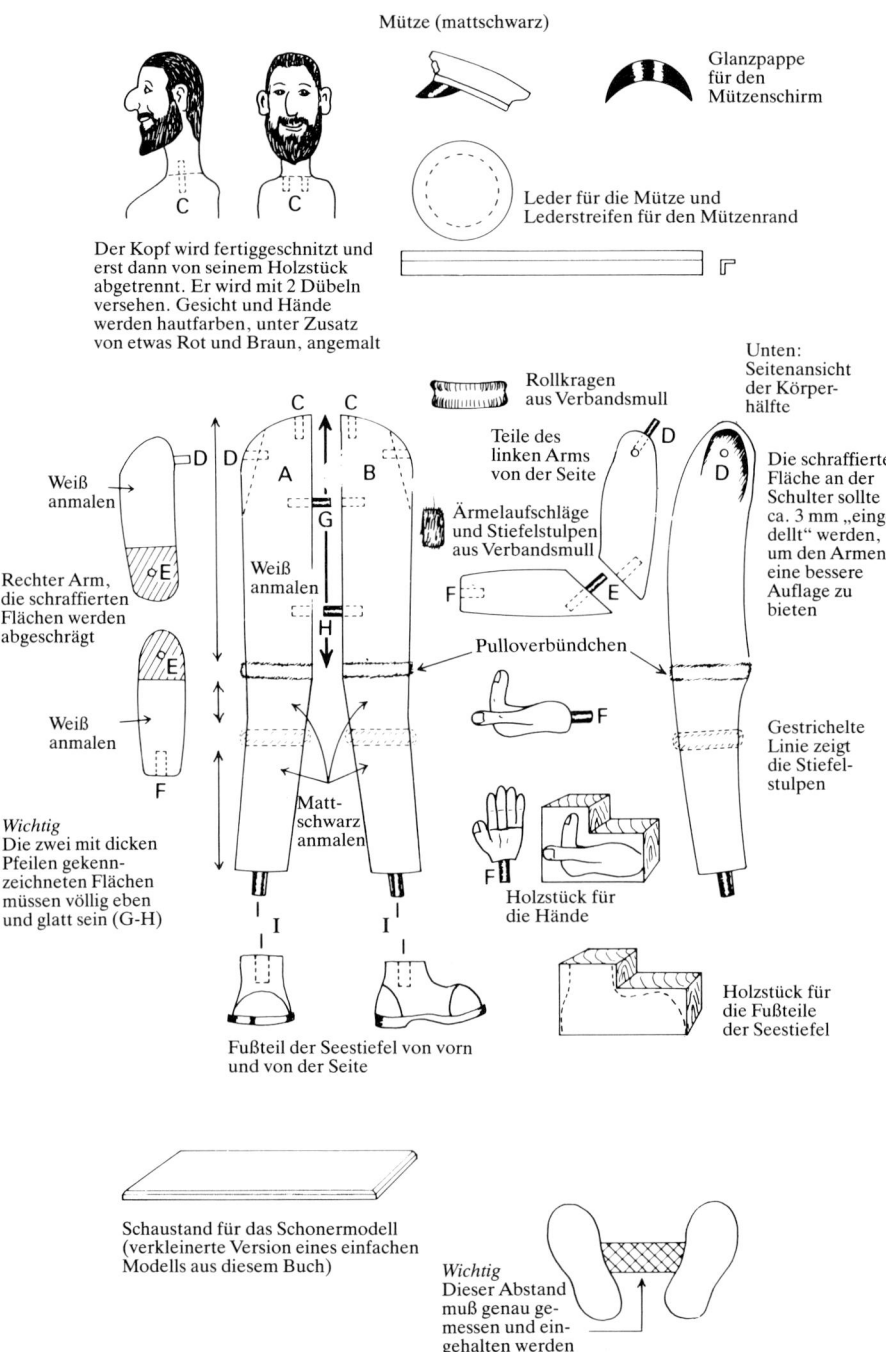

33 *Dieser Bauplan ist zwar für den Fischer, gilt aber im Prinzip, mit kleinen Veränderungen, für alle Figuren.*

Die Arme werden aus 9,5-mm-Dübeln hergestellt und am Ellenbogen angewinkelt (E), entsprechend der Flaschenhalsdicke. Oben, wo die Arme am Rumpf anliegen, sollen sie leicht gerundet sein (D), wie auch der Rumpf dort leicht „eingedellt" ist. Obendrein werden am Schulterteil Dübel hineingeklebt, ebenso wie an den Ellenbogen. Die Ellenbogen sollten absolut flach und so paßgenau wie möglich sein. Auch die Arme werden mattweiß vorgestrichen und nach dem Trocknen mit feuchtem Verbandsmull belegt, wie der Rumpf. An den Schulterflächen, die an den Rumpf anschließen, wird überschüssiger Mull abgeschnitten. Anschließend werden sie genauso bemalt wie der übrige Pullover.

Für die Füße schneidet man aus einem Stückchen Buchenholz zwei L-förmige Stücke, die man zurechtschnitzt und feilt, bis sie wie Stiefel von der Seite aussehen. Stiefelspitze und Schaft werden mit Feile und Sandpapier abgerundet, bis sie wirklich Seestiefeln ähneln. Sohle und Hacke können sorgfältig hineingefeilt werden, und die Stiefelspitze wird fein eingeritzt, um eine Schuhkappenverstärkung vorzutäuschen, was man auch an den Hacken machen kann. Auch in die Füße werden Löcher gebohrt, um die Zapfen aus den Beinstücken aufzunehmen (I).

Wer an seinen Schnitzkünsten bezüglich Kopf, Gesicht und Hand zweifelt, sollte vorher an Weichholzabfällen üben, je häufiger, um so besser. Die Zeichnungen in diesem Kapitel dienen als allgemeine Anleitung zur Anfertigung aller Arten von Köpfen. Am Schluß wird immer mit Feile und Sandpapier gearbeitet, und wer hat, nimmt noch den Zahnarztbohrer − man kann den Zahnarzt ja nach den alten, abgenutzten Bohrern fragen, für Holzarbeiten sind sie immer noch gut genug. Für den Mund bohrt man etliche ganz feine Löcher in die entsprechende Linie und verbindet sie mit einem Skalpell. Wer Zelluloid für Augen oder Zähne nimmt − ich persönlich finde es erheblich besser −, muß den Mund etwas breiter machen. Kopf, Gesicht und Hände sollten hautfarben angemalt werden, aber mit etwas Braun und Rot versetzt, um dem Fischer das wettergegerbte Aussehen zu geben.

Wenn die Farbe vollständig getrocknet ist, bohrt man unten in den Hals rechts und links ein Loch für die Dübel. Sie sollen so weit voneinander entfernt sein, daß sie auf je eine Rumpfhälfte gesetzt werden können (C). Die Dübel werden mit ein wenig Klebstoff bestrichen und eingelassen, so daß sie etwa 4 mm herausragen.

Die Haare aus schwarzem, braunem oder weißem Garn werden Strähne für Strähne an den Kopf geklebt. Wenn der Klebstoff getrocknet ist, werden sie an der Stirn in Form geschnitten; das sieht erheblich natürlicher aus als Mattlack.

Die Hände sind schwierig zu schnitzen, besonders die Finger, und man muß sehr sorgfältig arbeiten. Sie werden mit dem feinstmöglichen Sägeblatt herausgesägt − kleine Uhrmacher- oder Juweliersägen sind ideal für diese feinen Arbeiten und lohnen die Anschaffungskosten. Bei diesem Modell muß man die Finger im rechten Winkel zu den Handflächen schnitzen, denn sie halten ja das Schiffsmodell. Deshalb beginnt man mit zwei L-förmigen Buchenholzstückchen, bei denen die Maser wie auf unserer Zeichnung verläuft. Die Hände sollten so realistisch wie möglich geformt sein; erst ganz zum Schluß werden die Finger hineingesägt. Während des Sägens hält man die Hand fest zwischen Daumen und Zeigefinger, aber aufpassen, nicht in die eigene Hand sägen! Wer will, kann Knöchel und Fingernägel mit Feile oder Skalpell als feine Einritzungen andeuten, denn gerade diese Kleinigkeiten machen das Modell so wirkungsvoll. In die Handgelenke wird nun ein Loch gebohrt für den 1,6-mm-Dübel, der mit Klebstoff eingelassen wird. Aber noch werden die Hände nicht an die Arme geklebt, sondern erst mit den Resten der Gesichtsfarbe angemalt. Nach dem Trocknen setzt man das Ganze probehalber zusammen, um den Spielraum im Flaschenhals zu überprüfen.

Der Rollkragen des Pullovers wird nun unter dem Kinn am Hals festgeklebt und sorgfältig weiß angemalt. Er verdeckt auch die Steckverbindung. Auch dieses muß auf seine Größe im Flaschenhals überprüft werden.

Nun setzt man die gesamte Figur zusammen. *Aber noch nicht zusammenkleben!* Alle Dübel werden auf Paßgenauigkeit und guten Sitz überprüft. Die Verbindungsstellen an Hand- und Fußgelenken müssen so unauffällig sein wie möglich, Füße und Beine vom selben Mattschwarz, ohne eine Spur der Naht zwischen ihnen, wenn's geht. Die Figur müßte nun aufrecht stehen können. Wenn man die Füße mit den Fußspitzen etwas auswärts gestellt hat, ist der Stand sicherer. Nun nimmt man ein Stück dünne Pappe, am besten eine Postkarte, und zeichnet die Fußabdrücke und ihren Abstand voneinander ganz genau nach, denn das wird die Grundlage für die Position der Figur in der Flasche (siehe Abb. 33). Von dieser Zeichnung hängt die Standgenauigkeit des gesamten Modells ab, da es ja mit den Füßen voran in die Flasche gesetzt wird. Die Umrisse werden ausgeschnitten, und der in Abb. 33 schraffierte Teil wird mit Sand bestreut, wenn der Stand in der Flasche ist. Es darf aber kein Sand auf die Fußabdrücke gelangen, sonst haften die Füße beim Zusammenkleben nicht. Jede Verbindung muß gut durchtrocknen, und jegliche Feuchtigkeit muß aus der Flasche verdunsten. Deshalb sollte man sich Zeit nehmen. Wenn man es zu eilig hat, erhält man unter Umständen ein schimmeliges, feuchtes Etwas, und es ist ziemlich schwierig, wahrscheinlich sogar unmöglich, das wieder in Ordnung zu bringen, wenn das Modell schon in der Flasche steht. Bei *diesem* Stück muß man obendrein berücksichtigen, daß die Fußteile der Seestiefel die *gesamte Figur* zu tragen haben, die noch dazu das Schiffsmodell in den Händen hält. Darum müssen die Stiefelsohlen auch ganz genau und nahtlos auf dem Flaschenboden aufliegen und eventuell noch einmal nachgeschliffen oder gefeilt werden. Die meisten Flaschenböden sind bei dieser Art Flaschen etwas konvex geformt, was zu beachten ist, wenn man die Löcher für die Dübel in die Füße bohrt. Wenn man sich überzeugt hat, daß sämtliche Einzelheiten stimmen und alle Einzelteile haargenau passen, keine Fäden lose hängen usw., setzt man den Fischer noch einmal zur letzten Probe zusammen — immer noch nicht kleben! Dann werden alle Dübelenden leicht abgerundet und die Hände genau waagerecht ausgerichtet, um das Schiffchen zu halten.

Die Mütze und der Bart sind nicht unbedingt notwendig, aber einfach herzustellen, und geben dem Ganzen einen maritimen Touch. Für die Mütze schneidet man einen kleinen runden Lederfleck aus und für den Rand einen langen Lederstreifen. Am besten nimmt man dafür eine weiche Lederzunge aus einem alten Stiefel oder eine alte Brieftasche. Man verdünnt das Leder mit einem Skalpell oder Schnitzmesser. Die Länge des Lederstreifens hängt vom Durchmesser der Mütze ab; für das Zusammenkleben muß er freilich grundsätzlich mindestens 3 mm länger sein. Diese Überlappung sollte vorn an der Mütze sein; sie wird von einem kleinen, runden „Goldknopf" mit Anker oder ähnlichem verdeckt, wofür sich ideal Zigarettenschachteln aus golden aussehender Pappe eignen. Mit dem Rücken eines dünnen Messers ritzt man den Lederstreifen der Länge nach so ein, daß er seitlich gesehen L-förmig wirkt. Das kürzere Ende des L wird innen an die Mütze geklebt und der andere Teil jetzt um die klebrige Kante herumgeklebt. Um das Ganze in Form zu halten, nimmt man einen Korken oder eine kleine Münze zu Hilfe. Um der Mütze ein benutztes Aussehen zu geben, wölbt man sie leicht nach oben. Der Mützenschirm wird aus einem

Stück schwarzglänzender Pappe entsprechend der Mütze zugeschnitten und wie auf dem Bauplan gewölbt.

Jetzt bestreicht man den Boden der Flasche dick mit Klebstoff und fügt die Fußabdruckpappe ein. Sie wird dabei aufgerollt und berührt unten mit den Hacken fast die hintere Flaschenwand, da ja die Arme recht weit hervorragen. Das Pulloverbündchen des Fischers darf hinten ruhig die Wand berühren, das gibt dem Ganzen sogar noch einen besseren Halt. Wenn die Fußabdrücke ganz fest sind, wird Klebstoff auf den *schraffierten* Teil und auf den übrigen Flaschenboden gegeben. Das geht ganz einfach mit einem schlichten Kindertuschkastenpinsel, den man mit einem dünnen Plastikröhrchen verlängert; oder man bohrt in einen 6-mm-Dübel ein Loch und steckt den Pinsel hinein. Auf beide Arten gelangt man jedenfalls bis auf den Grund der Flasche.

Man streicht noch eine Schicht Klebstoff darauf und bestreut alles gleichmäßig und vollständig mit feinstem Sand, wie er z. B. in Sanduhren ist. Das geht am leichtesten mit einem Plastik- oder Metallröhrchen und einem Papiertrichter, der oben gut an dem Röhrchen festgeklebt ist. Dann ist es relativ einfach, ein wenig Sand hineinzustreuen, während man das Röhrchen kreisen läßt. Der Sand wird sacht hin und her geschüttelt, so daß er den Boden gleichmäßig bedeckt, wobei man vorsichtig sein muß, weil er leicht an den Seiten der Flasche klebenbleibt und eventuell Kratzer hinterläßt, wenn man versucht, ihn zu entfernen. Deshalb nimmt man auch so wenig Sand wie möglich. Überschüssigen Sand entfernt man ganz vorsichtig mit einem an einem Draht befestigten feuchten Wattebausch, während die Flasche auf der Seite liegt.

Nun bestreicht man die Fußabdrücke selbst gut mit Klebstoff, und wenn er anfängt, sich zu setzen, preßt man die Füße des Fischers darauf. Dies kann man mit einem 3-mm-Dübel bewerkstelligen, den man unten auf ca. 1 cm Länge auf 1,6 mm Durchmesser verringert hat. Den steckt man in die Bohrung im Fuß, bringt den Fuß an den genauen Standpunkt und preßt ihn dort fest. Währenddessen kann man mit einem zweiten Dübel auf die Fußspitze drücken, um den Fuß in seine endgültige Stellung zu bringen und dann den ersten Dübel wieder herausziehen zu können. Das muß nun mindestens 24 Stunden trocknen, denn der nächste Schritt darf nicht übereilt stattfinden.

Wenn die Füße wirklich fest stehen – im Zweifelsfalle versucht man, sie zu bewegen –, legt man die Flasche hin, führt die erste Körperhälfte ein, dann die zweite, leicht mit Klebstoff bestrichen (zuviel würde an den Nähten hervorquellen). Die beiden Hälften werden fest zusammengedrückt, und die Figur wird an die Flaschenwand gelegt. In die Bohrungen in den Füßen gibt man etwas Klebstoff, steckt die Figur hinein und drückt leicht an. Man stellt die Flasche wieder hin, und bevor der Klebstoff trocknet, wird der Kopf samt dem Kragen in einer festen Fadenschlinge (kein Slipknoten!), die unter das Kinn geführt wird, herabgelassen. Man gibt auf die Dübel im Hals etwas Klebstoff und preßt den Kopf fest. Nun sind die Körperteile verbunden und brauchen 24 Stunden zum Trocknen.

Jetzt werden die Oberarme angebracht, wozu man am besten ein Stückchen Bambus nimmt, das man auf den letzten 5 cm spaltet. Dies ist übrigens ein unbezahlbares

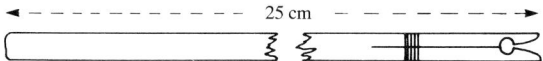

Zange aus Bambusrohr, am Ende gespalten und mit Sicherungsdraht umwickelt.

Gerät, um Arme und Beine innerhalb der Flasche anzubringen. Mit dieser Bambuszange greift man den Arm und läßt ihn bis genau auf Schulterhöhe herab. Mit der anderen Hand und einem Hilfsdraht bringt man einen kleinen Tropfen Klebstoff auf den Dübel und in die „Achselhöhle"; wer will, kann schon vorher den Klebstoff auftragen, aber Vorsicht, der Dübel darf nicht an der Bambuszange festkleben! Nun wird der Arm in das Dübelloch und in die Schultervertiefung eingefügt und festgedrückt. Dasselbe geschieht mit dem anderen Arm. Anschließend muß das Ganze wieder lange trocknen.

Man fügt nun die Hände an die Handgelenke − noch *nicht* ankleben, denn wenn der Unterarm angebracht ist, müßte man möglicherweise die Hände noch austarieren, um eine gleichmäßige Auflage für den Schaustand zu haben. Um Unterarm und Hände anzubringen, wickelt man einen 30 cm langen Faden um die Stelle, die man für den Schwerpunkt hält. Dies muß allerdings ausgetestet werden, es muß genau waagerecht hängen. Ist einem das gelungen, trägt man Klebstoff auf den Dübel und auf die abgeschrägte Fläche auf, kippt es etwas und läßt es in die Flasche hinunter, bis der Dübel sich auf Höhe der entsprechenden Bohrung am Ellenbogen befindet. Man preßt ihn mit einem Stäbchen fest, während man ihn noch am Faden hält. Man wiederholt die Prozedur mit dem anderen Arm und läßt dann alles 24 Stunden trocknen.

Dann kann man dem Fischer die Mütze aufsetzen: Sie wird von innen und am Rand großzügig mit Klebstoff bestrichen und dann fest und im kecken Winkel auf den Kopf gedrückt, was dem Fischer eine stolze Note gibt.

Das Schiffsmodell ist ein relativ einfaches Stück, und es ist eine persönliche Entscheidung, ob man einen zwei- oder dreimastigen Schoner vorzieht. Wie man ihn baut, ist in den Kapiteln 3 und 4 ausführlich beschrieben, nur müssen für diesen Zweck die Maße verringert werden.

Der Schaustand besteht aus einem Stück Buchenholzfurnier von $57 \times 11 \times 1,6$ mm, an den Kanten abgeschrägt und zweimal dünn mit Polyurethanlack gestrichen. Ein bißchen blaue Knetmasse wurde mit ganz wenig Weiß für Schaumkämme und Kiellinie zum Meer geformt. Der Teil der Knetmasse, in dem das Schiff zu liegen kommt, sollte ca. 3 mm vertieft werden, um dem Schiff ein sicheres Bett zu geben und es in seiner Lage zu verankern.

Wie man das Schiff in die Flasche bringt Dies ist etwas schwieriger, als ein Schiff waagerecht in die Flasche zu bringen, denn die Masten müssen schon teilweise gestellt werden, sobald das Modell aus dem Flaschenhals ins Flascheninnere hineingelangt. Dies kann man bewerkstelligen, indem man den Klüverbaum mit einer relativ großen Pinzette festhält und das Modell selbst mit einem gebogenen Draht, der unter das Großstengestag greift. So wird es vorsichtig in die Knetmasse-„See" gesetzt und festgedrückt. Man kann das Bett für das Schiff in der „See" vorher auch noch mit etwas Klebstoff versehen − aber langsam trocknendem, denn das Rigg muß durchgeholt werden, bevor der Klebstoff trocknet. Dazu nimmt man am besten einen langen Dübel mit einer flachen Kante, aber man darf nicht zu stark drücken, denn der Fischer muß das aushalten können. Wenn das Rigg vollständig durchgeholt ist, werden die Enden der Führungsfäden provisorisch in die See gesteckt und winzige Klebepünktchen an die Stage unter dem Klüverbaum gegeben. Nach dem Trocknen werden die Fäden unter dem Klüverbaum abgeschnitten und die restlichen in der Knetmasse verborgen. Bevor man nun den Korken einfügt, muß das Ganze noch gut eine Woche nachtrocknen.

Ein Fischer mit Schiffsmodell.

Materialliste

Eine leere Halbliter-Ginflasche
Ein Stück Buchenholz, 30 × 2,5 × 1 cm, für die beiden Körperhälften und den Kopf
1,6-mm-Dübel oder Cocktailstäbchen
6-mm-Dübel von 30 cm Länge
1-cm-Dübel von 30 cm Länge für die Arme
Ein Päckchen schmalen Verbandsmull
Ein Stückchen Buchenholz, 15 × 3,8 × 1,3 cm, für Hände und Füße
Garn für Haare und Bart, Farbe nach Wahl
Langsam trocknender Klebstoff auf Latexbasis
Weißen und schwarzen Mattlack, Hautfarbe, Rot und Braun
Etwas Watte
Etwas feinen Sand
Ein Stück dünnes, schwarzes Leder, ca. 10 × 8 cm
Dünne Pappe, am besten eine Postkarte und dazu
    goldfarbene und glänzende, schwarze Pappe
Ein 6-mm-Metall- oder Plastikröhrchen, wenn's geht, 26 cm lang
Ein feines Juwelier- oder Uhrmachersägeblatt
Ein paar lange, 3 mm dicke Drähte von 26 cm Länge
Ein ca. 25 cm langes Stückchen Bambusrohr

Material für das Schiffsmodell

Cocktailstäbchen für die Masten
Chinesische Zahnstocher für die Rahen
Schreibmaschinenpapier für die Segel
Braunes oder schwarzes Garn fürs Rigg
Lackfarbe nach Wahl, z. B. Grün, Schwarz oder Rot für den Rumpf
Blaue und weiße Knetmasse für die „See".
Ein Stückchen Buchenholz, 57 × 11 × 1,6 mm, für den Schaustand

Long John Silver

Für Long John Silver aus Robert Louis Stevensons „Schatzinsel" gelten dieselben Regeln wie für den Fischer. In diesem Fall inspirierte die Flasche zu dem Modell, welches ich im Geiste vor mir sah, als ich die Flasche geschenkt bekam (Foto Seite 118). Früher enthielt sie Rum. Außen auf der Flasche sind Segelschiffe des vorigen Jahrhunderts erhaben ins Glas gegossen. Schon dies allein ist Motivation genug für so ein Thema. Was könnte man also Besseres tun, als diesen Schurken von einem Schiffskoch darzustellen, den Stevenson so unvergeßlich verewigt hat. Eins der Schiffe auf dieser Flasche hätte übrigens gut und gern die HISPANIOLA sein können. „Die Schatzinsel" war jahrelang eines meiner Lieblingsbücher, und ich kann es immer wieder lesen. Ich weiß sehr gut, daß eine solche Flasche Seltenheitswert hat − niemals wieder habe ich so eine gesehen−, darum müssen natürlich meine Größenangaben der jeweiligen Flasche entsprechend geändert werden. Diese war 19 × 11 × 6,4 cm groß. Ideal wäre es, man fände eine farblose Weinkaraffe von ähnlichem Format.

Rechts: 34 *Ein passendes Thema könnte auch die Gestalt von Long John Silver aus dem Buch „Die Schatzinsel" sein.*

116

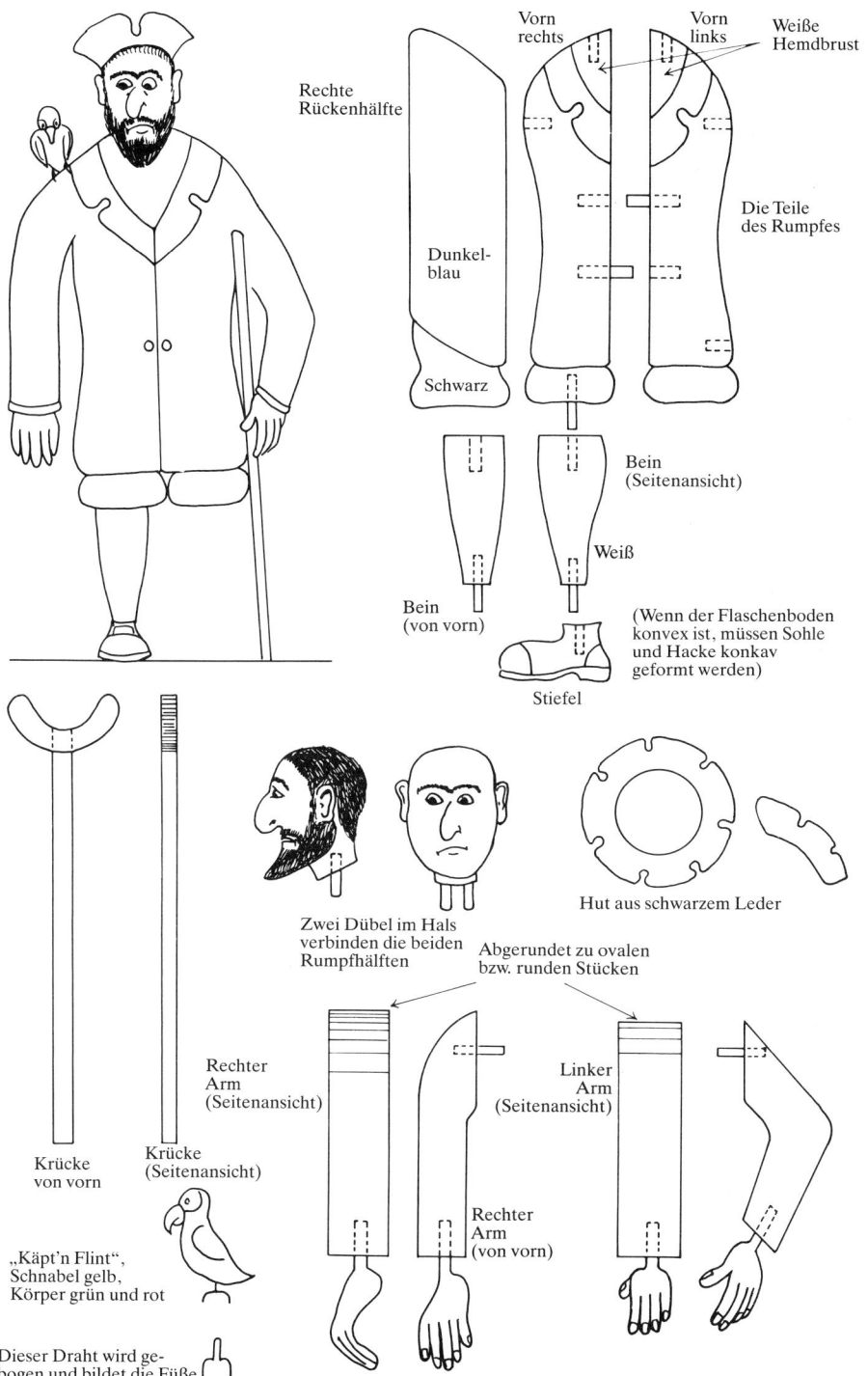

Rechte Rückenhälfte

Vorn rechts

Vorn links

Weiße Hemdbrust

Dunkelblau

Die Teile des Rumpfes

Schwarz

Bein (Seitenansicht)

Weiß

Bein (von vorn)

(Wenn der Flaschenboden konvex ist, müssen Sohle und Hacke konkav geformt werden)

Stiefel

Hut aus schwarzem Leder

Zwei Dübel im Hals verbinden die beiden Rumpfhälften

Abgerundet zu ovalen bzw. runden Stücken

Rechter Arm (Seitenansicht)

Linker Arm (Seitenansicht)

Rechter Arm (von vorn)

Krücke von vorn

Krücke (Seitenansicht)

„Käpt'n Flint", Schnabel gelb, Körper grün und rot

Dieser Draht wird gebogen und bildet die Füße

117

Long John Silver und sein Papagei „Käpt'n Flint".

Der hauptsächliche Grund für diesen Teil des Kapitels ist der, dem Leser noch eine andere Idee zur Personendarstellung anzubieten. Genau wie bei dem vorher beschriebenen Fischer war das Holz Buche, das Material für den Hut schwarzes

Leder, weißes Celluloid oder Elfenbeinplättchen für Zähne und Augen. Hautfarbener Lack, mit etwas Braun und Rot versetzt, wurde für Gesicht und Hände benutzt, um die gebräunte Haut darzustellen. Der Rumpf, der vor allem aus dem Jackett besteht, mit Ausnahme der weißen Hemdbrust, wurde bis fast zu den Knien dunkelblau angemalt, und die Aufschläge wurden nach der Nadel- und Fadenmethode in Kapitel 16, wie bei den Dominospielern, hergestellt. Winzige Messingstäbchen, deren Köpfe flachgefeilt und farblos lackiert wurden, um der Oxydierung vorzubeugen, wurden zu Knöpfen umfunktioniert, und die Hose wurde mattschwarz angemalt.

Nun ist es ja schon schwer genug, einen stehenden Mann stabil in eine Flasche einzubauen, wieviel mehr einen einbeinigen. Dennoch war dieses Modell für mich eine faszinierende Aufgabe und eine Herausforderung. Vielleicht half mir auch die Erfahrung meiner Seefahrtsjahre, als ich oft genug zu Hilfe gerufen wurde, um einen bezechten Kollegen sicher an Bord zu bringen. Jedenfalls gelang es mir, Long John Silver aufrecht zu halten. Sein „richtiges" Bein wurde mattweiß angemalt, um einen Strumpf darzustellen; die Hemdbrust erhielt dieselbe Farbe. Der eine Stiefel ist schwarzglänzend, und der Verschluß eines winzigen Uhrenarmbands dient als Stiefelschnalle. Obwohl Long John Silver in zahllosen Filmen und Fernsehserien von dem unvergessenen Robert Newton als dunkelhaariger Mann dargestellt wurde, war er nach Robert Louis Stevenson blond mit Bart. Und so habe ich ihn auch porträtiert, mit einer groben, hölzernen Krücke unter dem linken Arm, einem passenden verderbten Gesichtsausdruck und seinem Papagei „Käpt'n Flint" auf der Schulter. Man kann fast hören, wie der schlaue Vogel kreischt: „Fünfzehn Mann auf des toten Mannes Kiste . . ." „Käpt'n Flint" habe ich ebenfalls aus einem Stückchen Buchenholz geschnitzt und rot und grün mit gelbem Schnabel angemalt. Seine Beine bestehen aus feinem Eisendraht und sind in zwei kleine Bohrungen in Long Johns Schulter eingelassen. Auf den Flaschenboden wurde zurechtgeschnittenes feines Sandpapier geklebt und mit etwas Knetmasse versehen, in der grüne, nicht vergilbende Plastikpflanzen aus dem Spielwarengeschäft stecken. Alles zusammen stellt einen Streifen Sandstrand dar. Die Pflänzchen kosteten nur ganz wenig und gehörten zu einer Spielzeugfarm.

Die Abb. 34 auf Seite 117 sollte eigentlich alles erklären; die Herstellung von Long John Silver erfolgt, wie schon gesagt, in denselben Schritten wie denen für den Fischer. Hier muß man aber ganz besonders darauf achten, daß die Figur wirklich senkrecht steht, wenn man sie probehalber zusammensetzt, und daß die Krücke gut in Long Johns Achselhöhlung sitzt und etwas oberhalb des linken Knies durch einen Dübel fest mit dem Körper verbunden ist. Das Krückenbein und der eine Fuß sind alles, was die Figur aufrecht hält. Es ist also äußerst wichtig, daß beide gut angeklebt werden. Um den Halt noch zu verstärken, kann man grüne Knetmasse um Krücke und Fuß pressen, wenn die Figur in der Flasche steht. Haar und Bart werden aus safrangelbem Garn strähnenweise an den Kopf geklebt. Ein 3 mm schmaler, weißer Leinenstreifen um die Handgelenke dient als Manschette. Das Leder für die Mütze wird wie abgebildet zugeschnitten und die Krempe, wenn sie noch klebrig ist, hochgedrückt. Der Hut wird passend im forschen Winkel auf den Kopf geklebt. Ist der Flaschenhals relativ eng, sollte man den Papagei auf die Schulter setzen, bevor man den Hut hinzufügt.

13

„Der alte Laternenputzer"

In diesem Falle habe ich einmal überhaupt nicht vorausgeplant, sondern versucht, das Thema zur Flasche passend zu finden (siehe Abb. auf Seite 124). Ich schätze ihr Alter auf rund hundert Jahre. Sie sieht aus wie eine von den alten Hustensaftflaschen, die zu Königin Victorias Zeiten so beliebt waren. Auf solchen Flaschen klebten oft grandiose Etiketten, die langatmig den Inhalt anpriesen. Es war unglaublich, wie viele verschiedene Krankheiten man damit heilen konnte, gleichgültig, ob innerlich oder äußerlich angewandt. Diese geheimnisvollen Mixturen enthielten haarsträubende Zutaten, z. B. Opium, Laudanum und verschiedene hochgiftige Chemikalien, mit Alkohol versetzt, was ein Gebräu ergab, das einen Ackergaul fast umbringen konnte. Solche „Zaubertränke" gab man häufig sogar kleinen Kindern als eine Art Schlaftrunk, damit die Eltern ihre Samstagabende vergleichsweise ruhig in der heimischen Kneipe verbringen konnten.

Es ist auf jeden Fall also eine faszinierende alte Flasche. Die Frage war nur, was am besten damit anzufangen sei. Wegen der Fehler im Glas, bei einer Flasche dieses Alters unvermeidlich, war sie für ein aufwendiges Schiffsmodell nicht geeignet.

Eines Abends blätterte ich in einer Illustrierten und stieß auf Abbildungen alter Straßenszenen, unter anderem ein Bild, das genau zu meiner Flasche paßte. Es war ein alter Laternenputzer, ideal für Form und Färbung der Flasche, die ca. 19 x 6 x 4 cm mißt und sich auf bis zu 3 cm verjüngt. Ich kann mich noch genau an einen Laternenputzer aus meiner frühen Kindheit erinnern, wir nannten ihn liebevoll „Old Lampy". Er trug ein altes Jackett, seine Cordhosen waren unter den Knien mit Schnürsenkeln zusammengebunden. Er war mit Eimer, Fensterleder und Ersatzglühstrümpfen bewaffnet, seine Taschen waren zum Platzen voll von Zangen, Schraubenschlüsseln, Rohrzangen usw. Er paffte gemütlich seine Tonpfeife, gestopft mit einem schauerlichen Tabak, der einen Geruch erzeugte, daß die Leute ihn fragten, ob er etwa tote Mäuse rauche! Das war natürlich in den „schlechten" alten Tagen, als manch einer vier Berufe ausübte, um seine Familie zu ernähren. „Old Lampy" stieg auf seine Leiter, putzte die Lampengläser, reparierte, was nötig war, und wechselte Glühstrümpfe aus.

Nun hatte ich also mein Thema. Und gleich erhob sich die Frage, was ich als Untergrund für mein Modell nehmen sollte, denn es sollte leicht zu formen und am liebsten schwarz sein. Die Antwort war − Bitumen! Es wird von Elektrikern unter anderem zur Isolierung der Erdkabel verwendet, ist in warmem Zustand gut zu verarbeiten und wird unter normalen Bedingungen niemals steinhart. Es ist aber feuergefährlich. Die fragliche Flasche hatte einen 7,6 cm langen Hals, blieb also für das

Modell nur ein Raum von 11,8 × 6 × 3,8 cm, sogar etwas weniger wegen der dicken Glaswände (Abb. 35 auf Seite 122).

Die Kappe einer alten Zahnpastatube bildete den Fuß der Gaslaterne, ein Abwasch-bürstenstiel den Laternenpfahl. Die Arme wurden aus zwei runden, 2,5 cm langen Nägeln gefertigt und die vier Glasscheiben der Laterne aus dem durchsichtigen Deckel einer Pralinenschachtel. Aus einer schlichten Postkarte schnitt ich das Later-nendach aus, und den Eimer formte ich aus ganz dünnem Bleiblech, obwohl es mit Blech oder Postkartenpappe genausogut geht. Der Henkel des Eimers wurde aus einer Stecknadel hergestellt, Kopf und Spitze gekappt, zu einem Halbkreis gebogen und am Ende knapp 1 mm umgebogen. Der ganze Mann besteht ebenso wie die beiden Holme der Leiter aus Buchenholz, die 13 Leitersprossen aus chinesischen Zahnstochern. Wie bei allen Einbauten in Flaschen sind auch hier sorgfältige Mes-sungen nötig. Wie aus dem Bauplan ersichtlich, stehen beide Füße der Leiter fest in der Bitumenmasse, während sie oben rechts und links an den Lampenarmen lehnt, genau unterhalb der Lampenbasis.

Man beginnt damit, den Spülbürstengriff, welches im Prinzip nur ein 1-cm-Dübel ist, nach oben hin auf 8 mm zu verjüngen. Er muß nur 76 mm lang sein, ist aber einfacher zu handhaben, wenn man ihn länger läßt und ihn erst später verkürzt. Mit einer feinen Säge und einer dreieckigen Feile werden nun zehn Rillen längs hineinge-schnitten, und von oben wird ein 2,4 mm dickes Loch 9,5 mm tief hineingebohrt; eine zweite Bohrung macht man waagerecht 9,5 mm von oben entfernt, für die runden Nägel. Nun wird der Zahnpastatubenverschluß erweitert, um den Laternenpfahl von 1 cm Dicke aufnehmen zu können.

Als nächstes stellt man die quadratische Lampenbasis aus 2,4 mm dickem Hartholz her, die die vier Glasscheiben der Lampe trägt: Mit einem scharfen Skalpell schneidet man im Quadrat vier 1,25 cm lange Nuten hinein, die sich etwas nach außen neigen, um die vier Glasscheiben aufnehmen zu können. In die Mitte wird ein Loch gebohrt für eine 13 mm lange Holzschraube, die höchstens 2,4 mm dick sein darf. Man versenkt den Schraubenkopf, verbindet die Basis probehalber mit dem Laternenpfahl und testet mit einem Schraubenzieher, ob die Schraube sich locker hineindrehen läßt, denn sie wird ja später erst innerhalb der Flasche einge-schraubt.

Mit einer feinen Säge werden nun die vier „Glasscheiben" ausgesägt, glattgefeilt und aneinandergehalten, um zu sehen, ob sie auch genau gleiche Form und Größe haben, nämlich 1,6 × 1,3 × 0,8 mm. Die Kanten dieser Scheiben müssen auf 45° abgeschrägt werden, um wirklich gut zu sitzen. Wie schon erwähnt, wird das Dach der Lampe aus Postkartenpappe angefertigt, wobei man die Falze mit dem Messerrücken einritzt. Alle Teile der Lampe werden nun dunkelgrün lackiert. Die Scheiben werden an ihrem Rand mit einem dünnen Farbstreifen bemalt, um Rahmen vorzutäuschen. Dies erreicht man, indem man die Mitte der Scheibe sorgfältig mit Klebestreifen abdeckt, den man sofort nach dem Anmalen entfernt. Während man die nächsten Stücke baut, können die Scheiben trocknen.

Die beiden Holme der Leiter bestehen aus zwei 1,6 mm dicken, 8,6 cm langen und 5 mm breiten Stückchen Buchenholz oder anderem Hartholz. Oben und unten werden sie abgerundet, und mit einem 1,6-mm-Bohrer werden 13 Löcher in regelmä-ßigem Abstand hineingebohrt. Wenn man die beiden Holme aufeinanderlegt und sie gleichzeitig durchbohrt, gelingt dies am besten. Die 13 Sprossen aus hölzernen Zahn-stochern werden an den Enden sanft abgerundet und dann in *einen* Holm gesteckt,

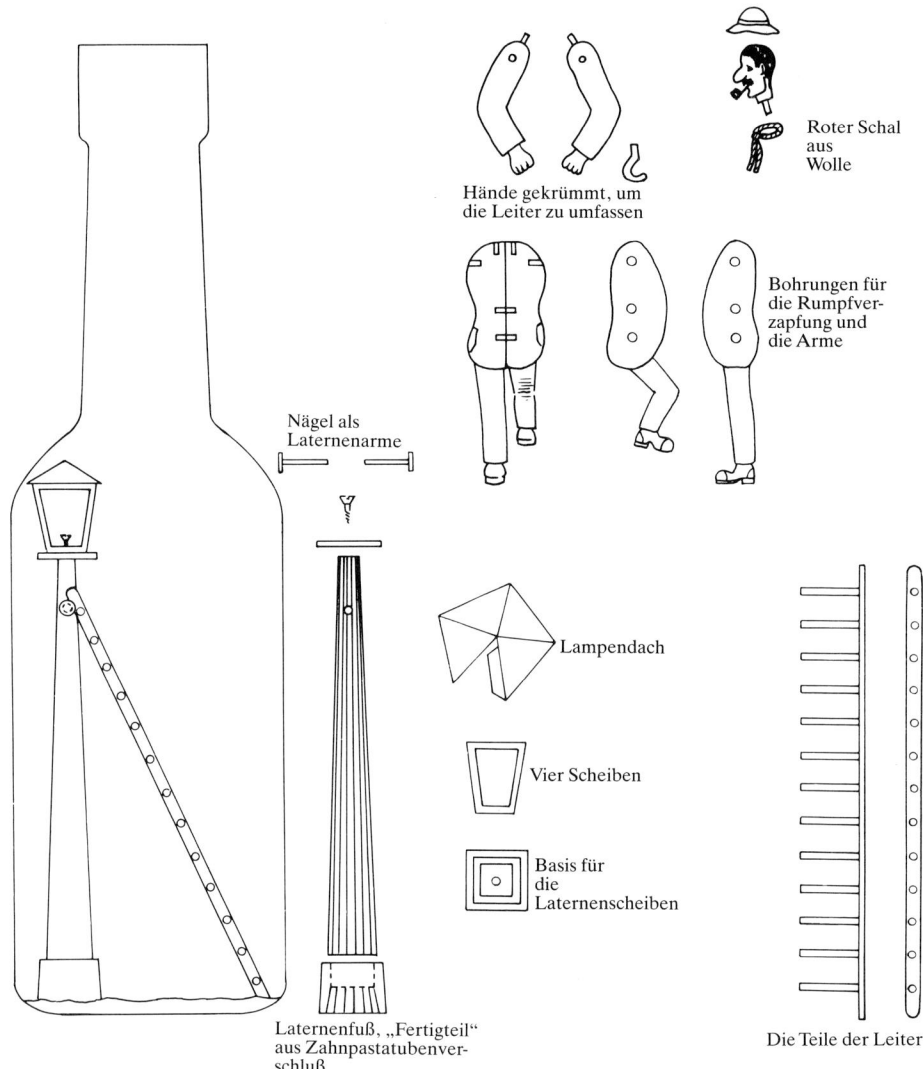

Hände gekrümmt, um
die Leiter zu umfassen

Roter Schal
aus
Wolle

Bohrungen für
die Rumpfver-
zapfung und
die Arme

Nägel als
Laternenarme

Lampendach

Vier Scheiben

Basis für
die
Laternenscheiben

Laternenfuß, „Fertigteil"
aus Zahnpastatubenver-
schluß

Die Teile der Leiter

35 *Ein etwas komplizierteres Modell wie das des alten Laternenputzers nimmt natürlich mehr
Zeit und Geduld in Anspruch.*

um zu probieren, ob sie durch den Flaschenhals gelangen. In meinem Fall war der
Hals 1,3 cm dick, genauso breit wie die Sprossen, die also mit Sandpapier etwas verkürzt werden mußten, zumal sie ja durchs Lackieren etwas dicker werden.
Nun werden alle 13 Sprossen in *einen* Holm hineingeklebt – am besten, man ritzt ein
kleines Zeichen unten in die Holme, weil man sie sonst zu leicht falschherum
einbaut; dann würde der zweite Holm nicht auf die Sprossen passen. Man kann die
Leiter schwarz oder auch farblos lackieren.

122

Mit Säge, Skalpell, Feile und Sandpapier schnitzt man den Laternenputzer. Wie aus dem Bauplan ersichtlich, besteht der Körper aus zwei Längshälften mit je einem Bein und einem halben Rumpf; aber es sind nicht identische Hälften, da das linke Bein gekrümmt ist und eine Leitersprosse höher zu stehen kommt, denn der Mann ersteigt ja die Leiter. Die beiden Stücke Buchenholz für die Körperhälften, je 45 × 13 × 6 mm groß, werden mit zwei 1,6-mm-Dübeln verzapft. Aus 5 × 13 × 29 mm großen Stückchen werden die Arme in leicht gekrümmter Haltung geschnitzt, so daß die Hände recht natürlich um die Holme greifen. 3 mm von oben werden die Arme bei der Schulter durchbohrt und 1,6-mm-Dübel hineingepaßt, die in 5 mm tiefe Bohrungen am Rumpf eingefügt werden. Wenn die Dübel sitzen, werden die Arme „anprobiert", und an der Leiter wird ausgetestet, ob sie gut passen. Wenn nötig, werden sie an der Schulterpartie noch etwas eingelassen. Für die Dübel im Hals werden zwei senkrechte 1,6-mm-Löcher in jede Körperhälfte gebohrt, wodurch später gleichzeitig die beiden Körperhälften verbunden werden. Mit dem Schnitzmesser deutet man die Jackettaufschläge an, ebenso wie die Jackentaschen und den Saum. Dann werden Schuhe und Jackett mattschwarz lackiert, die Hose mattbraun, um eine Cordhose darzustellen, die damals die normale Arbeitskleidung war.

Kopf und Hals schnitzt man aus einem 5-mm-Dübel. Wie schon in Kapitel 12 erwähnt, ist das einfacher als man denkt, und wenn man an Abfallholz etwas geübt hat, kann man sogar relative Ähnlichkeiten herausarbeiten. Hautfarbenen Lack nimmt man für Gesicht und Hände, die Nase wird leicht gerötet, denn die Laternenputzer waren nicht gerade als Abstinenzler bekannt. Haare kann man mit mattschwarzer Farbe malen, Augenbrauen können aus etwas schwarzem Nähgarn gemacht werden, und wer will, fügt noch aus feiner, schwarzer Wolle den buschigen Schnauzbart hinzu. Wenn die Augen recht realistisch aussehen sollen, bohrt man mit einer Nadelspitze Augenhöhlen hinein, tupft einen kleinen Tropfen weißen Lack hinein und, wenn der trocken ist, darauf noch einen ganz kleinen Tropfen Blau. Ein paar Zentimeter Wolle − am schönsten ist Rot − ergeben das ideale Halstuch; die Löhne damals waren für Schlips und Kragen nicht angemessen, das trug man höchstens bei Hochzeiten.

Senkrecht von unten werden zwei Löcher in den Hals gebohrt und mit Dübeln versehen (1,6 mm), die in die Körperhälften gesteckt werden. Aus dünnem Bleiblech oder ebensogut aus Pappe stellt man einen Eimer her: Einen Streifen von 25 × 8 mm rollt man um eine Bleistiftspitze, schneidet ihn zurecht und verklebt das Ganze. Nach dem Trocknen wird der Eimer endgültig in Form geschnitten, man bohrt Löcher für die Henkel, die man aus einer gebogenen Nadel macht, wie oben geschildert, malt ihn silbern an oder beklebt ihn mit Silberpapier. Man muß nicht unbedingt einen Boden in den Eimer bauen, da er ja am Fuß der Leiter in die Bitumenmasse gebettet wird, aber man klebt einen kleinen Kreis aus Silberpapier hinein, um das Wasser darzustellen. Der Einbau kann beginnen, wenn alle Zutaten völlig trocken sind.

Die Bitumenmasse wird in der Hand erwärmt und zu kleinen Würstchen gerollt, die man auf den Flaschenboden fallen läßt und dort mit einem langen Draht zu einem verhältnismäßig gleichmäßigen Boden von nur 1,6 mm Dicke formt. Der Laternenpfahl wird in die Zahnpastakappe geklebt und nach dem Trocknen hinten in die Flasche gesetzt, ca. 13 mm von der Wand entfernt, um der Lampe oben Raum zu lassen. Der Laternenpfahl wird etwas zur Mitte der Flasche gekippt, die Lampenbasis einschließlich Schraube mit der Bambuszange hinabgelassen,und mit einem

„Der alte Laternenputzer" in einer victorianischen Hustensaftflasche.

langen Schraubenzieher, wie man ihn für Radios verwendet, wird die Basis fest an den Pfahl geschraubt, wobei man darauf achtet, daß das Quadrat entsprechend der Flaschenwand ausgerichtet steht. Die erste Scheibe braucht nur an der Bodenkante Klebstoff, die anderen auch jeweils an einer Seite. Man fügt sie Stück für Stück aneinander und drückt sie zusammen, bis der Klebstoff getrocknet ist. Dann faltet und klebt man das Laternendach zusammen, bestreicht die oberen Kanten der Scheiben mit Klebstoff, läßt das Dach hinunter und drückt es fest. Jetzt bringt man die Laterne in ihre endgültige Stellung und läßt sie mindestens zwölf Stunden so durchtrocknen. Die Tatsache, daß der Laternenpfahl beweglich ist, macht nichts, denn später, durch den Einbau der Leiter, wird er absolut fest stehen, weil die Leiter unten im Bitumen verankert ist und oben an die Arme der Laterne geklebt wird.

Anschließend führt man den Sprossenteil der Leiter in die liegende Flasche ein und befestigt ihn mit einem kleinen Klecks Knetmasse provisorisch an der Flaschenwand, bis man den anderen Holm eingefügt hat. Dann entfernt man die Knetmasse; das hat aber keine Eile, denn die Leiter muß lange trocknen. Die Flasche wird wieder aufgerichtet. Jetzt ist es einfach, mit einem langen Draht, der am unteren Ende 5 mm umgebogen wurde und 1,6 mm dick ist, die Leiter fest einzubauen. Die Füße werden in die Bitumenmasse gepreßt und die Holme oben an die Lampenarme geklebt.

Man legt die Flasche wieder auf die Seite und führt die eine Körperhälfte ein, bestreicht die andere dünn mit Klebstoff, preßt die Hälften fest aufeinander und achtet auf genaues Zusammenpassen. Nach dem Trocknen wird die Flasche wieder aufrecht gestellt und die Figur mit Hilfe des gebogenen Drahtes und dem Gesicht ungefähr auf Höhe der Lampe auf die Leiter gestellt. Der linke Fuß steht bei meinem Modell auf der 8. und der rechte auf der 7. Sprosse. Jeder Fuß wird mit einem Tropfen Klebstoff auf seiner Sprosse angeklebt, bevor man die Arme anbringt. Die Hände umklammern die Holme, wodurch sich eine stabile Konstruktion ergibt.

Die Dübel in den Armen werden mit etwas Klebstoff versehen und die Arme dann mit der Bambuszange an ihren Platz gebracht und festgedrückt. Anschließend werden die Hände an die Leiter geklebt. Wieder muß es eine Weile trocknen, ehe Kopf und Hals samt wollenem Halstuch angefügt werden, wobei der Schal nicht nur eine willkommene Ergänzung ist, sondern auch die Verbindungslinie zwischen Hals und Rumpf überspielt.

Mein Modell raucht eine Bruyèrepfeife aus einem gebogenen, braun angemalten Stückchen Draht; falls es eine Tonpfeife sein soll, muß sie weiß angemalt werden. Allerdings braucht das pfeiferauchende Modell noch eine 1,6-mm-Bohrung im entsprechenden Mundwinkel, 3 mm tief. Zum Schluß wird der Eimer am Fuße der Leiter fest eingesetzt. Nach einer Woche ist alles ausgetrocknet, so daß die Flasche verkorkt und versiegelt werden kann.

14

„Neptun und die Seejungfrau"

Dies ist mal ein ganz ungewöhnlicher Vorschlag, schon allein deswegen, weil eine Unterwasserszene dargestellt wird (siehe Foto auf Seite 131). Für dieses Modell habe ich eine „Johnny Walker"-Whiskyflasche gewählt, mit den Maßen 30× 8 × 8 cm. Die Flasche wurde gesäubert und nach dem Trocknen an zwei Seiten eisblau angemalt, ebenso wie auf dem Boden. Das muß wirklich lange trocknen; am besten malt man noch eine zweite Lage darüber. Am einfachsten malt man zunächst nur eine Seite an und legt die Flasche danach hin, damit die Oberfläche glatt wird beim Trocknen. Erst dann malt man die andere Fläche an, und wenn beide vollständig getrocknet sind, malt man den Flaschenboden an. Genauso geht man beim zweiten Anstrich vor.

Aus dem Bauplan ist ersichtlich, daß ein Wrack dazugehört; in diesem Falle handelt es sich um den Bug eines Küstenseglers (Abb. 36 und 37). Die Detailzeichnungen zeigen, wie man ihn aus Buchenholz- oder Hartholzstreifen leimt. Die Stückchen müssen vollständig flach sein, um perfekt in Lagen aufeinander zu liegen. Jedes dieser Stückchen muß sorgfältig geschmirgelt werden, ebenso wie das Bergholz. Der Steven, an den alle Teile geklebt werden, besteht aus demselben Material und ist im Querschnitt wie in Abb. 36 geformt. Die Größe der einzelnen Streifen hängt natürlich vom Durchmesser des Flaschenhalses ab; sie liegen nicht flach an der Wand der Flasche, sondern auf einer Knetmasseform, die dem Bug seine drei Dimensionen verleiht und ihn gleichzeitig mit der Wand verbindet. Wenn also alle Streifen in Form geschnitten sind und auch wirklich an den Steven passen, malt man den Steven und die nach außen gewölbten Teile zweimal mattschwarz an.

Dann bohrt man eine 5-mm-Bohrung in das Bergholz, tief nach innen versenkt, wie in Abb. 36 angegeben. Sie dient als Ankerklüse, durch die die Ankerkette läuft. Als Ankerkette nimmt man eine relativ dünne Kette, z. B. die Ketten der alten, hölzernen Schweizer Uhren. 15 cm sind ausreichend. Das Ende nagelt man von innen an die Klüse und klebt es mit einem guten Tropfen Klebstoff fest. Während des Baues muß man ausprobieren, ob das Ganze gut und ohne Beschädigung der Kette oder Farbe durch den Flaschenhals paßt. Das andere Ende der Kette wird am Anker befestigt bzw. an dem Teil des Ankers, der aus dem Meeresboden ragt, also Stock und Schaft.

Der Ankerstock besteht aus einem 3 mm dicken Stückchen Hartholz, an beiden Enden zugespitzt, und der Schaft aus einem runden Eisennagel, von dem Kopf und Spitze abgefeilt wurden. Am oberen Ende wird er etwas abgeplattet, 3 mm sind genug, und ein Loch wird hineingebohrt, durch das ein geöffnetes Kettenglied passen muß. Der hölzerne Stock wird dem Nagel entsprechend durchbohrt und der Schaft bis zu seinem durchbohrten Ende hineingesteckt. Das geöffnete Kettenglied

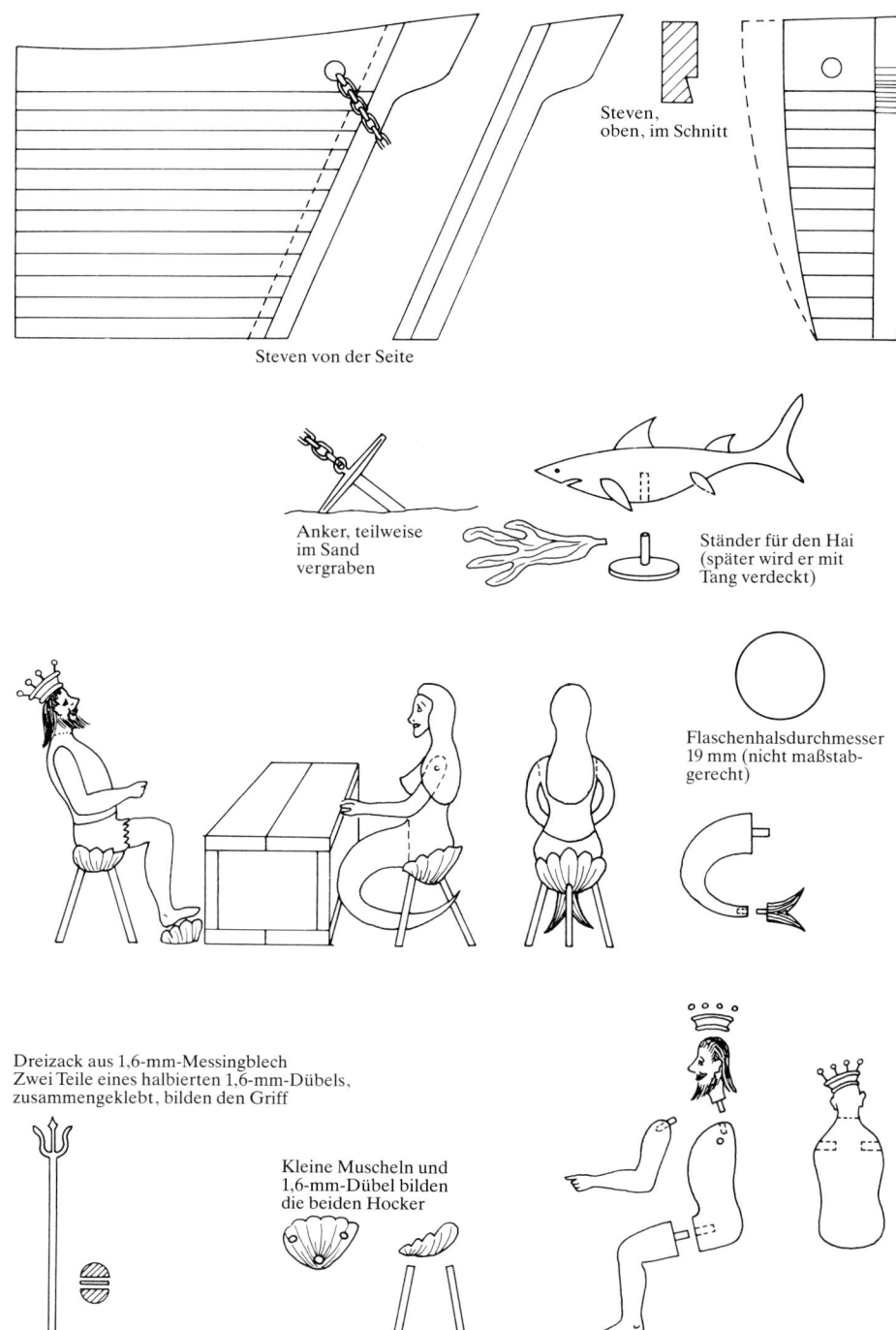

Steven,
oben, im Schnitt

Steven von der Seite

Anker, teilweise
im Sand
vergraben

Ständer für den Hai
(später wird er mit
Tang verdeckt)

Flaschenhalsdurchmesser
19 mm (nicht maßstab-
gerecht)

Dreizack aus 1,6-mm-Messingblech
Zwei Teile eines halbierten 1,6-mm-Dübels,
zusammengeklebt, bilden den Griff

Kleine Muscheln und
1,6-mm-Dübel bilden
die beiden Hocker

36 *Was man für „Neptun und die Seejungfrau" benötigt.*

wird wieder eng zusammengeschlossen. Mit Hilfe von Klebstoff wird alles befestigt, und Kette und Anker werden mattschwarz angemalt.

Beide Figuren, Neptun und die Seejungfrau, habe ich ganz und gar aus Buche hergestellt, aber Mahagoni geht genauso gut. Man darf nur kein Weichholz nehmen, da es, bei jedem Flaschenstück übrigens, viel zu leicht beschädigt wird. Die Köpfe entstanden aus 7-mm-Dübeln, die Körper aus einem Stück Holz 16 × 16 mm, Arme und Beine aus 6 mm dicken Stücken. Es sieht besser und natürlicher aus, wenn man die Arme an den Ellenbogen verschieden anwinkelt, was auch für die Beine gilt, die die gleiche Dicke haben. Füße und Hände wurden extra angefertigt und mit 1,6-mm-Dübeln angebracht, so sorgfältig, daß man die Nahtstellen nicht sehen kann. Zu stark allerdings dürfen Arme und Beine nicht abgewinkelt werden, da sie sonst nicht durch den Flaschenhals gelangen.

Besonders liebevoll müssen die kleinen Hände geschnitzt werden, vor allem die zarten Händchen der Seejungfrau. Man kann sie flach oder gekrümmt schnitzen, das Wichtigste aber ist, vier *feine* Einschnitte für die Finger zu machen und dabei auf die verschiedene Länge der Finger zu achten, wofür man unbedingt ein ganz feines Sägeblatt und eine ebenso feine Feile braucht. Wenn das Schnitzwerk gelungen ist − wer will, übt zuerst an einem Stückchen Abfallholz −, bohrt man in die Gelenkteile die 1,6-mm-Löcher und klebt die Dübel hinein. Zum Schluß werden die Gelenke fein geschliffen, um alle Nahtstellen fast unsichtbar und glatt zu bekommen.

Die beiden Köpfe werden hergestellt wie bei dem Fischer aus Kapitel 12, nur: Der eine Kopf muß männlich aussehen, der andere weiblich. Beide erhielten Haare aus Nähgarn, die strähnenweise angeklebt wurden, Neptun graue und die Seejungfrau goldgelbe. Es ist etwas schwierig, den Fischschwanz dieser Dame zu schnitzen; man sollte zuerst einen Pappschwanz anfertigen und am Flaschenhals anprobieren, um zu testen, ob er nicht zu stark ist, um hindurchzulangen. Er wird grünlich-blau angemalt und hinterher mit einem 1,6-mm-Dübel mit dem Körper verbunden, wie bekannt. Der Flossenteil wird einzeln angefertigt und gleichfalls mittels Dübel angebracht.

Der Hai gelangt als Ganzes in die Flasche und besteht ebenfalls aus Buchenholz. Seine Flossen wurden aus 1,6-mm-Streifen geformt und in Nuten im Körper eingefügt. Da Haie hohe, spitze Schwanzflossen haben, muß man sie laufend am Flaschenhals anpassen, wobei man auch noch die Lackschichtendicke berücksichtigen muß. Oben wird der Hai dunkelgrau, unten weiß angemalt. In Büchern über das Meeresleben findet man Abbildungen von Haien und anderen Meerestieren, die man zusätzlich in die Flasche einbauen kann. Man kann die „Haifischzähne" noch dramatisieren, indem man Celluloid- oder Elfenbeinblättchen aufklebt und das Zahnfleisch als gefährlich rote Linie malt. Bei so feinen Linien ist es übrigens leichter, den Lack mit einem Cocktailstäbchen aufzutragen. In den Bauch des Tieres bohrt man ein 1,6-mm-Loch für einen Dübel, der in einem Holzfuß steckt und später in der Flasche angebracht wird. Auf diese Weise wird der Hai eine realistisch aussehende Schwimmbewegung einnehmen. Den Ständer verdeckt man mit etwas Seetang, den man vom Strand holt oder in einem Geschäft für Aquarienbedarf besorgt.

Das erste Stück in der Flasche ist das Wrack: Man bestreicht den Steven auf der Flaschenwandseite dick mit Klebstoff und klebt ihn an die Flaschenwand, aber so weit vom Boden entfernt, daß die Planken noch gut daranpassen, wobei man die oberste, längste, zum Maßstab nimmt. Dies muß zwei bis drei Tage trocknen. Dann bringt man ein Stückchen Knetmasse in die Form und Größe des Bugs, rollt es zusammen,

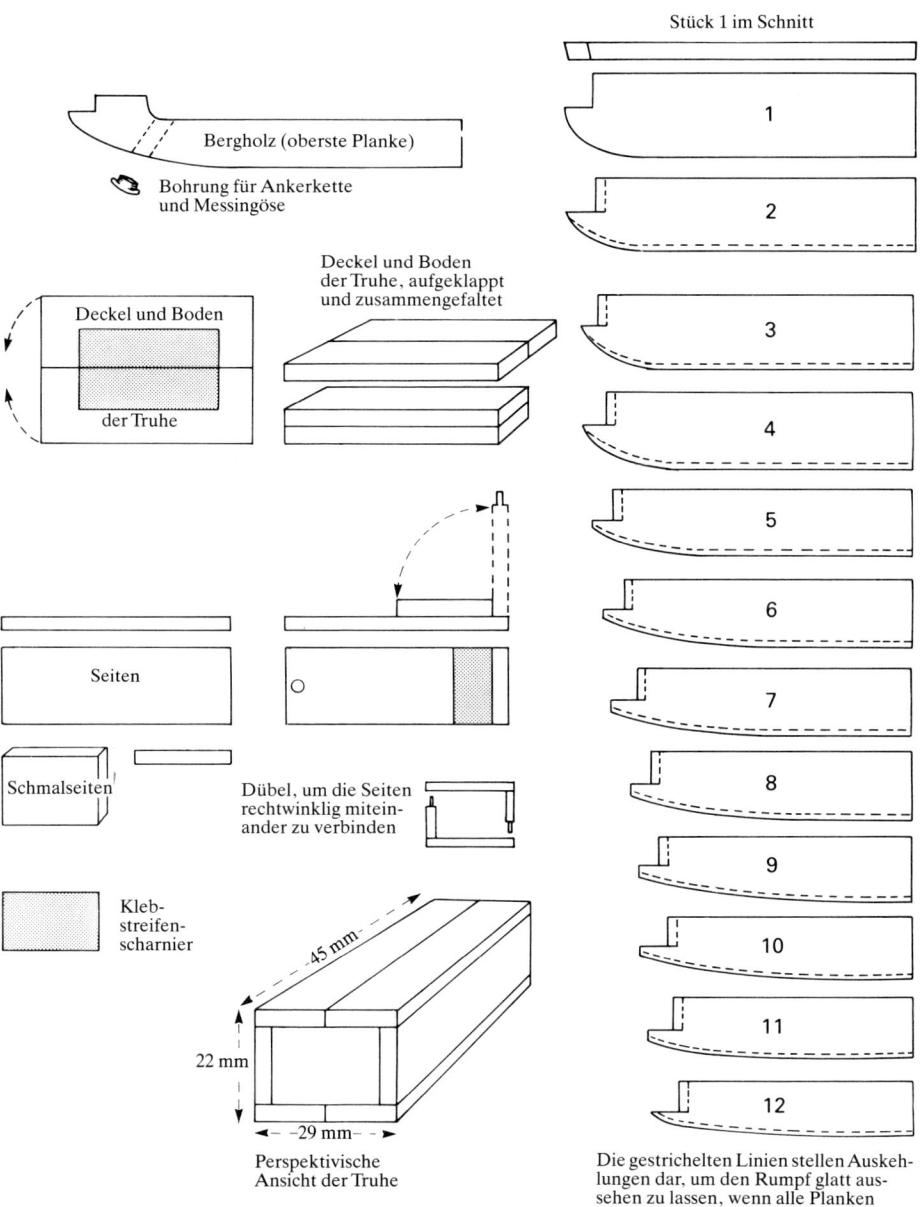

Stück 1 im Schnitt

Bergholz (oberste Planke)

Bohrung für Ankerkette
und Messingöse

Deckel und Boden
der Truhe, aufgeklappt
und zusammengefaltet

Deckel und Boden

der Truhe

Seiten

Schmalseiten

Dübel, um die Seiten
rechtwinklig mitein-
ander zu verbinden

Kleb-
streifen-
scharnier

45 mm

22 mm

29 mm

Perspektivische
Ansicht der Truhe

1
2
3
4
5
6
7
8
9
10
11
12

Die gestrichelten Linien stellen Auskeh-
lungen dar, um den Rumpf glatt aussehen zu lassen, wenn alle Planken
aneinandergefügt worden sind. Dazu
klammert man am besten die einzelnen
Stücke aneinander

37 *Bauplan für das Wrack und die Seekiste.*

bringt es in die Flasche und drückt es dort fest. Dann beginnt man mit der Boden-
planke des Wracks, mit der kürzesten, bettet sie in eine dicke Schicht Klebstoff
seitlich am Steven und unterwärts und läßt wieder lange trocknen. Nun bringt man
ebenso Planke für Planke an. Je mehr Zeit man dazwischen zum Trocknen läßt, um
so besser. Man kontrolliert immer wieder die Lage des Wracks. Besonders sorgfältig
bringt man das Bergholz an, an dem ja schon die Ankerkette befestigt ist. Anker und
Kette werden erst mal auf dem Meeresgrund liegengelassen. Wenn das Wrack fertig
ist, erhält es durch etwas Seetang ein romantisch überwuchertes Aussehen; der
Seetang dient gleichzeitig als zusätzliche Befestigung. Wenn alles gut getrocknet ist,
wird der Meeresgrund um das Wrack herum dünn mit Klebstoff bestrichen und mit
feinem Sand bestreut. Am besten füllt man Sand in ein feines Glasröhrchen und läßt
ihn in die Flasche rieseln. Überschüssiger Sand wird sofort wieder herausge-
schüttelt.

Nun wird der Hai auf seinem Ständer angebracht, dessen Fuß mit Sand bestreut und
hinter Seetang versteckt wird. Anker und Kette werden an ihrem endgültigen Ort
angeklebt und mit feinem Sand umgeben.

Die Hocker, auf denen die beiden Figuren sitzen, sind recht einfach aus zwei kleinen,
rosa Muschelschalen herzustellen, die größere für Neptun. Sie müssen aber durch
den Flaschenhals passen und tief genug sein, um die beiden richtig sitzen zu lassen.
Wie aus Abb. 36 ersichtlich, erhält jede Muschel ca. 1,6 mm von den Ecken entfernt
drei Bohrungen, die so angebracht sind, daß die Beine des Schemels etwas auswärts
weisen, um sicherer zu stehen. Die Beine werden etwas zugespitzt und abgerundet,
um gut in den Sitz und in den Meeresboden zu passen. Sie werden dann ohne Klebstoff eingepaßt und ausgerichtet, bis sie geradestehen. Neptun und die Seejungfrau
werden zusammengesetzt, und man kontrolliert, wie weit die beiden voneinander
entfernt sitzen müssen. Diese Messung ist besonders wichtig, weil davon die Maße
der Seekiste abhängen; sie müssen auf den Millimeter genau sein.

Die Seekiste besteht aus Buchen- oder Mahagonistreifen von 3 mm Dicke und 15 mm
Breite, wobei Deckel und Boden aus je zwei Streifen gebildet werden, die mit einem
29 × 19 mm großen Klebstreifenscharnier zusammengehalten werden, wie auf Abb.
37 zu sehen. Obwohl diese Streifen selbstklebend sind, ist es sicherer, zusätzlich eine
dünne Schicht Klebstoff daraufzustreichen. Nach dem Trocknen werden die beiden
Stücke zusammengefaltet und am Flaschenhals auf ihre Größe getestet. Sie müssen
deutlich kleiner sein, um Spielraum für die Lackschichten zu lassen. Die Seiten-
stücke der Kiste werden ebenfalls mit Klebstreifenscharnieren verbunden, so daß
sie, wenn sie aufgeklappt werden, wie große L aussehen, das heißt, sie liegen um 90°
versetzt zueinander. Zwei 1,6-mm-Löcher werden gebohrt und mit Dübeln versehen, um die Wände wirklich senkrecht zu halten. Diese vier Teile müssen jetzt
ebenfalls probehalber durch den Flaschenhals geführt werden.

Anschließend wird die Truhe zwischen den Figuren aufgestellt; sie dient als provisorische Werkbank, auf der man die Figuren zusammensetzt und fürs Kleben und Ver-
zapfen vorbereitet. Wichtig ist, daß man genau mißt, um die Truhe so zu plazieren,
daß für Neptuns Füße und den Schwanz der Seejungfrau genügend Platz ist. Hier
kann man sich die Sache durch eine Pappschablone, den Maßen der Flasche entsprechend, auf der man die Standorte aller Teile einzeichnet, wesentlich erleichtern. Auf
diese Weise sitzen die beiden dann so nah wie möglich an der Kiste. Nachdem dies
durchgetestet wurde, wird der mit Scharnieren versehene Seekistenboden durch den
Flaschenhals geführt und gut festgeklebt, wobei das Scharnier nach oben zeigt. Dann

„Neptun und die Seejungfrau", eine ungewöhnliche Unterwasserszene.

wird eines der L-förmigen, mit Scharnieren versehenen Seitenteile an den Kanten mit Klebstoff bestrichen, am Truhenboden befestigt und dann die andere Seite. Die beiden Dübel werden in die Bohrungen eingeführt, und dann wird alles genau rechtwinklig ausgerichtet, bevor der Klebstoff trocknet. Es muß auch kontrolliert werden, ob die Seiten genau auf dem Boden stehen und bündig damit abschließen. Nach dem Trocknen bestreicht man die Oberkanten mit Klebstoff und plaziert den Truhendeckel mit dem Scharnier nach unten genau darauf. Alles muß gründlich trocknen.

Jetzt werden die Schemel in der Flasche zusammengesetzt, das heißt, man legt die Muscheln mit der konvexen Seite nach oben auf die Seekiste, klebt die drei Dübel hinein und läßt es trocknen. Dann kommt ein Klecks Klebstoff auf die Sitzfläche, und die Schemel werden an ihrem Platz befestigt. Die Rümpfe von Neptun und der Seejungfrau werden daraufgesetzt und angepreßt. Nun muß alles gut durchtrocknen, denn die Figuren müssen absolut festsitzen, wenn man Arme, Beine, Köpfe und Schwanz anbringt, den Schwanz so, daß er bequem zwischen die Beine des Hockers paßt. Dies alles erscheint als eine langwierige Angelegenheit, aber es ist wieder mal so ein Fall von „Was lange währt, wird endlich gut". Anschließend wird noch eine letzte Schicht Sand um die Figuren und die Truhe gestreut und, falls nötig, der Meeresgrund ausgebessert.

Eigentlich ist das Stück jetzt fertig, aber wer möchte, kann es noch vervollständigen, z. B. eine Rumflasche, Spielkarten usw. auf die Seekiste kleben, auch kleine Stücke getrockneten Seetangs kann man noch um die Kiste herumkleben, wodurch dann alles vielleicht noch mehr nach „Unterwasser" aussieht und eventuelle Unsauberkeiten verdeckt werden. Man kann das Ganze mit einigen einfach herzustellenden Holzfischchen (aus 1,6-mm-Holzstreifen), an die Rückwand geklebt, noch realistischer gestalten. Aus einem einädrigen, plastikummantelten grauen Elektrokabel läßt sich ein täuschend echter Aal herstellen (er kann auch schwarz sein), der auf dem Meeresgrund festgeklebt wird und sich dort ringelt.

Anschließend wird die Flasche von allen Farb- und Klebstoffspuren befreit und zwei Wochen zum Austrocknen hingestellt. Dann wird ein Korken hineingeklebt und eventuell noch ein Türkenbund als Verzierung angebracht. Alle Freunde werden staunen, vor allem über den dreidimensionalen Effekt. Auch dieses Stück wird ewig halten, wenn man es sorgfältig behandelt.

15

„Selbstporträt" – eine unübliche Miniatur

Im Jahre 1979 konstruierte ich eine kleine Figur, von der etliche Freunde behaupteten, daß das Männlein mir sehr ähnlich sähe (siehe Foto Seite 135). Es ist ein ganz kleines Modell und deswegen etwas schwer herzustellen (Abb. 38, Seite 134). Die Flasche ist eine Miniatur-„Haig"-Dreiecksflasche, 95 × 32 × 32 mm groß, mit einem Halsdurchmesser von 12 mm. Der Tisch wurde aus zwei Streifen Buchenholz von 36 × 8 × 2 mm hergestellt und mit Klebstreifenscharnier verbunden. Vier 1,6-mm-Dübel von 16 mm Länge stellen die Tischbeine dar, von denen 1,6 mm in der Tischplatte versenkt wurden. Der 1 cm^2 große Schemel besteht ebenfalls aus 2-mm-Buchenholz, an den Kanten habe ich ihn mit einer feinen Feile abgerundet. Die vier Stuhlbeine aus 1,6-mm-Dübeln sind 10 mm lang und ebenfalls 1,6 mm tief in die Sitzfläche eingelassen, und zwar so, daß sie etwas nach außen gespreizt zu stehen kamen, wie bei einem Melkschemel. Der Hocker war winzig genug, um vollständig zusammengebaut und -geklebt durch den Flaschenhals zu gelangen.

Kopf und Rumpf bestehen aus einem Stückchen Buchsbaumholz, welches nicht einfach zu erhalten ist, sich aber vorzüglich für Miniaturschnitzarbeiten eignet. Dieses Stück war 29 mm lang und 6 mm dick; ein Viertel davon nahm ich für den Kopf, wovon ich vor dem Schnitzen noch etwas herunterschmirgelte, um es auf 5 mm Dicke zu bringen. Kopf, Gesicht und Hände wurden hautfarben angemalt, Körper, Arme und Beine dunkelblau, mit Ausnahme der weißen Hemdbrust, die noch durch einen Schlips aus grauem Garn ergänzt wurde. Die Beine bestehen aus einadrigem, mit dunkelblauem Plastik ummantelten Elektrokabel. Sie sind 25 mm lang und 2,4 mm dick, wobei an jedem Bein an jedem Ende 3 mm Draht freigelegt wurde. Zwei Kupferdrähte wurden mit reichlich Lötzinn versehen und später in die Form von Schuhen gefeilt und schwarzglänzend lackiert. Das andere Ende wurde in zwei Bohrungen im Rumpf gesteckt.

Die Arme aus einem 1,6-mm-Dübel wurden am Ellenbogen V-förmig fast ganz durchgesägt, mit einem Tropfen Klebstoff versehen und in rechtwinklige Haltung gebracht. So etwas kann man auch mit einer Art Minischraubzwinge machen, die aus Stiften besteht, die man in ein flaches Stück Holz getrieben hat. Um den Dübel am Zerbrechen zu hindern, macht man ihn am besten vorher naß. An der Schulter wurden die Arme etwas abgerundet und die unteren 2,4 mm in Handform gefeilt. Mit einem ganz feinen Bohrer wurden die Schulterpartien durchbohrt und später mit zwei 13 mm langen Messingnadeln, auf 3 mm verkürzt, angebracht. Bei dieser Bohrung muß man ganz besonders vorsichtig vorgehen.

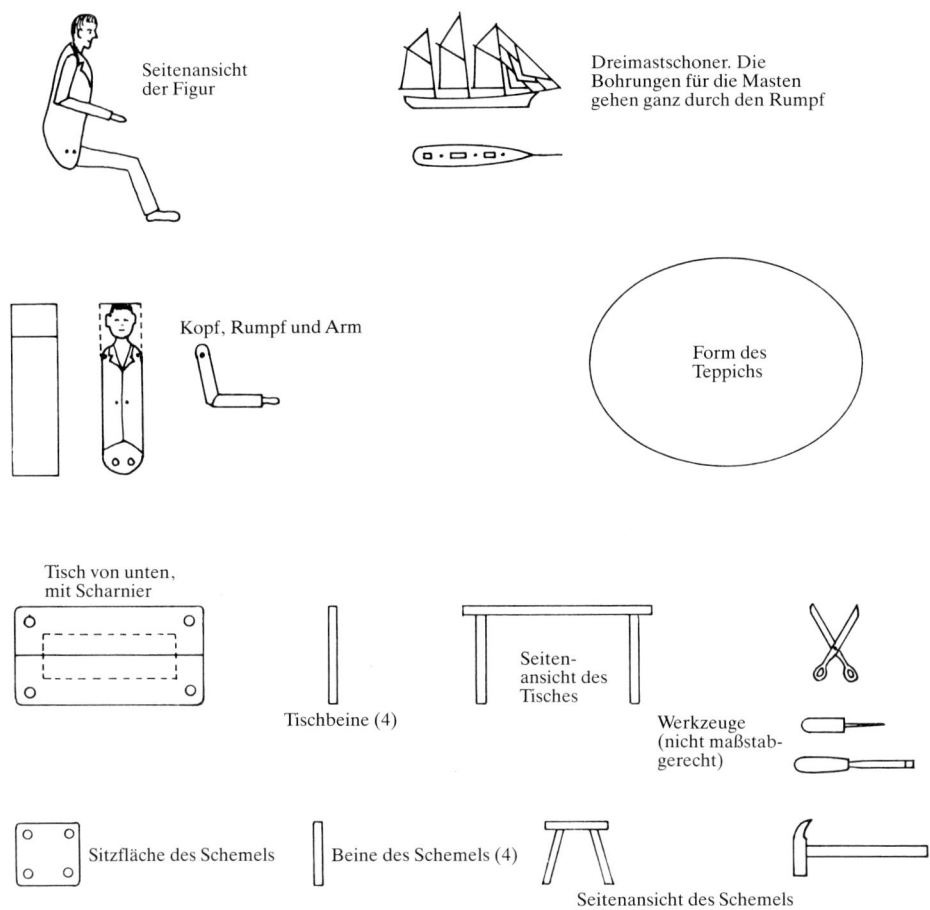

Seitenansicht der Figur

Dreimastschoner. Die Bohrungen für die Masten gehen ganz durch den Rumpf

Kopf, Rumpf und Arm

Form des Teppichs

Tisch von unten, mit Scharnier

Tischbeine (4)

Seiten-ansicht des Tisches

Werkzeuge (nicht maßstab-gerecht)

Sitzfläche des Schemels

Beine des Schemels (4)

Seitenansicht des Schemels

38 *Was man für das Miniaturselbstporträt benötigt.*

Der Teppich, das erste Stück in der Flasche, besteht aus einem ovalen Stück farbigen Stoffes, ca. 45 × 32 mm groß. Er wurde wie eine Zigarette aufgerollt und auf eine Schicht Klebstoff auf dem Flaschenboden aufgeklebt. Das muß sehr lange trocknen und sollte währenddessen mit einigen kleinen Gegenständen beschwert werden, zwecks gleichmäßiger Haftung. Der Teppich muß auch deswegen so besonders gut festkleben, weil ja später in dieser kleinen Flasche alles, Stuhl, Tisch usw., sicher stehen soll.

Der kleine Dreimastschoner auf dem Tisch ist genau 25 mm lang, der Rumpf allein 22 mm. Der Klüverbaum ragt 3 mm heraus, 3 mm stecken im Rumpf, der ebenfalls aus Buchsbaumholz hergestellt und sehr sorgfältig mit dem feinsten Schleifpapier in Form geschliffen wurde. Bei so kleinem Maßstab wurde gar nicht erst versucht, ein richtiges Rigg zu bauen, vielmehr bestehen Klüverbaum und Masten aus feinem Eisendraht, sandfarben bemalt. Der Rumpf wurde schwarz lackiert, aber das war meine persönliche Wahl, er könnte genausogut grün oder rot werden. Die Masten haben folgende Höhe: Fock- und Besanmast 13 mm, Großmast 16 mm. Die Bäume und Gaffeln sind 1,6 bzw. 2 mm lang. Insgesamt erhielt der Rumpf vier Bohrungen: drei für die Masten und eine für den Klüverbaum.

Die Segel aus normalem Schreibmaschinenpapier wurden an Masten und Spieren geklebt. Jeder Mast wurde komplett mit Segeln in die Flasche gebracht, achtern mit dem Besanmast beginnend und nach vorn mit Groß- und Fockmast fortschreitend. Vorher muß man alle Bohrungen daraufhin untersuchen, ob sie auch frei von Farbe sind. Sie sollten auch nicht zu eng sein, sondern einfach zu bedienen, andererseits aber stramm genug, so daß die Masten wirklich senkrecht und in einer Linie hintereinander stehen. Die drei Deckshäuser bestehen aus dicker, weißer Pappe, die natürlich nicht angemalt werden muß. Die Dächer können weiß bleiben, können aber auch grau oder grün angemalt werden. Klüver- und Vorstagsegel erhalten jeweils oben und unten ein Tröpfchen Klebstoff. Oben werden sie an den Fockmast geklebt und unten an den Klüverbaum. Dieses Schiffchen braucht einige Zeit zum Trocknen. Man kann währenddessen die kleinen Werkzeuge anfertigen, die auf dem Tisch liegen und den Eindruck erwecken, als arbeite da wirklich jemand an dem Schiff.

Der Stechbeitelgriff ist ein 5 mm langes Stückchen 1,6-mm-Dübel, mit einem ganz feinen Bohrer so angebohrt, daß eine 13 mm lange Messingbüroklammer eingefügt werden konnte. Sie wurde vorn an der Schneide abgeflacht und ganz vorn zu einer Kante abgefeilt. Der Stechbeitel ist einschließlich Griff 11 mm lang. Der Vorbohrer besteht aus dem gleichen Griff mit der gleichen Nadel, nur hat die Nadel hier ihr spitzes Ende behalten. Der Griff ist 3 mm lang und das ganze Stück 6 mm. Der Hammer besteht aus einem 3 mm dicken Nagel, der den Kopf bildet, indem er auf 8 mm gekürzt und in die Form eines Zimmermannshammers mit Klaue gefeilt wurde. Die Klaue wurde mit einer feinen Säge hineingeritzt und mit einer feinen,

In einer Miniatur-Dreiecksflasche das Selbstporträt des Autors.

Selbstporträt des Autors − eine etwas jüngere Version in einer 1-Liter-Dreiecksflasche.

runden Feile nachgefeilt. Dann erhielt der Kopf des Hammers eine Bohrung für den Schaft, der wieder aus einem 1,6-mm-Dübel bestand und mit Feile und Sandpapier in die richtige Form gebracht wurde. Insgesamt ist der Hammer 16 mm lang. Aus etwas dickerem Eisendraht entstand die 8 mm lange Schere, die 6 mm breit ist. Um die Griffe zu erhalten, wurde der Draht um eine feine Stopfnadel gewickelt; überstehende Enden wurden sauber abgefeilt. Der andere Teil des Drahtes, der die Schneiden bildet, wurde erhitzt, flachgehämmert und am Ende, zu den Schneiden hin, schräg geschnitten und geschärft. Mit einem 0,3 mm-Bohrer wurden die Schneiden durchbohrt. Als Niete diente eine ganz feine Messingnadel, abgeschnitten und flachgeklopft.

Es ist wirklich schwierig, diese Schere herzustellen. Doch wer mit Miniaturarbeiten Erfahrung hat, kann das leicht. Sie kann übrigens richtig schneiden! Genau wie die anderen Werkzeuge wurde sie in Reichweite des Mannes, der ja an dem Schiffchen arbeitend dargestellt ist, auf den Tisch geklebt.

Während der Flascheninhalt durchtrocknete, wurde der Korken vorbereitet. Er wurde etwas zugespitzt und bis an das schmale Ende durchbohrt; 3 mm blieben undurchbohrt. Quer dazu wurde eine 1,6-mm-Bohrung gesetzt. Zwei 1,6-mm-Dübel wurden auf 6 mm Länge geschnitten und an dem Ende, mit dem sie im Korken stecken würden, auf 45° abgeschrägt. Sie wurden mit ganz wenig Klebstoff versehen und in den Korken eingeführt. Ein spitzes Cocktailstäbchen wurde von oben senkrecht zwischen sie geschoben, so daß die beiden Stifte auseinanderbewegt wurden, bis sie innerhalb der Flasche gut über den Flaschenhals hinausragten.

Nach einigen Tagen Trocknungszeit wurde der Flaschenhals versiegelt und mit einem Türkenbund versehen, der rot angemalt wurde.

16

„Die beiden Dominospieler"

Das Foto auf Seite 139 zeigt zwei Personen in einer farbigen Zweiliterflasche, die einander an einem Tisch gegenübersitzen, scheinbar ernsthaft vertieft in ein Dominospiel, ein vollständiges Dominospiel aus 28 Steinen von $3 \times 6 \times 1,6$ mm. Nicht alle Steine müssen Pünktchen haben, denn etwa die Hälfte von ihnen liegt falsch herum auf dem Tisch. Traditionellerweise legt man zuerst den größten Wert, das heißt die Doppelsechs aus, gefolgt von sechs – fünf, Doppelfünf, fünf – vier usw. Deshalb sollte man am besten diese höherwertigen Steine anfertigen (Abb. 39, Seite 138).

Das Problem war nur, wie man so kleine Punkte auf die Steine malen konnte. Denn sie mit einem Pinsel zu malen, wäre genauso leicht, als wollte man ein feuchtes Streichholz an einem Stück Seife entzünden. Also wurden kleine, 1,6 mm dicke Metallstreifchen mattschwarz angemalt. Die Mittellinie wurde nach dem Trocknen mit einem scharfen Skalpell eingeritzt, wodurch das silbrige Metall wunderbar wieder zum Vorschein kam. Die Pünktchen wurden mit einem 0,8-mm-Bohrer gebohrt und waren gleichfalls sehr gut zu erkennen. Das alles muß selbstverständlich sehr sorgfältig durchgeführt werden; am besten markiert man die Pünktchen vor dem Bohren mit einer spitzen Nadel.

Außer den Dominosteinen und den Elfenbein- bzw. Celluloidblättchen für Augen und Zähne besteht alles übrige aus Buchenholz, Arme und Beine aus 13-mm-Dübeln und die Rümpfe aus einem Stück Holz (16 mm^2), aus dem auch die Köpfe, Hände und Stiefel hergestellt wurden. Der 63×50 mm große Tisch ist aus drei Streifen von 16×17 mm gefertigt, die, unterwärts mit Klebstreifenscharnieren verbunden, dreifach gefaltet durch den Flaschenhals gelangten. Die Tischbeine aus 6-mm-Dübeln sind 48 mm hoch und wurden mit einem Elektrobohrer, einem scharfen Skalpell und feinem Sandpapier gedrechselt und ganz oben und ganz unten auf 1,6 mm verjüngt, um in Tischplatte und Boden eingelassen zu werden, was einen festen Stand gewährleistet.

Der dreibeinige Hocker besteht ebenfalls aus 16×17 mm großen Holzstreifen. Da er aber nur eine Sitzfläche von 32 mm^2 hat, brauchte er nur zwei Stücke, die mit Klebestreifen verbunden waren. Seine Beine sind 1,6 mm dick und insgesamt 25 mm lang, wovon je 1,6 mm oben und unten in Sitzfläche und Boden versenkt wurden. Die eine Figur sitzt auf dem Schemel, die andere auf einer $25 \times 13 \times 16$ mm großen Bierkiste, die gleichfalls aus Holzstreifen besteht. Nur die sechs Innenfächer sind aus drei Stückchen Pappe, am besten aus Postkarte, die wie auf dem Bauplan in Abb. 39 zurechtgeschnitten und eingeschlitzt wird. Um sie ineinanderstecken zu können, muß man die Schlitze sehr genau schneiden.

Der Fußboden, aus vier $17 \times 1,6$ mm-Stücken, ist insgesamt $12,7 \times 7$ cm groß, von zwei „Balken" getragen, die unten an die Flaschenwand geschmiegt sind und eine Größe von $7 \times 2,2 \times 1,3$ cm haben. Dazu benötigt man Pappschablonen, die man am

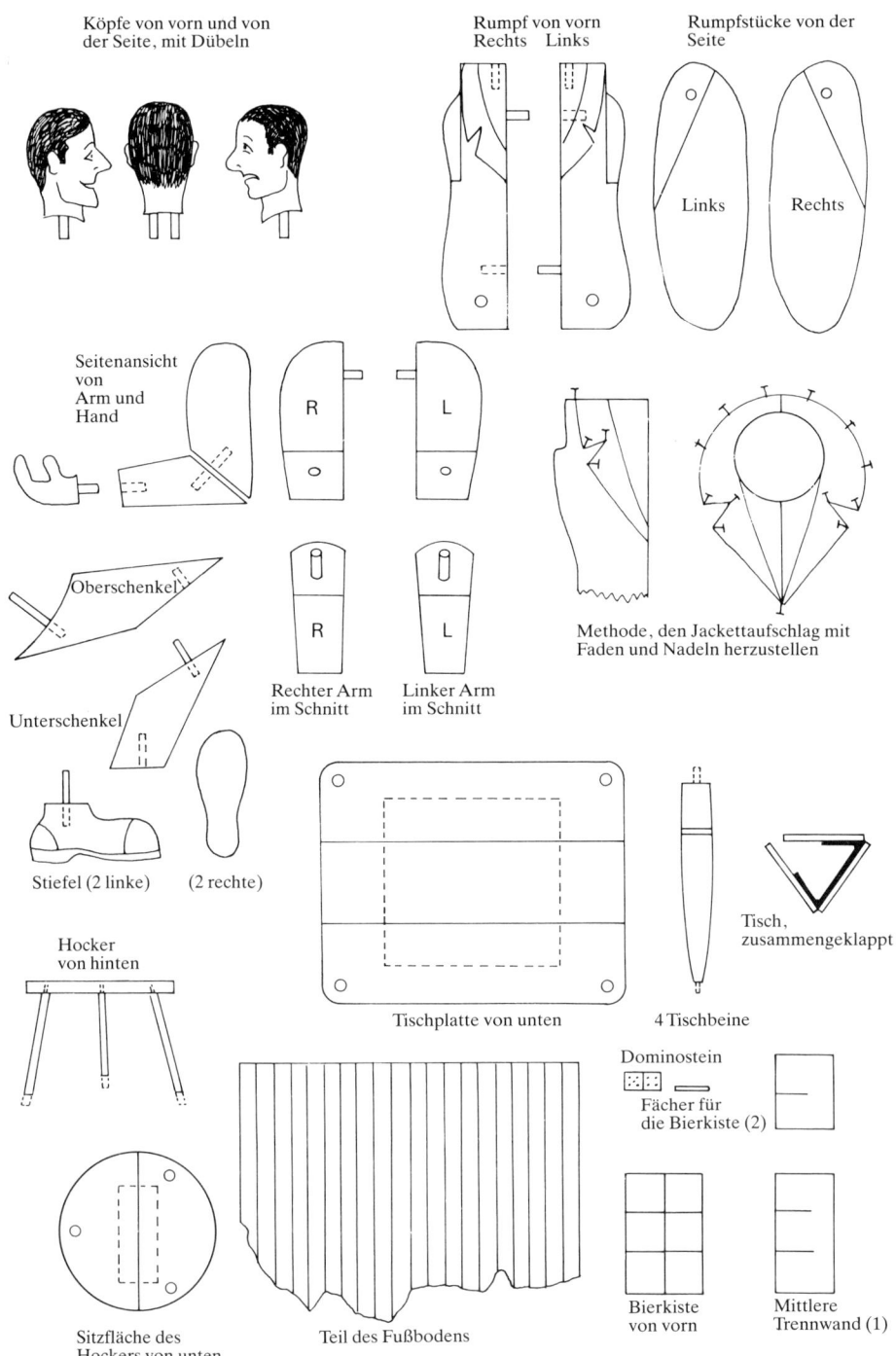

Köpfe von vorn und von der Seite, mit Dübeln

Rumpf von vorn
Rechts   Links

Rumpfstücke von der Seite

Links   Rechts

Seitenansicht von Arm und Hand

R   L

Methode, den Jackettaufschlag mit Faden und Nadeln herzustellen

Oberschenkel

Unterschenkel

R   L

Rechter Arm im Schnitt   Linker Arm im Schnitt

Stiefel (2 linke)   (2 rechte)

Hocker von hinten

Tischplatte von unten

4 Tischbeine

Tisch, zusammengeklappt

Dominostein

Fächer für die Bierkiste (2)

Sitzfläche des Hockers von unten

Teil des Fußbodens

Bierkiste von vorn

Mittlere Trennwand (1)

39 *Bauplan für die beiden Dominospieler. Man muß daran denken, Arme und Beine verschieden anzuwinkeln und auch den Gesichtern verschiedene Ausdrücke zu geben.*

Zwei Dominospieler, in ihr Spiel vertieft.

einfachsten herstellt, indem man die Flasche auf eine Pappe stellt und die äußere Rundung mit einem Bleistift nachzeichnet. Das Glas wird auf, sagen wir mal, 2,4 mm Dicke geschätzt und dementsprechend eine parallele Linie innerhalb der äußeren Rundung gezeichnet. Das ist also ungefähr die richtige Form für die Unterseite der Trägerbalken. Um den Eindruck zu erwecken, der Fußboden bestünde aus Dielenbrettern, zeichnet man mit einem 6H-Bleistift Linien, auf jedes Stück fünf, und lackiert ihn dann mit Polyurethanlack.

Auf Abb. 39 sind alle Einzelteile für die Figuren, Stuhl, Tisch, Fußboden, Bierkiste usw. genau angegeben, müssen aber natürlich verändert werden, falls man eine Flasche anderen Ausmaßes benutzt. Ich finde, daß die Figuren lebendiger aussehen, wenn die Beine verschieden angewinkelt sind, denn niemals sitzen zwei Personen in genau gleicher Haltung da. Deswegen hat der eine Mann seine Füße weiter hinten. Der Tisch ragt ca. 6 mm über die Knie hinaus, und zwischen den Fußspitzen bleiben gerade 25 mm Freiraum. Nach dem Einbau sollte die Tischplatte etwa 3 mm über den Knien liegen.

Man muß sich unbedingt den Fußboden aufzeichnen, um die Standpunkte des dreibeinigen Schemels zu markieren, damit die Bohrungen an die richtigen Stellen gesetzt werden, was auch für die Tischbeine gilt. Die Bierkiste wurde nicht in den Fußboden gedübelt, sondern nur festgeklebt, da sie ja auf ihrer Breitseite solide genug steht. Die Gesichter erhielten einen sehr verschiedenen Ausdruck, so daß es aussieht, als sei der eine der Verlierer. Das geht ganz leicht, indem man nur die Mundwinkel genau anders herum schnitzt. Die Wahl der Haarfarbe liegt beim Erbauer, schwarzer, brauner, grauer oder weißer Mattlack ist ideal. Die linke und die rechte Rumpfhälfte werden geschnitzt und so zurechtgefeilt, daß sie zusammen *einen* möglichst nahtlosen Rumpf ergeben; an der Taille werden sie mit Feile und Sandpapier erwas verjüngt.

Die Diagonalen auf der Rumpfzeichnung werden 3 mm tief ausgeschnitten; sie dienen als Einlaß für die Arme, was natürlicher aussieht und zusätzlich zu den Dübeln Halt gibt. Die Arme sind rund und an den Schultern abgerundet. Sie werden an die entsprechende Stelle des Rumpfes gehalten und für die Dübel durchbohrt, so daß diese an der richtigen Stelle sitzen. Die Oberarmdübel an den Schultern werden dann eingefügt. Sie brauchen nur 6 mm lang zu sein, denn sie dienen nur zur Positionsbestimmung. Am Ellenbogen wird das Gelenk im Winkel von 45° durchgesägt und im selben Winkel mit den Oberarmen in Einklang gebracht, um dann gleichfalls mit Dübeln versehen zu werden. Auch in die Handgelenke kommen Dübel, mit denen die Hände befestigt werden. Der eine Spieler hat seine Hände zu Fäusten geballt, während die des anderen fast ausgebreitet liegen.

Tischbeine, Tischplatte und Hocker wurden braun lackiert, Stiefel und Bierkiste schwarz. Der eine Spieler erhielt einen mattgrauen Anzug, der andere einen mattblauen. Die Kragenaufschläge des Jacketts wurden mit Garn dargestellt, das angefeuchtet und bemalt und dann mit Hilfe von Klebstoff und kleinen Nadeln am Rumpf angebracht wurde. Mit der Schneide eines kleinen Schraubenziehers wurde der Faden festgedrückt. Nach dem Trocknen wurden die Nadeln entfernt und alles noch einmal dünn übergestrichen. Diese Aufschläge kann man deutlich erkennen, aber natürlich muß diese Operation sehr schnell vor sich gehen, noch bevor der Klebstoff trocknet. Jackettknöpfe kann man recht einfach anbringen: Man kappt die Köpfe von relativ großen Stecknadeln, bohrt Löcher an die entsprechenden Stellen im Rumpf, gibt Klebstoff darauf und setzt die „Knöpfe" ein. Sie können metallisch glänzend bleiben, aber auch passend zum Jackett angemalt werden.

Während alles trocknet, kann man die Dielenbretter markieren und lackieren, wobei man aber darauf achten muß, sie an den Seiten frei von Lack zu halten, damit sie gut passen. Falls doch Lack auf die Seiten läuft, muß man ihn wieder abschmirgeln. Die Bohrungen für Tisch- und Stuhlbeine kann man erst machen, wenn beide fertig sind. Für die beiden hinteren Beine des Hockers bohrt man die Löcher etwa 5 mm von der hinteren Fußbodenkante entfernt in den Boden und jenes für das vordere Bein natürlich genau auf die Mittellinie des Fußbodens. Die Sitzfläche wird mit Klebstreifen und Beinen versehen, aber noch nicht geklebt, das ergibt die Punkte für die Bohrungen. Genauso macht man es mit dem Tisch. Die Fußbodenteile kennzeichnet man von unten mit L 1, L 2, R 3, R 4, um sie beim Einbau in die Flasche in der richtigen Reihenfolge zu haben. Die Bierkiste kommt an die äußerste Kante des Fußbodens, genau in die Mitte, die Fächer der Bierkiste zeigen auf den Flaschenhals. Die Teile der Figuren müssen samt Dübeln immer wieder am Flaschenhals auf ihre Größe hin kontrolliert werden, wobei der Spielraum für die Lackschichten zu berücksichtigen ist.

Das 13 × 7 cm große Stück Stoff, das die Basis bildet, wird zugeschnitten und 6 mm vom Boden der Flasche entfernt festgeklebt, wobei man die Naht der Flasche als Richtlinie nimmt. Wenn der Stoff völlig trocken ist, wird der hintere „Trägerbalken" eingesetzt und dann schnell der vordere, um beide gleichzeitig rechts und links mit einem kräftigen Draht festzupressen. Sie müssen genau auf gleicher Höhe abschließen, was man mit einem Blick durch den Flaschenhals kontrolliert. Die Dielenbretter werden vorgebohrt und mit 1,6-mm-Dübeln versehen, wie in Kapitel 17 bei dem Sitzungsmodell. Sie werden vor dem Einbau den Trägern angepaßt. Alle Dübel, Gelenke und Nahtstellen sollten völlig frei von Farbe bleiben. Die Figuren werden probehalber ohne Leim in der Flasche zusammengesetzt; die Lage der Füße auf dem Boden wird mit Bleistift markiert. Man kann aber auch die Fußabdrücke aus dünner Pappe ausschneiden und auf dem Fußboden ankleben. Zuerst werden die Stiefel des am Ende der Flasche sitzenden Mannes festgeklebt. Trocknen lassen. Dann wird die Sitzfläche des Hockers gefaltet und in die Flasche eingeführt. Sie wird mit der Unterseite nach oben gelegt, um die Stuhlbeine anzukleben, wofür man die Bambuszange benutzt. Man sollte lange Trocknungszeiten geben. Dann wird der Hocker umgedreht, um die Beine im Boden festzukleben. Trocknen lassen. Jetzt wird zuerst der eine Unterschenkel in seinen Stiefel geklebt, dann der andere, gefolgt von den Oberschenkeln. Bevor der Klebstoff trocknet, setzt man schnell die

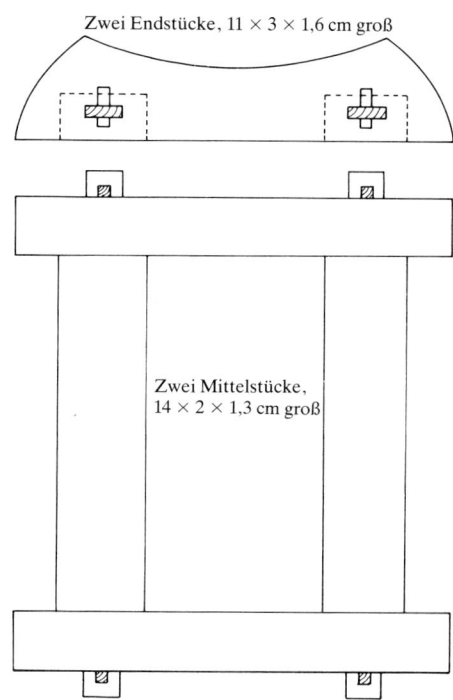

Zwei Endstücke, 11 × 3 × 1,6 cm groß

Zwei Mittelstücke,
14 × 2 × 1,3 cm groß

beiden Rumpfstücke ein und den Kopf, der mit seinen beiden Halsdübeln die Teile verbindet. Die Arme werden noch nicht angebracht. Ein großzügiger Klecks Klebstoff am Achtersteven des Männleins sorgt dafür, daß es fest sitzt. Dies sollte wieder lange trocknen.

Die Tischplatte wird zum Dreieck gefaltet, in die Flasche eingeführt und mit der Unterseite nach oben hingelegt. In die vier Bohrungen in den Ecken des Tisches werden die Tischbeine hineingeklebt. Nach dem Trocknen wird der Tisch umgedreht, um die Beine in den Fußboden zu bringen. Während des Trocknens legt man kleine Gewichte (Münzen, Nüsse) auf die Tischplatte, um sie eben zu halten. Anschließend bringt man die Arme der hinteren Figur an, an den Schultern beginnend, über die Unterarme zu den Händen fortfahrend. Zwei Dominosteine werden hochkant in die Hände geklebt. Den Rest der gepunkteten Steine klebt man nun, dem Spiel entsprechend, sinnvoll auf den Tisch, ebenso die ungepunkteten Steine.

Nun werden die Stiefel der anderen Person festgeklebt, die genauso zusammengebaut wird wie der Partner. Anschließend wird die Bierkiste gut mit Klebstoff bestrichen und unter die Figur geschoben. Das alles muß mindestens eine Woche trocknen, ehe der Korken eingeklebt wird.

Was für einen Schaustand man nimmt, hängt vom persönlichen Geschmack ab. Man braucht für eine so große Flasche jedoch einen recht tief gerundeten, um sie sicher zu halten. Er kann aus Buche, Eiche oder Mahagoni sein, gebeizt oder naturbelassen, und dann mit Polyurethan lackiert werden. Polyurethan ist ideal für diesen Zweck, da es schnell trocknet, dünn ist und mit zwei Schichten schon eine harte, spiegelglatte Oberfläche bildet. Abb. 40 zeigt den Bauplan für einen solchen Schaustand.

17

„Die Vorstandssitzung" – ein Modell für Fortgeschrittene

Auf dem Foto auf Seite 146 ist die Vorstandssitzung einer Reederei Mitte des vorigen Jahrhunderts dargestellt. Die acht Mitglieder diskutieren gerade über die Qualitäten eines neuen Klippers. Das Stück, das aus über 300 Einzelteilen besteht, befindet sich in einer grünlichen spanischen 2-Liter-Weinflasche, die 36 × 10 cm mißt und deren Hals einen Durchmesser von 21 mm hat. In der Flasche sitzen sieben Mann um einen riesigen, für eine Flasche „unmöglichen" Tisch. Der achte, ein seriöser Vorsitzender in schwarzem Cutaway und grauer Hose, hält gerade eine Ansprache. Köpfe und Rümpfe bestehen aus 6-mm-Buchenholzdübeln, und die Gesichter sind alle etwas unterschiedlich in Form und Ausdruck. Jeder Kopf wurde mit Säge, Skalpell, Feile, Zahnarztbohrer und einem feinen Bohrer geschnitzt. Dazu wurden pro Kopf zwei Stunden benötigt. Die Männer haben braunes, graues oder weißes Haar, manche sogar einen Bart. Alle haben weiße Hemdbrüste und Krawatten oder Fliegen. Ich muß es wieder betonen, daß bei solchen Modellen *alle* Einzelteile genau zueinander passend und fertig sein müssen, bevor auch nur eines in die Flasche gebracht wird. Obendrein muß man wie bei den einfacheren Stücken jedes Einzelteil während der verschiedenen Fertigungsstadien immer wieder am Flaschenhals testen.

Für den Fußboden braucht man wegen des Gewichtes, das später auf ihm lastet, drei Träger. (In Kapitel 16 wird genau beschrieben, wie man die untere Rundung und die Maße erhält, damit sie exakt in die Flasche passen.) Die Dielenbretter bestehen aus Buchenholzstreifen, 1,6 × 17 × 18 mm, auf denen mit einem 6H-Bleistift bzw. mit ganz feinem Kugelschreiber je fünf Dielen eingeritzt wurden (Abb. 41). Jedes Fußbodenteilstück erhält ein bis zwei Polyurethanlackschichten. Die sieben Stühle bestehen aus 1,6 mm dickem Buchenholz; die Maße sind in Abb. 42 auf Seite 145 angegeben. Vorsichtig bohrt man Löcher in die vier Ecken der Sitzfläche, um später die Stuhlbeine aus 1,6 mm-Dübeln dareinzufügen, während ein Dübel mitten aus der Sitzfläche 3 mm herausragt und als Verankerung der sitzenden Person dient, die dadurch vollständig festsitzt, was dem Erbauer sehr dienlich ist, wenn er Arme und Beine anbringt.

Wie schon erwähnt, bestehen die Figürchen aus Buche; sie wurden mit 2,4-mm-Bohrungen für Kopf, Hände und Beine versehen. Dreiadriges und siebenadriges Kabel wurde für Arme und Beine genommen; da sie innerhalb der Flasche in die richtige Haltung gebogen werden können, wenn die Figur schon an Ort und Stelle ist, ist es ideal. Das eine Ende der Kabel wird ca. 5 mm freigelegt; die Drähte müssen fest zusammengezwirbelt werden: Dies werden die Schulterenden. Die anderen Enden

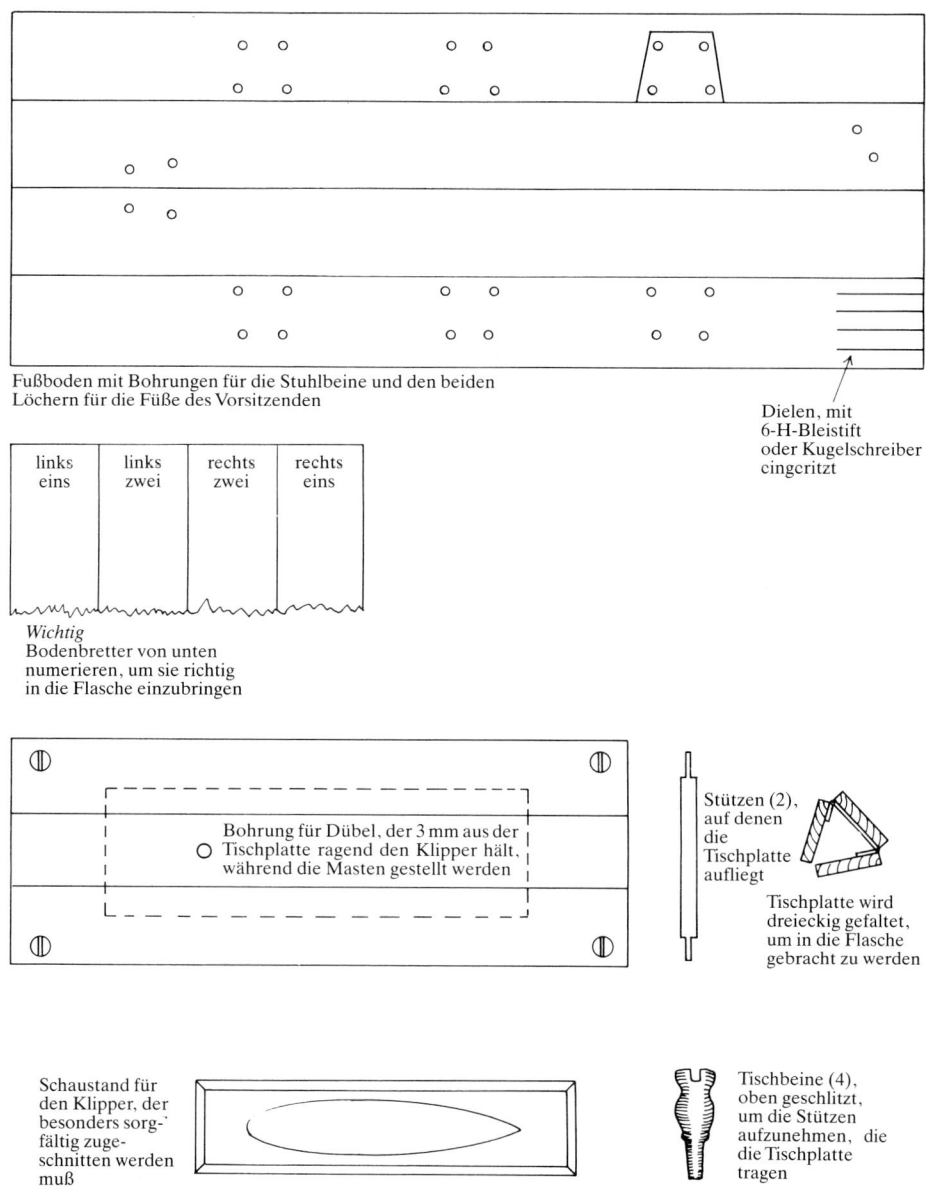

Fußboden mit Bohrungen für die Stuhlbeine und den beiden
Löchern für die Füße des Vorsitzenden

Dielen, mit
6-H-Bleistift
oder Kugelschreiber
eingeritzt

| links
eins | links
zwei | rechts
zwei | rechts
eins |

Wichtig
Bodenbretter von unten
numerieren, um sie richtig
in die Flasche einzubringen

Bohrung für Dübel, der 3 mm aus der
Tischplatte ragend den Klipper hält,
während die Masten gestellt werden

Stützen (2),
auf denen
die
Tischplatte
aufliegt

Tischplatte wird
dreieckig gefaltet,
um in die Flasche
gebracht zu werden

Schaustand für
den Klipper, der
besonders sorg-
fältig zuge-
schnitten werden
muß

Tischbeine (4),
oben geschlitzt,
um die Stützen
aufzunehmen, die
die Tischplatte
tragen

41 *Bauplan für Fußboden, Tisch und Schaustand des Klippers.*

des dreiadrigen Kabels werden 3 mm freigelegt und nur schwach verzwirbelt, um das
Gerüst für die Hände zu bilden, die später aus Dichtungsmasse oder, besser, Lötzinn
gebildet werden. Lötzinn eignet sich besonders gut für Kupferdraht. Die Hände
wurden dann mit feiner Feile geformt. An dem siebenadrigen Kabel wurden 6 mm
freigelegt, etwas gespreizt und mit Lötzinn versehen, um die Schuhe zu bilden. Um

nicht zu hohe Temperaturen zu erhalten, was die Plastikummantelung zum Schmelzen bringen würde, wickelt man da, wo der Kupferdraht aus dem Plastik ragt, feuchtes Garn um den Draht. Die Arme werden verschränkt und die Unterarme auf die Tischplatte gelegt, aber so, daß Platz genug für den Klipper bleibt, der ja mitten auf dem Tisch steht. Die Füße müssen so postiert werden, daß sie nicht mit denen der Gegenübersitzenden zusammenstoßen.

Die Köpfe wurden wie bei den einfacheren Modellen hergestellt, die Gesichter hautfarben angemalt, und die weniger abstinenten Typen erhielten einen Hauch Rot auf Nase und Wangen, während die Haare und Bärte mattschwarz, mattbraun und mattgrau angemalt wurden. Weißes Haar für die älteren Mitglieder wurde entweder weiß gemalt oder aus gezupfter Watte angeklebt. Fliegen und Krawatten entstanden aus farbigem Garn, mit einem Stahllineal geglättet und mit einer feinen Pinzette um den Hals gebunden. Die Hälse, ca. 5 mm lang, wurden in entsprechende Bohrungen des Rumpfes gesetzt, und zwar in verschiedene Richtungen, als seien die Männer in eine Unterhaltung vertieft.

Aus einem Möbelkatalog schnitt ich zwei passende Segelschiffsbilder aus, wodurch der Raum mehr Atmosphäre erhielt. Die Uhr auf dem Kaminsims war eine ausrangierte Damenarmbanduhr, von der die Halterungen für das Armband abgefeilt werden mußten, damit sie durch den Flaschenhals paßte. Die Uhr sollte so klein wie möglich sein, aber nicht verchromt oder aus Edelstahl, das wäre bei dieser Darstellung aus der Mitte des 19. Jahrhunderts fehl am Platze. Die Rückwand der Uhr sollte ebenso entfernt werden wie möglichst viel aus dem Inneren, um Gewicht zu sparen. Dann fügt man sie in einen hölzernen Rahmen ein, klebt sie aber nicht fest, da die Teile einzeln in die Flasche gelangen und erst an Ort und Stelle zusammengeklebt werden. Das Uhrgehäuse besteht aus zwei Stückchen Buchenholz, das eine Teil 1,6 × 29 × 13 mm groß, der Fuß 29 × 19 × 6 mm. Wie die Teile aussehen und zusammengesetzt werden, ist aus Abb. 42 ersichtlich.

Der weiße Kamin ist mit Vergoldungen verziert und besteht ebenfalls aus 1,6 mm dünnem Buchenholz. Auf Abb. 42 ist er auch von unten zu sehen, um die Konstruktion zu verdeutlichen. Klebstreifenscharniere halten alle wichtigen Teile zusammen, während er durch den Flaschenhals gelangt, wobei der Zierstreifen als Stütze dient, um den senkrechten Teil auch senkrecht zu erhalten. (Im Bauplan sind die senkrechten Teile schraffiert.) Am Fuß der senkrechten Teile sind Überstände, die in die Lücke zwischen Fußboden und Flaschenboden eingefügt werden. Die Rückwand von Sims und Seitenteilen wird entsprechend der Krümmung des Flaschenbodens geformt, welche man wieder mit Hilfe einer Pappschablone ermittelt. Die Kaminumrandung wird weiß angemalt und mit Vergoldungen verziert.

Die vier Tischbeine aus 6-mm-Buchendübeln wurden mit Hilfe von einem Elektrobohrer, einem kleinen Stechbeitel, feiner Feile und Sandpapier hergestellt. Sie sind 2,2 cm lang und unten 1,6 mm in den Fußboden eingefügt, während sie oben geschlitzt sind, um die 3 mm dicken Stützen aufzunehmen, die die Tischplatte tragen. Abb. 41 ist zu entnehmen, wie sie zusammengefügt werden. Der Tisch aus 1,6 mm dicken Buchenholzstreifen ist 12,4 × 4,4 cm groß. Auf dem Bauplan sieht man ihn von unten, um die Position der Tischbeine zu erkennen. Die Lage des Kleb-

Rechts: 42 *Dieses komplizierte Modell besteht aus sehr vielen Einzelteilen. Alle müssen am Flaschenhals immer wieder auf ihre Größe hin kontrolliert werden.*

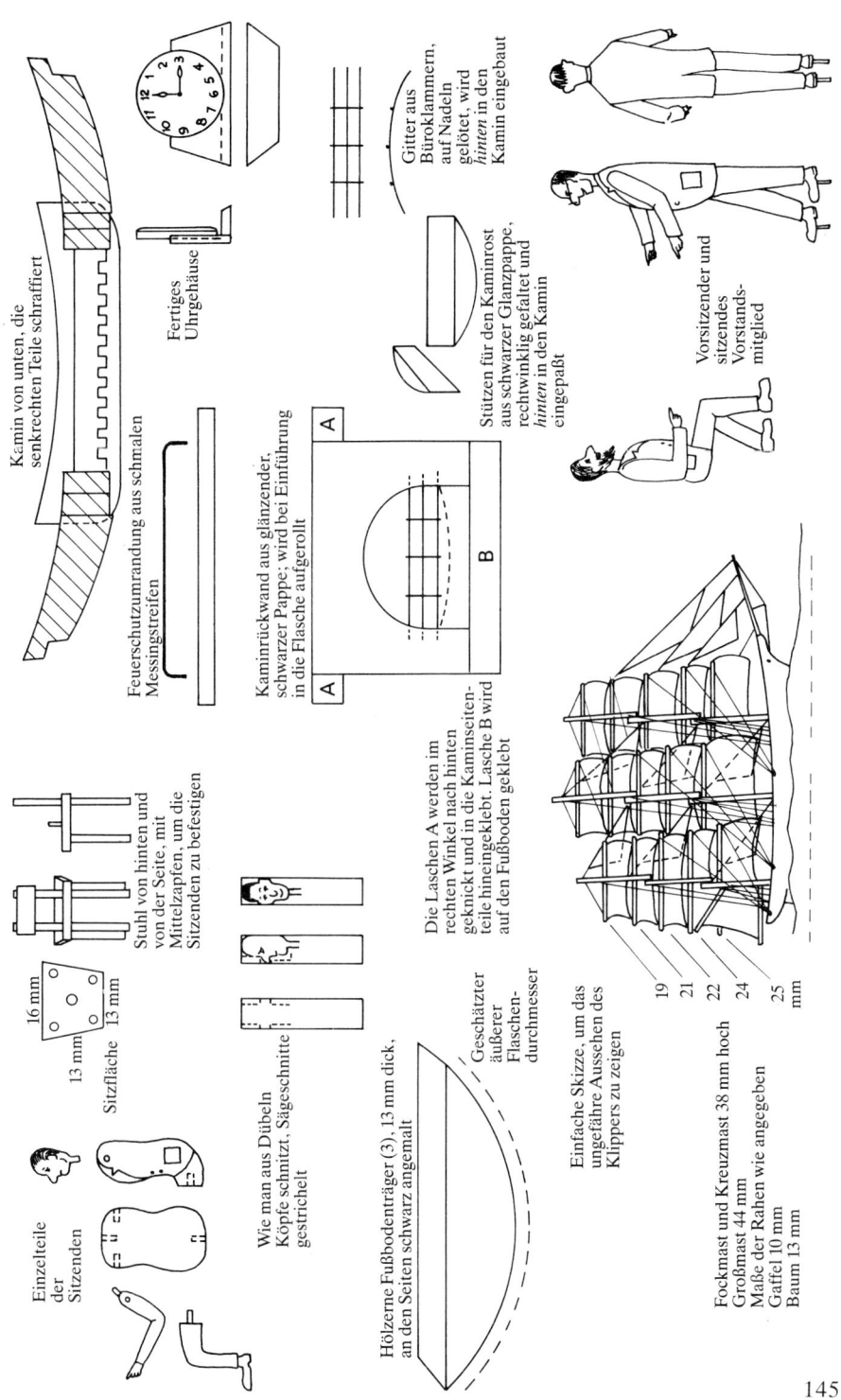

Kamin von unten, die
senkrechten Teile schraffiert

Fertiges
Uhrgehäuse

Feuerschutzumrandung aus schmalen
Messingstreifen

Kaminrückwand aus glänzender,
schwarzer Pappe; wird bei Einführung
in die Flasche aufgerollt

A

A   B

Die Laschen A werden im
rechten Winkel nach hinten
geknickt und in die Kaminseiten-
teile hineingeklebt. Lasche B wird
auf den Fußboden geklebt

Gitter aus
Büroklammern,
auf Nadeln
gelötet, wird in den
hinten in den
Kamin eingebaut

Stützen für den Kaminrost
aus schwarzer Glanzpappe,
rechtwinklig gefaltet und
hinten in den Kamin
eingepaßt

Vorsitzender und
sitzendes Vorstands-
mitglied

Stuhl von hinten und
von der Seite, mit
Mittelzapfen, um die
Sitzenden zu befestigen

16 mm

13 mm

Sitzfläche   13 mm

Wie man aus Dübeln
Köpfe schnitzt. Sägeschnitte
gestrichelt

Einzelteile
der
Sitzenden

Hölzerne Fußbodenträger (3), 13 mm dick,
an den Seiten schwarz angemalt

Geschätzter
äußerer
Flaschen-
durchmesser

Einfache Skizze, um das
ungefähre Aussehen des
Klippers zu zeigen

Fockmast und Kreuzmast 38 mm hoch
Großmast 44 mm
Maße der Rahen wie angegeben
Gaffel 10 mm
Baum 13 mm

19
21
22
24
25
mm

Auf diesem Bild von der „Vorstandssitzung" kann man viele der Einzelheiten gut erkennen.

streifenscharniers ist gestrichelt. Es macht es möglich, die Tischplatte dreieckig geklappt in die Flasche einzuführen.

Der Vorsitzende im Cutaway aus mattschwarz angemaltem, dünnem Stoff und mattgrau gemalten Hosen ist der einzig Stehende. Er gelangt als Ganzes in die Flasche, mit Ausnahme seiner Arme. Wie gesagt, bestehen die Beine aus siebenadrigem Kabel und die Schuhe aus Lötzinn, in die passende Form geschliffen. Hier allerdings wird je ein Draht senkrecht und ungelötet gelassen, um die Figur im Fußboden verankern zu können. Der eine Arm ist leicht angewinkelt, während der andere den Tisch berührt, auf einen Prospekt zeigend. Dieser Prospekt, 16 × 13 mm groß, enthält neun Druckzeilen und stammt aus einem Möbelkatalog, in dem er als Verkleinerung eines Dokuments abgebildet war.

Auf dem Tisch steht der schwarzkantige Schaustand mit dem Klippermodell mit seinen 26 Segeln. Der Stand ist aus 1,6 mm dickem Buchenholz und mißt 76 × 19 mm. Ganz vorsichtig muß man den Umriß des Klipperbodens da herausschneiden. Angesichts dessen, daß der Klipper insgesamt nur 76 mm lang ist und der Großmast nur 44 mm hoch, kann man sich vorstellen, wie schwierig er zu bauen ist. Die anderen Maße sind in Abb. 42 angegeben.

Dunkelblaue und weiße Knetmasse wurde dünn auf den Schaustand gegeben und zu Wellen und Kiellinie geformt. Dieses Schiff wird so gebaut wie in Kapitel 6 beschrieben, nur muß alles verkleinert werden.

Nachdem die Flasche gereinigt wurde, wird ein Stück schwarzer Stoff von 17,7 × 8,3 cm Größe auf der Rückseite mit langsam trocknendem Klebstoff auf Latexbasis bestrichen, aufgerollt und in die Flasche geklebt, 9,5 mm vom Boden der Flasche entfernt beginnend. Er muß genau symmetrisch liegen und absolut festsitzen. Im Zweifelsfalle hebt man die Kanten mit einem gebogenen Draht an und bestreicht sie sicherheitshalber mit mehr Klebstoff, denn dieser Stoff ist die Basis für die Fußbodenstützbalken, Fußboden, Tisch, Stühle usw. Nachdem man also den Stoff immer wieder festgedrückt hat, um ihn wirklich sicher zu verkleben, muß er noch mindestens zwei Tage an einem warmen, aber nicht heißen Ort trocknen.

Anschließend bringt man die Dielenbretter auf den drei der Rundung der Flasche angepaßten Fußbodenträgern an und bohrt 6 mm tiefe Löcher von 2,4 mm Durchmesser hinein. Ein spitzer Dübel wird hineingesteckt, in den Boden geklebt, aber nicht in die Träger, und oben bündig mit den Bodenbrettern abgeschnitten. Das gilt für alle „Dielen". Danach bohrt man für die sieben Stühle jeweils vier Löcher, und zwar 41 mm vom Ende und 3 mm von der Kante entfernt, dazu die vier Bohrungen für die Tischbeine und die beiden für die Drähte unter den Füßen des Vorsitzenden.

Nun werden die drei Fußbodenträger unterwärts mit langsam trocknendem Klebstoff bestrichen und in die Flasche gebracht, zuerst der am Boden der Flasche. Sie müssen bündig mit dem schwarzen Stoff abschließen, und der mittlere Träger muß *genau* zwischen den beiden äußeren liegen.

Man überzeugt sich mit einem Blick durch den Flaschenhals, daß alle ganz eben ausgerichtet sind. Dies ist wichtig, sonst kann der Fußboden nicht korrekt aufliegen. Notfalls muß man die Träger mit einem starken Draht ausrichten, bevor der Klebstoff trocknet. Dann kontrolliert man ihre Lage noch einmal und läßt alles mindestens zwei Tage trocknen, bis sämtliche Verdunstungsfeuchtigkeit verschwunden ist.

Jetzt verlegt man die „Dielenbretter". Es empfiehlt sich, sie von unten zu numerieren, wie in Abb. 41 gezeigt. Sie könnten sonst zu leicht in die falsche Reihenfolge geraten. Sie werden angeklebt und die Dübel hineingepreßt und mit einem kleinen Gewicht beschwert, wie z. B. Münzen, um einen gleichmäßigen Druck auszuüben, bis der Klebstoff faßt. Als nächstes kommt die Kaminumrandung dran: Die konkaven Rückwände von Sims und Seitenteilen und die beiden Überstände unten an den Seitenteilen werden gut mit Klebstoff bestrichen und eingebaut. Diese beiden Überstände, Federn, müssen genau zwischen Flaschenboden und Fußboden passen. Mit einem Blick durch den Flaschenhals überzeugt man sich, daß der Kaminsims genau mittig in der Flasche sitzt; am besten stellt man dabei die Flasche hin und kontrolliert gleichfalls, ob die beiden Seitenteile genau senkrecht stehen.

Wenn nun also die Kaminumrandung richtig am Boden der Flasche klebt, läßt man alles wieder gründlich trocknen. Anschließend rollt man die Glanzpappe, die die Rückwand des Kamins bildet, auf, nachdem man die beiden Laschen A rechtwinklig geknickt und die Lasche B so eingeritzt und gefaltet hat, daß sie am Fußboden angeklebt werden kann, während A von innen seitlich an die Umrandung geklebt wird. Es entsteht eine kleine Lücke zwischen Flaschenboden und Kaminrückwand, in die man das „Feuer" einbaut, das man täuschend echt aus Goldfolie herstellen kann. Entweder malt man das „Feuer" unten schwarz an, oder, besser, man klebt kleine Kohlekrümel darauf und setzt kleine, rote Farbpünktchen dazwischen. Wer Kohlekrümel nimmt, muß sie anbringen, nachdem die Goldfolie eingefügt wurde.

Das Stahlgitter aus dem Bauplan wird nun leicht gewölbt, an beiden Enden mit Klebstoff versehen und sorgfältig eingebaut; am besten bestreicht man zuerst die Glanzpappe mit Kleber, und zwar mit Hilfe eines langen Drahtes, der am Ende halbkreisförmig gebogen ist. Das Gitter ruht auf dem Feuerrost. Die lackierte Feuerschutzumrandung aus Messing wird jetzt hinzugefügt, ebenso wie die beiden Bilder bzw. ein größeres Bild. Sie müssen aber hoch genug hängen, um nicht von der Uhr verdeckt zu werden, die als nächstes eingebaut wird.

Die Form des Uhrgehäuses ist nur ein Vorschlag und kann natürlich ganz anders aussehen, vorausgesetzt, es paßt durch den Flaschenhals. Ein guter Tropfen Klebstoff wird hinten auf die Uhr gekleckst, die dann mit einem 3-mm-Draht oder der Bambuszange sorgfältig festgeklebt wird. Die Flasche wird für 24 Stunden aufrecht zum Trocknen hingestellt. Für manch einen ist es schwierig, kleine Gegenstände in die Flasche zu bringen. Da ist eine sichere Hand wünschenswert, doch auch die Bambuszange ist hier sehr von Nutzen.

Jetzt wird es Zeit, die Möbel einzuräumen. Man beginnt mit dem Stuhl, der mit dem Rücken zum Kamin steht. Er wird direkt neben den für ihn vorgesehenen Bohrungen auf die Seite gelegt, erhält unter jedes Bein einen Tropfen Klebstoff und wird dann vorsichtig in die Löcher hineingesetzt. Wenn man die Stuhlbeine vorher mit einem harten Bleistift 1,6 mm oberhalb des Fußes markiert, ist das eine große Hilfe, um sie wirklich senkrecht zu stellen. Ich habe obendrein jeden Stuhl numeriert, so daß jeder wirklich exakt paßte. Außerdem habe ich auch noch die Sitzflächen der Sitzenden numeriert, damit jeder auch tatsächlich auf seinem eigenen Stuhl saß, zwar unbequem, aber sicher auf dem Zapfen. Man kann die Stühle vorher noch auf einem Papierplan aufzeichnen, und nachdem man dort ihren Standort ermittelt hat, kann man sie dann am einfachsten anbringen. Alle Stühle werden so fest wie möglich ange-

Dasselbe Modell wie auf Seite 146 aus anderer Perspektive.

bracht und festgeklebt. Trocknen lassen. Anschließend wird die erste Figur einge-
führt, in diesem Falle also der Mann mit dem Rücken zum Feuer, darauf die nächste
Figur, von hinten nach vorn fortschreitend, das heißt natürlich nur jeweils Kopf und
Rumpf. Jeder wird fest auf seinen Stuhl geklebt.

Auch dies muß unbedingt gründlich trocknen, denn die Figuren müssen absolut fest
sitzen, wenn man die Beine anbringt, was als nächstes geschieht. Wieder beginnt man
ganz hinten, wobei die Beine nicht übereinandergeschlagen sein dürfen, um nicht
gegen die Tischplatte zu stoßen. Der eine könnte sie aber leicht gespreizt halten,
während der Gegenübersitzende seine Beine eng zusammenhält; vielleicht hat auch
einer seine Beine seitlich am Stuhl nach hinten angewinkelt. Auf diese Weise vermeidet man jedenfalls dieses „hölzerne" Aussehen. Wenn alle Beine angebracht
sind, kommt unter jeden Schuh ein Tropfen Klebstoff. Nur die Arme werden noch
nicht montiert, da ja vorher der Tisch eingebaut werden muß. Zuerst werden die
Tischbeine angebracht; man kontrolliert, ob auch kein Knie höher liegt als ein
Tischbein. Genau wie bei den Stuhlbeinen ist es auch hier gut, unten an jedem Fuß
ein Zeichen einzuritzen, um sicherzugehen, daß der Tisch genau waagerecht steht.
Dann werden die beiden Tischplattenstützen eingefügt, und man überprüft, ob die
vier Beine auch genau senkrecht stehen, bevor alles wieder lange trocknet. Die Tischplatte wird zum Dreieck gefaltet und vorsichtig in die Flasche geführt. Die Stützen
werden oben sorgfältig mit Klebstoff bestrichen, auch auf jedes Tischbein gibt man
einen kleinen Tropfen. Dann erst faltet man die Platte auseinander und bringt sie in
die richtige Position; sie muß unbedingt waagerecht sein. Während des Trocknens
wird sie mit kleinen Gewichten, z. B. kleinen Münzen, beschwert, um vollständig
flach zu bleiben. Sie muß mindestens 24 Stunden trocknen.

Wenn man sicher ist, daß alles vollständig trocken ist, werden, wieder hinten in der
Flasche beginnend, die Arme angebracht. Sie können verschieden angewinkelt
werden. In dem auf Seite 148 gezeigten Stück hat der Mann vor dem Kamin gerade
die Hand erhoben, als wolle er etwas zu dem Vorsitzenden sagen. Die anderen Personen aber *müssen* ihre Arme eng am Körper halten, um für das Modellschiff Platz
zu lassen.

Das Modell des Klippers wird wie in Kapitel 6 beschrieben angefertigt, nur alles entsprechend kleiner. Man könnte auch statt dessen ein einfacheres Schiff nehmen, z. B.
den Zweimastschoner aus Kapitel 3. Zur Befestigung des Modells bringt man einen
kurzen Dübel als Zapfen in die Tischplatte an (siehe Bauplan), um ganz sicherzugehen, daß das Schiff fest bleibt, während man die Masten aufrichtet, die Decksausstattung anbringt usw. Während man dieses verkleinerte Modell des Klippers baut,
muß man daran denken, die Führungsfäden sehr viel länger zu machen, da man ja
mit einer längeren Flasche arbeitet. Wenn auch alles schon absolut trocken zu sein
scheint, füllt man sicherheitshalber etwas Salz in eine Papierkugel und legt diese in
die Flasche. So wird auch das letzte bißchen Restfeuchtigkeit aufgesogen, und man
hat später keine Kondensationserscheinungen. Mit einem feuchten Wattebausch entfernt man nun alle Klebstoffspuren, aber ganz vorsichtig, um nicht an eine Figur zu
stoßen. Farbspuren werden genauso entfernt, nur nimmt man statt Wasser Verdünner.

Als letzter gelangt der Vorsitzende in die Flasche, aber ohne Arme und Brille. Beide
Drähte unter den Füßen, die Schuhsohlen und die rechte Hand, die auf dem Tisch
aufliegt, müssen großzügig mit Klebstoff versehen werden, denn das ist der einzige
Halt für diese Figur. Wenn sie in der endgültigen Position steht, kann der Prospekt

auf dem Tisch seitlich an die Hand geklebt werden. Wer nicht das Glück hat, so ein winziges Dokument zu finden, nimmt statt dessen eine kleine Weinflasche und ein Glas, welches man leicht aus einem Glasröhrchen herstellen kann (beispielsweise aus einem Labor). Die Brille ist ganz einfach aus einem Stückchen feinen Kupferdrahts herzustellen, wie man ihn für Sicherungen verwendet. Die Fassung entsteht, indem man den Draht um einen dünnen Nagel wickelt und alles ganz zart zusammenlötet, so daß es eine solide Brille ergibt, die absichtlich unten auf der Nase des Vorsitzenden befestigt wurde. Wenn alle Farb- und Klebstoffflecken entfernt worden sind, wird ein gut passender Korken leicht mit Klebstoff bestrichen und die Flasche verschlossen.

Wer will, kann den Korken ca. 1,6 mm tief einlassen und mit einer passenden, polierten Münze versehen, die man oben auf den Korken klebt und lackiert. Dieses schwierige und komplizierte Modell erhält als zierenden Abschluß noch einen Türkenbund. Ich glaube − und jeder wird wohl mit mir darin übereinstimmen −, daß dies mal etwas ganz anderes ist als die üblichen Buddelschiffe. Es kostet zwar erheblich mehr Zeit und Mühe, ist aber letzten Endes der sichtbare Beweis dafür, daß man seine Freizeit sinnvoll verbracht hat, denn es ist ein wahres Meisterwerk!

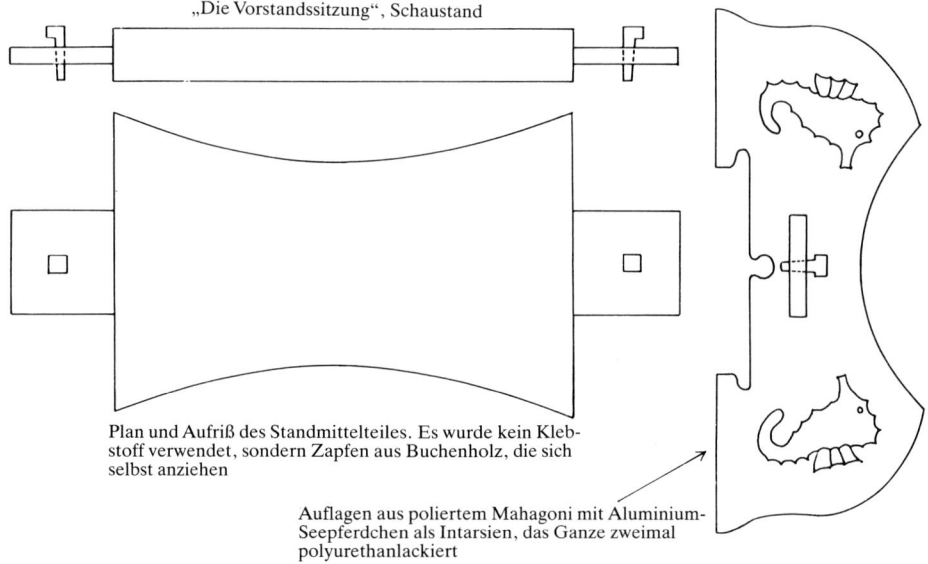

„Die Vorstandssitzung", Schaustand

Plan und Aufriß des Standmittelteiles. Es wurde kein Klebstoff verwendet, sondern Zapfen aus Buchenholz, die sich selbst anziehen

Auflagen aus poliertem Mahagoni mit Aluminium-Seepferdchen als Intarsien, das Ganze zweimal polyurethanlackiert

43 *Der Schaustand für diese Flasche ist mit Seepferdchen als Intarsien verziert.*

Materialliste
Kleine Bohrer (1,6 − 3 mm)
Aquarellpinsel
Zweiliterflasche
Farben: Mattbraun, Mattblau, Mattgrau; Lacke: Weiß, Schwarzbraun und Rot
Verdünner
1 m Buchenholzstreifen oder anderes Hartholz, 1,6 mm dick und 17mm breit
65 cm Dübel, 6 mm dick
Baumwollnähgarn guter Qualität in Weiß, Schwarz und Braun
65 cm Buchenholzstab (13 mm^2)
50 cm Buchenholzdübel für die Figuren, 2 cm dick
30 cm dreiadriges Kabel
30 cm siebenadriges Kabel
Knetmasse (blaugrün und weiß)
1 kleine Damenarmbanduhr
Goldlitze als Kaminverzierung und für die Ärmel des Kapitäns
1 kleiner, elektrischer Lötkolben
Flüssige Lötmasse
Büroklammern und winzige Stecknadeln, 13 mm lang
Weiße Watte
Chinesische Zahnstocher für die Rahen des Klippers
1,6-mm-Dübel oder Cocktailstäbchen für Masten usw.
Schreibmaschinenpapier für die Segel
Gutes, abgelagertes Mahagoniholz für den Schaustand, 30 × 15 × 1,3 cm
15 × 15 cm großes Stück Aluminium, 1,6 mm dick, für die Seepferdchen
15 × 15 cm schwarze Glanzpappe
Goldfolie, z. B. von einer Champagnerflasche
40-cm-Bambusstöckchen von 6 mm Dicke
3−4 40 cm lange Drähte, 1,6, 3 und 6 mm dick
Miniaturbilder und verkleinerte Faksimiledrucke o. ä. aus Illustrierten oder Katalogen

Glossar

achtern	*(abaft, aft)*	Hinten, nach hinten
Backstag	*(backstay)*	Nach achtern gerichtete Mastabstützung, die nach außen an die Deckskante führt
Bark	*(barque)*	Mehrmastiger – bis auf den Besanmast – rahgetakelter Segler
Barkentine	*(barquentine)*	Dreimastiger Segler, dessen Fockmast rahgetakelt ist, auch Schonerbark genannt
Bauch	*(bunt)*	Wölbung eines Segels, bei der Herstellung eingearbeitet
Belegnagel	*(belaying pin)*	Zum Festlegen der Fallen, aus Metall
bergen	*(furling)*	Ein Segel zusammennehmen und an der Rah sichern
Besanmast	*(jigger)*	Hinterer Mast bei mehreren Masten
Besansegel	*(crojack)*	Das letzte untere Segel am letzten Mast
Block	*(block)*	Aus verschiedenen Metallen mit Scheiben (Rollen) zur Führung des Tauwerks
Brassen	*(braces)*	Leinen zur beidseitigen Richtungsänderung der Rah
Brigantine	*(brigantine)*	Zweimastiger Segler, Vormast rahgetakelt, Besanmast mit Vor- und Besansegeln, auch Schonerbrigg genannt
Brigg	*(brigg)*	Zweimaster, rahgetakelt
Bug	*(bows)*	Das vordere, meist spitz zulaufende Ende des Rumpfes
Bugspriet	*(bowsprit)*	Kurze, feste Spiere in Längsrichtung am Bug eingebaut; dient als Unterbau für den Klüverbaum
Davit	*(davits)*	Gebogene Träger, an denen das Beiboot bei Nichtgebrauch hängt
Dreikanttoppsegel	*(gaff topsail)*	Gaffeltoppsegel zwischen oberer Gaffel des unteren Segels und Mast/Stenge
Ducht	*(thwart)*	Sitzbank in kleinen Booten
einscheren	*(to reeve)*	Eine Leine in einen Block einfahren
Fall	*(halyard)*	Tau zum Setzen oder Bergen des Segels

Fall, der	*(rahe)*	Neigung der Masten nach vorn oder achtern
Freibord	*(freeboard)*	Rumpfhöhe über der Wasserlinie
Gaffel	*(gaff)*	Der obere Abschluß (Rundholz) eines Gaffelsegels
Geitau	*(brails)*	Über eine Talje laufendes Tau zur Verhinderung unkontrollierter Bewegungen von Spieren
Großmast	*(mainmast)*	Mast hinter dem Vormast
Grummet	*(grommet)*	Ring aus Tauwerk
Heck	*(stern)*	Rückseite des Schiffes
Jackstag	*(jackstay)*	Metallstange parallel zur Rah, davon frei; daran wird das Segel angeschlagen, auch Handlauf für die Crew
Jungfer	*(deadeye)*	Holzscheibe mit 1−3 Löchern, wird als Rundkausch in die Wanten eingespleißt
Klaufall	*(throad halyard)*	Fall von der Gabel oder Klau der Gaffel durch den Masttopp zur Nagelbank
Klüver	*(jib)*	Ein Segel von mehreren, das am Vorstag gesetzt wird
Klüverbaum	*(jib boom)*	Über den Vorsteven nach vorn hinausragende feste Spiere
Kompaßsäule	*(binnacle)*	Stand für den Kompaß, nicht aus Eisen wegen der Nadelablenkung
Kopf	*(ear ring)*	Die beiden oberen Ecken des Rahsegels; Kauschen, mit denen das Segel an den Rahnocken angezeist wird
Lademarke	*(plimsoll line)*	Außen am Rumpf angebrachte Markierung, bis zu der das Schiff aus Sicherheitsgründen beladen werden darf; berücksichtigt Ladungsart, Jahreszeiten und Salzgehalt der verschiedenen Meere
laufendes Gut	*(running rigging)*	Alles Tauwerk zum Führen und Bedienen der Segel
Liektau	*(bolt rope)*	In die Segelkanten zur Verstärkung eingenähtes Tau
Lifttau	*(lifts)*	Haltetaue, die die Rahen am Mast tragen
Luvliek	*(luff)*	In Luv liegende vordere Kante des Segels, beim Rahsegel auch das Mastliek
Nagelbank	*(five rail)*	Metallbrücke am Fuß eines Mastes, Belegnägel eingesteckt; dient zum Belegen der Fallen
Nageltau	*(pin rail)*	Kurze, straff gespannte Leine auf der Schanzkleidinnenseite, dient zur Ablage der Belegnägel
Pall	*(pawl)*	Sperrklinke am Gangspill
Piekfall	*(topping lift)*	Fall von der Nock der Gaffel durch den Masttopp zur Nagelbank

154

Poop	*(poop)*	Das erhöhte Achterdeck
querschiffs	*(aftwardships)*	Linie senkrecht zur Längsschiffsrichtung, immer innerhalb des Rumpfes gemessen
Rack	*(parrel)*	Beschlag, der eine Rah festhält bzw. An- und Aufbrassen ermöglicht
Rahe	*(yard)*	Rundholz quer zum Mast, trägt ein Rahsegel
Rahnock	*(yardarm)*	Ende der Rah
Reifen	*(hoop)*	Holzring, lose um den Mast, am Segel befestigt, führt das Segel beim Setzen und Bergen
Reffleine	*(reef)*	Tau zum Zusammenfassen/Verkleinern der Segelfläche
Royalstenge	*(royal mast)*	Oberste Stenge bei mehrfach unterteilten Masten
Schanzkleid	*(bulwark)*	Fest mit dem Deck verbundene Wand zum Schutz gegen Überbordfallen
Scheibe	*(sheave)*	Rolle im Block, Führung des Tauwerks mit möglichst wenig Reibung
Scherlinie/Deckstrak	*(sheer line)*	Linie der Oberkante der Außenhaut von vorn bis achtern
Schot	*(clew line)*	Leine zum Führen des Segels, an unterer Ecke des Segels befestigt
Schothorn	*(clew)*	Auge in der hinteren (unteren) Ecke des Segels, Befestigung der Schot
Segel setzen	*(unbend)*	Zeisinge lösen und Tuch nach unten fallen lassen, Segel ist entfaltet
Spannschraube	*(rigging screw)*	Später entwickelt, dient zum Spannen der Wanten und Stage
Speigatt	*(scupper)*	Öffnung im Schanzkleid unten, um das Wasser wieder außenbords laufen zu lassen
Spill, Gang	*(capstan)*	Winde zum Hieven des Ankers, auf dem Vorschiff, von mehreren Mann mit Spillhaken zu bedienen, dazu rhythmische Lieder = Shantys
Stampfstock	*(dolphin striker od. martingale)*	Stange im rechten Winkel vom Klüverbaum nach unten führend; abgestagt, um den Gegenzug der Vorstagen aufzufangen
Stag	*(stay)*	Vordere und achtere Absteifung der Masten
Stagsegel	*(staysail)*	Dreieckiges Segel, das an Vorstagen gesetzt wird
stehendes Gut	*(standing rigging)*	Wanten, Stage zur Unterstützung der Masten und Rahen
Stützsegel	*(studding sail/stun sail)*	Kleinsegel, die im Klipperzeitalter seitlich neben die Rahsegel gesetzt wurden
Toppmast	*(top mast)*	Mastteil über dem Untermast
Treiber	*(driver)*	Gaffeltoppsegel über dem Besansegel
Verdoppelung	*(doubling)*	Das Stück, wo Unter- und Toppmast überlappen

vorlich, vorn	*(fore)*	Gegenteil von achtern, Vorschiff, Vordeck, Vorsteven etc.
Vorpiek	*(forepiek)*	Raum unter Deck im vordersten Teil des Schiffes, Last für Farben, Tauwerk, Ankerkette, Öl etc.
Vorschiff	*(forecastle)*	Früher überhöhter Teil des vorderen Schiffsteils, nahm die Bogenschützen bei Auseinandersetzungen auf
Vorstag	*(head stay)*	Stag vom Vormast zum Klüverbaum
Want	*(shroud)*	Seitliche Absteifung des Mastes
Webeleine	*(ratline)*	Tau zwischen den Wanten gespannt, mit Webeleinstek befestigt, dient der Crew zum Aufentern
Wiege	*(cradles)*	Auflage für sichere Lagerung der Beiboote an Deck
Winsch	*(windlass)*	Horizontal angebrachte Winde auf dem Vordeck
Zeising	*(gashet)*	Schmales Stück Tuch oder kurzes Tau zum Festhalten von aufgetuchten Segeln

Bitte beachten Sie
die folgenden Seiten:

Die Bücher für Ihr Hobby